V&R

EDITION ZUHÖREN

herausgegeben von Zuhören e. V.

Band 3: Ludowika Huber / Joachim Kahlert /
Maria Klatte (Hg.)
Die akustisch gestaltete Schule

Ludowika Huber / Joachim Kahlert /
Maria Klatte (Hg.)

Die akustisch gestaltete Schule

Auf der Suche nach dem guten Ton

Mit 37 Abbildungen
und 13 Tabellen

SONDERAUSGABE

Vandenhoeck & Ruprecht

Die Herausgeber danken dem Verein Zuhören e. V.
für die finanzielle Unterstützung
bei der Realisierung des vorliegenden Bandes.

Die Deutsche Bibliothek – CIP-Einheitsaufnahme

Ein Titeldatensatz für diese Publikation
ist bei Der Deutschen Bibliothek erhältlich.

ISBN 3-525-48003-2

Satz: KCS GmbH, Buchholz/Hamburg
Druck und Bindearbeiten: Hubert & Co., Göttingen

Inhalt

Ludowika Huber, Joachim Kahlert, Maria Klatte

Ganz Ohr sein können

Vorüberlegungen zur akustischen Gestaltung von Schulen

An unseren Schulen *stimmt* etwas nicht. Nachdem zunächst die TIMS-Studie aufgedeckt hatte, dass die mathematisch-naturwissenschaftlichen Kompetenzen von Schülerinnen und Schülern in Deutschland im internationalen Vergleich eher im Mittelfeld liegen (vgl. Baumert et al. 1997), schreckt nun die von der OECD (Organisation für wirtschaftliche Zusammenarbeit und Entwicklung) veranlasste PISA-Studie auf. Danach ist neben der mathematischen und der naturwissenschaftlichen Grundbildung auch die Lesekompetenz 15-jähriger Schülerinnen und Schüler in Deutschland deutlich niedriger als in vielen anderen Ländern (vgl. Artelt et al. 2001, S. 101ff.). Das ist vor allem deshalb gravierend, weil die Kompetenz zum sinnentnehmenden, verständigen Lesen als grundlegende Voraussetzung für die erfolgreiche Bewältigung auch anderer schulischer und außerschulischer Anforderungen gelten kann (vgl. Artelt et al., S. 68ff.).

Zwar lassen sich die unbefriedigenden Ergebnisse der PISA-Studie angesichts der komplexen Bedingungen für den Erfolg von Schule und Unterricht nicht auf einige wenige Ursachen zurückführen. Aber sie stützen die auch in anderen Studien hervorgehobene Einschätzung, Schule und Unterricht müssten verstärkt anwendungs- und problemorientierte Lernumgebungen (vgl. S. Prenzel et al. 2001, S. 244f.) sowie eine hohe Qualität der sprachlichen Kommunikation bieten (Klieme et al., S. 183ff.).

Solche anspruchsvollen Lehr-Lern-Umgebungen, in denen Wissen verständigungsorientiert, nachhaltig und flexibel einsetzbar erworben wird, leben von dem intensiven, konzentrierten und problembezogenen Austausch über vorhandene Vorstellungen, über neue Informationen und über Impulse zum Überdenken bisheriger Auffassungen und Urteilsgrundlagen (vgl. z. B. Lorenz 1997; Renkl 1997; Weinert 1998). Wegen dieser herausragenden Bedeutung des sprachlichen Austausches sind sie allerdings auch besonders störanfällig.

Belegt ist heute, dass Lärm- und Schallbelastungen, wie sie an Schulen auftreten, die für Sprachverarbeitung erforderlichen individuellen Leistungen beeinträchtigen können. Besonders das für den Laut- und Schriftspracherwerb bedeutsame sprachliche Kurzzeitgedächtnis (vgl. Baddeley et al. 1998) ist sehr störanfällig (vgl. Schick et al. 2000, S. 82f.). Eine gute akustische Umweltqualität, eine der Verständigung und dem Verstehen dienende Höratmosphäre, ist daher eine grundlegende Voraussetzung sowohl für das Gelingen sprachlicher Kommunikation als auch für den Erwerb sprachlicher Kompetenzen, und zwar sowohl in der Muttersprache (vgl. Menzel 1995) als auch in Fremdsprachen (vgl. Cook 1993). Wenn akustische Signale, also im Fall der sprachlichen Kommunikation Sprachinformationen, untergehen oder nicht ausreichend aufgenommen werden können, dann behindert dies sowohl das Lesen- und Schreibenlernen und die Entwicklung des mündlichen Sprachgebrauchs als auch die Effektivität pädagogisch anspruchsvoller und lernpsychologisch erwünschter diskursiver Unterrichtssituationen, in denen Problemlösungen beraten, also in Gesprächen ausgetauscht, erarbeitet, vertieft, intensiv nachvollzogen werden.

Eine für das Lernen angemessene Höratmosphäre, als Voraussetzung gelingender sprachlicher Kommunikation, ist im Wesentlichen das Ergebnis eines sozialen Arrangements der beteiligten Menschen. Von deren Haltung hängt es ab, wie aufmerksam sie gegenüber einem Sprechenden sind und wie viel Mühe sie sich geben, den gemeinten Sinn des sprachlich Gebotenen zu erfassen und nicht erwünschte, das Hauptengagement störende Tätigkeiten einzuschränken. Die Bereitschaft und die Fähigkeit, aktiv zuzuhören und sich auf Kommunikation einzulassen, bestimmt daher die Atmosphäre mit, in der gehört, zugehört und letztlich gelernt wird. Und weil Bereitschaft und Fähigkeiten als subjektive Dispositionen durch soziale Arrangements und pädagogische Maßnahmen zumindest teilweise gefördert, unterstützt, motiviert werden können, ist der in der Schule *nahe liegende Zugang* zur Schaffung einer angemessenen Kommunikationssituation das soziale Arrangement: Ob als – zumeist hilflose – Aufforderung, endlich zuzuhören, oder in der pädagogisch elaborierteren Variante von Vereinbarungen und Regeln, die Lösung des Hör- und Zuhörproblems wird in der Schule vor allem in der Gestaltung der sozialen Beziehungen gesucht. Das ist in einer der Bildung und Erziehung dienenden Einrichtung auch richtig so, greift aber zu kurz, wenn es sich darauf beschränkt. Die Qualität der Höratmosphäre wird nicht nur von psychosozialen, sondern auch von physikalischen Umweltbedingungen beeinflusst.

So wird das Verständnis der gesprochenen Sprache von einem halligen Raum behindert und von Lärm, der von außen eindringt, sowie von der in Schulklassen herrschenden Geräuschkulisse, die nur um den Preis pädagogisch unerwünschter Disziplinierungen ganz vermeidbar wäre. Ungünstige raumakustische Bedingungen fördern Unbehagen und erhöhen die Unruhe. Die Sprachverständlichkeit hängt von akustischen Bedingungen wie der Halligkeit des Raums, dem Grundgeräuschpegel und anderem mehr ab, also von Faktoren, die außerhalb der direkten pädagogischen Interventionsmöglichkeiten liegen. Belegt sind Reduktionen der Sprachverständlichkeit durch zu hohe Nachhallzeiten in Klassenzimmern, unter denen besonders diejenigen Schüler leiden, die leichte, meist unerkannt bleibende Hörstörungen haben. Schlechte akustische Bedingungen strapazieren die Anstrengungs- und Aufmerksamkeitsbereitschaft auf unproduktive Weise.

Allerdings finden die eher physikalisch-bautechnischen Bedingungen für gelingende Kommunikation in der Schule bisher nur wenig Beachtung. Das mag auch damit zusammenhängen, dass die Beteiligten sich an ihre jeweilige Hörumwelt anpassen und Einbußen an Informationsgehalt, und damit auch an Lernpotenzial, gar nicht erst registrieren – so wie die Lehrerin im folgenden Beispiel.

Als einer der Verfasser dieses Beitrags mit Lehramtsstudierenden Unterrichtsversuche in einem 2. Schuljahr durchführte, hatte die Lehrerin erstmals Gelegenheit, die Höratmosphäre als Beobachterin und nicht nur als aktiv Beteiligte zu erleben. Es ging während des Unterrichts nicht besonders laut zu. Die Schüler verhielten sich nicht auffällig. Allerdings war der Raum etwas hallig, außerdem lag er an einer Straße. Die Kinder haben nur das gemacht, was notwendig ist, um dem Unterricht zu folgen: Stifte herausgeholt – dabei fällt mal einer herunter; kurz den Tischnachbarn etwas gefragt oder etwas mitgeteilt – da hört man dann Getuschel; sich den Stuhl bequem zurechtgerückt – das hört sich unangenehm an.

Am Ende der Stunde sagte die Lehrerin, die seit fast zwei Schuljahren in der Klasse unterrichtete, ihr sei erst jetzt, mit der Distanz des nicht aktiv beteiligten Beobachters, bewusst geworden, wie schwer es vor allem den Schülerinnen und Schülern weiter hinten fallen muss, alles Wichtige zu verstehen, was im Unterricht von ihr und von Mitschülern gesprochen werde. »Da geht wohl vieles unter ...«

Auch wenn hier von einem Einzelfall berichtet wird, kann er als Veranschaulichung eines zentralen Problems der Gestaltung einer produktiven Hör- und damit Lernatmosphäre angesehen werden. Eine der wenigen Untersuchungen, die es über den Zusammenhang von raumakustischen Bedingungen und Wahrnehmungen von Lehrern gibt, zeigt zum Beispiel, dass Lehrer offenbar dazu neigen, die durch akustische Bedingungen induzierten Beeinträchtigungen der Unterrichtsatmosphäre auf die Schüler zu projizieren. So empfinden sie zum Beispiel Schüler, die in einem halligen Raum unterrichtet werden, als lauter (vgl. Ritterstaedt et al. 1980, S. 51).

Die Lärmbelastung wirkt somit nicht nur auf die mentalen Leistungen der Kinder, wie Sprachverarbeitungsprozesse, Kurzzeitgedächtnis, Aufmerksamkeit und Konzentration, sondern auch auf die psychische Verfassung von Lehrkräften. Unbestritten ist auch die Wirkung von Lärm auf das soziale Klima: Lärm fördert Aggression.

Für eine Institution, die so elementar auf Sprachverständnis und gelingende Kommunikation angewiesen ist wie die Schule, ist es erstaunlich, wie wenig bisher die äußeren – physikalischen – Bedingungen für gelingende verbale Kommunikation beachtet werden.

Dabei konnte bereits gezeigt werden, dass sich nach Verbesserung der akustischen Bedingungen durch Installation von Soundfield-Systemen (Akustikanlagen) in Grundschulklassen die Durchschnittsergebnisse in Rechtschreibtests verbesserten (vgl. Zabel u. Tabor 1993). Im Rahmen des Projekts der Bund-Länder-Kommission für Bildungsplanung und Forschungsförderung (BLK) »GanzOhrSein« wird zurzeit an mehreren Grundschulen eine Interventionsstudie in Zusammenarbeit mit dem Institut zur Erforschung von Mensch-Umwelt-Beziehungen der Universität Oldenburg durchgeführt, um die Wirkung von Akustikdecken und Soundfield-Systemen zu erproben. Ziel ist unter anderem aufzuklären, ob sich die Hörsamkeit, das Stresserleben und die Lärmbelästigung nach Einbau der akustikverbessernden Maßnahmen ändern. Mit ersten Ergebnissen ist im Frühjahr 2002 zu rechnen.

Während Wirtschaft, Medien und Kunst zunehmend mehr Menschen über professionell gestaltetes »akustisches Design« erreichen, findet Akustik in Schulen bisher eher randständig Beachtung.

Das mit Unterstützung des Vereins Zuhören e. V. realisierte vorliegende Buch ist das Ergebnis einer Fachtagung in München, die im Jahr 2001 im Rahmen des von der BLK und dem Freistaat Bayern geförderten Projekts »GanzOhr Sein« (vgl. www. ganzohrsein.de) durchgeführt worden ist. Im Mittelpunkt der Tagung stand »die Suche nach dem guten Ton in der Schule«. Wie beeinflussen akustische Faktoren den Menschen? Wie kann der Raum so gestaltet werden, dass er gutes Zuhören ermöglicht? Wie schafft man eine dem Hören und Zuhören dienliche Atmosphäre, die das soziale Klima verbessert? Wie kann Zuhören trainiert werden? Welche Techniken stehen heute zur akustischen Raumgestaltung zur Verfügung? Lässt sich das differenzierte Hörempfinden fördern?

Im Dialog zwischen Vertreterinnen und Vertretern aus der Wirtschaft (Akustikdesign, Bauakustik, Raumgestaltung), der Wissenschaft (Psychoakustik, Psychologie, Pädagogik), aus Kunst, Schule, Schulbehörden und Gesundheitswesen wurde auf der Veranstaltung nach Lösungen zur Verminderung der Lärmbelastung und nach Anregungen zur Verbesserung des akustischen Umfelds von Schule als eine wichtige Voraussetzung für Zuhören und Verstehen, und damit für das Gelingen von Kommunikation und Lernen, gesucht.

Im ersten Teil des Buchs werden die pädagogisch-psychologischen Grundlageninformationen geliefert, die die Annahme rechtfertigen, dass eine Verbesserung von akustischen Bedingungen in der Schule auch zur Verbesserung der Lernatmosphäre und der Lehr-Lern-Leistungen beiträgt. Berichtet wird über den Forschungsstand zur Auswirkung von Lärm auf die kognitiven Leistungen von Kindern (Klatte, Meis, Schick), über Beeinträchtigungen der Sprachentwicklung von Kindern durch Lärm (Spreng), über Belastungen von Lehrerinnen und Lehrern durch Lärm (Tiesler) sowie über eine experimentelle Studie zum Einfluss der Sprachverständlichkeit im Klassenzimmer auf mentale Leistungen von Grundschulkindern (Klatte u. Janott).

Der zweite Teil des Buchs befasst sich mit den physikalisch-technischen Aspekten der Klassenraumakustik. Peter Kamps und Markus Oberdörster berichten über eine umfassende britische Studie, in der die akustischen Arbeitsbedingungen in Klassenräumen vor und nach der Sanierung durch den Einbau von Akustikdecken untersucht und Zusammenhänge zwischen Sprachverständlichkeit und akustischen Parametern wie Nachhallzeiten und Hintergrundgeräuschpegel aufgezeigt wurden. Außerdem werden physikalisch-technische Informationen über bautechnische Maßnahmen und Möglichkeiten zur Verbesserung der Klassenraumakustik (Mommertz), über den Zusammenhang von Raumakustik und Sprachverstehen (Vorländer) sowie über die Entwicklung eines praktikablen Leitfadens zur Klassenraumakustik (Schottke) angeboten. Der letzte Beitrag dieses Teils informiert über Möglichkeiten, mit akustischem Design zur Verbesserung von Hör- und Zuhörbedingungen in Räumen beizutragen (Krause u. Bösnecker).

Auch wenn mit diesem Buch die Aufmerksamkeit auf die bisher zu wenig beachteten physikalisch-technischen Umweltbedingungen für die Entwicklung einer angemessenen Höratmosphäre gerichtet wird, sollen die individuellen, für pädagogische Intervention zugänglichen Bedingungen nicht ausgeblendet werden. Im dritten Teil des Buchs stellt daher Volker Bernius zunächst verschiedene Möglichkeiten der Zuhörförderung heraus. Ulrike Roos veranschaulicht am Beispiel der Deutschen Schule Mailand, wie akustische Schulgestaltung ein Beitrag zur Schulentwicklung leisten kann. Einen künstlerisch inspirierten Weg zur Verbesserung der Höratmosphäre zeigen der Klangarchitekt und Musiker Andres Bosshard vor dem Hintergrund des Soundscape-Ansatzes sowie der Komponist und Musikwissenschaftler Albert Mayr, der über einen sozioakustischen Zugang die Möglichkeiten einer komponierten

Schule auslotet. Schließlich finden sich bei Marianne Wiedenmann Hinweise, wie Lehrerinnen und Lehrer Anzeichen von Hörstörungen bei Kindern erkennen können.

Ein stärkere Berücksichtigung der hier ausgearbeiteten Zusammenhänge zwischen akustischen Bedingungen, Kommunikations- und Höratmosphäre sowie kognitiven Leistungen würde es Schulen erleichtern, besser zu werden. Der vorliegende Band liefert gute Gründe für die Vermutung, dass damit auch das Verhältnis zwischen den für die schulische Bildung aufgewandten Ressourcen und dem Ertrag dieser Anstrengungen *stimmiger* wird.

Literatur

Artelt, C.; Stanat, P.; Schneider, W.; Schiefele, U. (2001): Lesekompetenz: Testkonzeption und Ergebnisse. In: Baumert, J. et al., PISA 2000. Basiskompetenzen von Schülerinnen und Schülern im internationalen Vergleich. Opladen, S. 68–137.

Baddeley, A.; Gathercole, S.; Papagno, C. (1998): The phonological loop as a language learning device. Psychological Review 1: 158–173.

Baumert, J.; Klieme, E.; Neubrand, M.; Prenzel, M.; Schiefele, U.; Schneider, W.; Stanat, P.; Tillmann, K.-J.; Weiß, M. (Hg.) (2001): PISA 2000. Basiskompetenzen von Schülerinnen und Schülern im internationalen Vergleich. Opladen.

Baumert, J.; Lehmann, R.; Lehrke, M.; Schmitz, M.; Clausen, M.; Hosenfeld, I.; Köller, O.; Neubrand, J. (1997): TIMSS – Mathematisch-naturwissenschaftlicher Unterricht im internationalen Vergleich. Opladen.

Cook, V. J. (1983): What's involved in listening? Zielsprache Englisch, 2: 16–18.

Klieme, F.; Neubrand, M.; Lüdtke, O. (2001): Mathematische Grundbildung: Testkonzeption und Ergebnisse. In: Baumert, J., et al., PISA 2000. Basiskompetenzen von Schülerinnen und Schülern im internationalen Vergleich. Opladen, S. 139–190.

Lorenz, J. H. (1997): Über Mathematik reden – Rechenstrategien von Kindern. Sache-Wort-Zahl 10: 22–32.

Menzel, W. (1995): Schreiben als kommunikative Handlung. Schorch, G. (Hg.): Schreiben lernen und Schriftspracherwerb. Bad Heilbrunn, S. 70–77.

Prenzel, M.; Rost, J.; Senkbeil, M.; Häußler, P.; Klopp, A. (2001): Naturwissenschaftliche Grundbildung: Testkonzeption und Ergebnisse. In: Baumert, J., et al., PISA 2000. Basiskompetenzen von Schülerinnen und Schülern im internationalen Vergleich. Opladen, S. 191–248.

Renkl, A. (1997): Lernen durch Erklären: Was, wenn Rückfragen gestellt werden? Zeitschrift für Pädagogische Psychologie, 1: 41–51.

Ritterstaedt, U.; Paulsen, R.; Kastka, J. (1980): Geräuschsituation in und um Schulen unter Berücksichtigung der Belastung der Lehrer durch Lärm. Forschungsberichte des Landes Nordrhein-Westfalen. Nr. 2997. Opladen.

Schick, A.; Klatte, M.; Meis, M. (2000): Die Lärmbelastung in der Schule. In: Huber, L.; Odersky, E. (Hg.), Zuhören – Lernen – Verstehen. Braunschweig, S. 81–91.

Weinert, F. E. (1998): Neue Unterrichtskonzepte zwischen gesellschaftlichen Notwendigkeiten, pädagogischen Visionen und psychologischen Möglichkeiten. In: Bayerisches Staatsministerium für Unterricht, Kultus, Wissenschaft und Kunst (Hg.), Wissen und Werte für die Welt von Morgen. München, S. 101–125.

Zabel, H.; Tabor, M. (1993): Effects of classroom amplifikation on spelling performance of elementary school childen. Educational Audiology Monograph 3: 6–9.

Befunde aus der Lärmwirkungsforschung

Maria Klatte, Markus Meis, August Schick

Lärm in Schulen – Auswirkungen auf kognitive Leistungen von Kindern

Internationale Studien belegen, dass die Lärmbelastung in den Schulen oft über den für Schüler und Lehrer zumutbaren Grenzen liegt (Schick et al. 1999). Die in diesen Untersuchungen mitgeteilten Lärmpegel liegen im Allgemeinen weit über dem Grenzwert von 55 dB(A), der in der Arbeitsstättenverordnung für Arbeitsplätze mit vorwiegend geistigen Tätigkeiten vorgeschrieben wird. Das Lernen in lauten, halligen Räumen wird vor allem dadurch behindert, dass die Kinder die Sprache nur schlecht verstehen können. Das Zuhören ist unter solchen Bedingungen sehr anstrengend, sodass die Kinder schnell ermüden. Für die Lehrer bedeutet eine schlechte Raumakustik ständiges Reden mit erhobener Stimme. Auch dies ist auf Dauer sehr anstrengend und führt zu Heiserkeit und Stimmproblemen. Die Ergebnisse einer umfangreiche Studie der Heriot-Watt-Universität Edinburgh zeigen, dass eine bedeutende Verbesserung der Sprachverständlichkeit in vielen Fällen schon durch den Einbau schallabsorbierender Deckenverkleidungen in den Klassen erreicht werden kann (MacKenzie u. Airey 1999; vgl. auch Kamps u. Oberdörster sowie Mommertz in diesem Band).

Im deutschsprachigen Raum findet man bislang kaum systematische Studien zum Ausmaß der Lärmbelastung in den Schulen sowie zu den Auswirkungen dieser Belastung auf Befinden und Verhalten der dort arbeitenden und lernenden Menschen. Dieses Forschungsdefizit gilt insbesondere für den in den Klassenräumen durch die Aktivitäten der Kinder selbst produzierten Lärm, der durch schlechte raumakustische Bedingungen so verstärkt werden kann, dass ungestörtes Lernen und Lehren unmöglich wird.

Dies betrifft besonders die jüngeren Kinder in den Grundschulen. Die Veränderung der Unterrichtsformen hin zu offenem Unterricht mit Förderung des selbst bestimmten Lernens und der Freiarbeit ist natürlich ein guter und wichtiger Prozess; er geht jedoch zwangsläufig mit einem Anstieg des Lärmpegels in den Klassen einher. Auch aus diesem Grund erscheint es uns dringend notwendig, die Klassenräume so zu gestalten, dass potenzielle negative Begleiteffekte dieser so positiven unterrichtspädagogischen Entwicklung verhindert oder zumindest minimiert werden.

In diesem Beitrag soll deutlich gemacht werden, welche Auswirkungen der Lärm auf das Lernen von Schülerinnen und Schülern haben kann. Ein zentraler Aspekt hierbei ist natürlich die Frage, inwieweit sich der Lärm auf die Sprachverständlichkeit auswirkt. Untersuchungen zeigen, dass Kinder in der Schule zirka 75 Prozent der Unterrichtszeit mit Zuhören verbringen (z. B. Berg u. Imhof 1996). Angesichts dieser zentralen Rolle des Zuhörens im Unterricht ist leicht vorstellbar, wie wichtig eine gute Sprachverständlichkeit für den Lernerfolg der Kinder ist. Da diese Thematik in den Beiträgen von Kamps und Oberdörster sowie von Vorländer detailliert behandelt wird, sollen hier nur diejenigen Lärmwirkungen betrachtet werden, die außerhalb mangelnder Sprachverständlichkeit liegen. Es werden zunächst einige grundlegende Forschungsergebnisse zur Lärm-Leistungs-Problematik berichtet. Diese wurden zwar in den meisten Fällen anhand von Untersuchungen mit erwachsenen Probanden gewonnen, dennoch haben sie unseres Erachtens auch Implikationen für den schulischen Bereich. Weiterhin soll deutlich gemacht werden, ob beziehungsweise inwieweit Kinder mit Lernschwierigkeiten durch Lärm besonders benachteiligt werden.

Forschungsergebnisse zur Wirkung von Lärm auf leistungsbezogenes Verhalten

Lärm als Umweltstressor

Wir alle wissen aus eigener Erfahrung, dass Lärm einen bedeutenden Stressfaktor darstellt. In Forschungsansätzen werden Lärmeffekte auf leistungsbezogenes Verhalten als Folgen der durch den Lärm herbeigeführten physiologischen, motivationalen und kognitiven Stressreaktionen betrachtet (vgl. Hellbrück u. Fischer 1999, S. 138 ff.). Neben den rein leistungsbezogenen Effekten hat anhaltender Umweltstress weiterhin gravierende Effekte auf Befinden und Gesundheit der betroffenen Personen, auf die jedoch in diesem Rahmen nicht näher eingegangen werden kann (vgl. Kals 1998).

Welch große Rolle lärmbedingter Stress in der Schule spielt, zeigen Untersuchungen, in denen Lehrerinnen und Lehrer nach wesentlichen Belastungsfaktoren befragt wurden (Rudow 2000; Tiesler in diesem Band). In diesen Studien wurde der Lärm von einer großen Mehrzahl der Befragten als wesentlicher Faktor genannt, oftmals rangierte er sogar an erster Stelle in der Rangreihe der Belastungsfaktoren.

Lärm, Stress und Leistungsmotivation

In vielen Untersuchungen ist gezeigt worden, dass Lärm eine Herabsetzung der Leistungsmotivation bewirkt. Dies wird im Rahmen des Stresskonzepts von Seligman (1979) erklärt, wonach unkontrollierbare negative Umwelteinflüsse bei der betroffenen Person einen Zustand erlernter Hilflosigkeit hervorrufen können, der sich durch Passivität, Teilnahmslosigkeit und eine generell negative Erwartungshaltung gegenüber Veränderungsmöglichkeiten durch eigenes Handeln ausdrückt. In einer viel zitierten Studie von Glass und Singer (1972) mussten die Probanden unter Lärm einfache Konzentrationsaufgaben bearbeiten. Dabei wurde einer Gruppe gesagt, dass sie den Lärm notfalls ausstellen dürfe, der anderen Gruppe wurde keine Kontrolle über den Lärm gewährt. Außerdem wurde der Schall in einer Bedingung unvorhersehbar, in der anderen in vorhersehbaren Intervallen ein- und ausgeschaltet. Im Anschluss an diesen Versuchsteil wurden den Versuchspersonen Rechenaufgaben vorgelegt, unter denen sich auch zwei unlösbare Aufgaben befanden. Es zeigte sich, dass die Versuchspersonen, bei denen das Auftreten des Schalls unvorhersehbar war, weniger Lösungsversuche unternahmen. Auch die wahrgenommene Kontrolle hatte einen großen Einfluss: Diejenigen Versuchspersonen, die dachten, sie könnten den Lärm ausschalten, unternahmen viel mehr Lösungsversuche als die, die keine Kontrollmöglichkeit hatten. Außerdem ist bemerkenswert, dass die Leistungsveränderungen sogar noch nachweisbar waren, nachdem die Versuchspersonen dem Lärm ausgesetzt waren (die Rechenaufgaben wurden unter Ruhe bearbeitet). Negative Lärmeffekte können also über die tatsächliche Lärmsituation hinaus bestehen. Analoge Effekte von Lärm auf die Leistungsmotivation fand man auch bei Kindern aus sehr lärmbelasteten Schulen; hierauf wird an späterer Stelle nochmals eingegangen.

In diesem Zusammenhang sei auf sozialpsychologische Studien hingewiesen, die zeigen, dass Lärm auch das soziale Verhalten negativ beeinflusst (Mathews u. Canon 1975, zitiert nach Hellbrück u. Fischer 1999, S. 228). Versuchspersonen, die Lärm ausgesetzt waren, sind später weniger geneigt, anderen Hilfe zu leisten. Angesichts der häufig beklagten Verschlechterung des sozialen Klimas an den Schulen stellt sich hier die Frage, inwieweit der Lärm hierzu ursächlich, vermittelnd oder auch rückwirkend beiträgt.

Lärm, Stress und Aktivierung

In den Aktivierungstheorien werden Lärmeffekte auf physiologische Stressreaktionen zurückgeführt. Lärm wie auch andere Umweltstressoren bewirken eine Veränderung des internalen Aktivierungszustands. Dieser repräsentiert das unspezifische, von endogenen und exogenen Faktoren abhängige physiologische Erregungsniveau auf einem Kontinuum zwischen Tiefschlaf und höchster Erregung. Man nimmt an, dass es ein für die Leistung optimales Erregungsniveau gibt; bei zu hoher oder zu geringer Aktivierung nimmt die Leistungsfähigkeit ab. Der Punkt der optimalen Erregung wird dabei als Funktion der Aufgabenschwierigkeit betrachtet: Bei einfachen, gut geübten Aufgaben liegt er höher als bei schwierigen Aufgaben (Yerkes-Dodson-Gesetz, s. Hockey 1984). Diese Theorie erklärt die oftmals gezeigten Leistungsverbesserungen unter Lärm bei einfachen Routineaufgaben und die Wechselwirkungen zwischen Lärm und anderen Stressoren. So ist beobachtet worden, dass die Effekte von Lärm und Schlafentzug sich gegenseitig aufheben (Broadbent 1971). Mit monotonen Routineaufgaben haben es die Kinder in der Schule jedoch in der Regel nicht zu tun. Vielmehr ist aufgrund dieser Theorie zu erwarten, dass Kinder in Prüfungssituationen oder generell schulängstliche Kinder durch Lärm besonders beeinträchtigt werden, da die ohnehin schon hohe Erregung durch den Lärm noch gesteigert wird und es so zu einer der Leistung abträglichen Übererregung kommt.

Die Aktivierungstheorie erlaubt zwar die Generierung von solchen recht allgemeinen Hypothesen, sie ist jedoch zur Vorhersage von Lärmeffekten in ganz spezifischen Situationen nur wenig geeignet. Dies liegt vor allem an der Schwierigkeit, die ihr zugrunde liegenden Konstrukte (Erregungszustand, optimales Erregungsniveau, Aufgabenschwierigkeit) genau zu beschreiben und messbar zu machen. In neueren Ansätzen wird deshalb versucht, differenzierte Erkenntnisse über Lärmeffekte auf genau beschreibbare kognitive Teilleistungen zu gewinnen.

Laborexperimentelle Untersuchungen zur Wirkung von Lärm auf kognitive Prozesse

Die Wirkung von Lärm auf mentale Leistungen wird bereits seit einem halben Jahrhundert experimentell untersucht. In diesen Studien werden Probanden unter standardisierten Laborbedingungen unterschiedlichen Lärmbelastungen ausgesetzt, während sie kognitive Testaufgaben bearbeiten. Ein Vergleich der Leistungsverläufe unter den verschiedenen Lärmbedingungen erlaubt Rückschlüsse über die Effekte des Lärms auf die bei den jeweiligen Aufgaben beteiligten mentalen Verarbeitungsprozesse.

Im Verlauf der Forschung auf diesem Gebiet hat sich gezeigt, dass Lärmeffekte auf mentale Leistungen von einer Vielzahl von Einflussfaktoren abhängig sind, nämlich von bestimmten physikalischen Charakteristiken des Schalls, von Merkmalen der zu bearbeitenden Aufgaben und von Eigenschaften der betroffenen Personen. Allgemein gültige Aussagen in der Form »Lärm stört das Lernen« sind daher gar nicht möglich (Loeb 1986). Vielmehr gibt es Schalle, die auch bei relativ hohen Pegeln kaum Effekte auf die Leistung ausüben, während andere schon bei recht moderaten Pegeln zu beträchtlichen Störungen führen. Weiterhin gibt es Aufgaben, die relativ unempfindlich für lärmbedingte Störungen sind, während andere sich als sehr lärmsensitiv erwiesen haben. Ein Überblick über die umfangreiche Forschung auf diesem Gebiet geben Smith und Jones (1992). Wir konzentrieren uns nun auf Befunde, die zum einen allgemein als unstrittig anerkannt und zum anderen für das schulische Lernen besonders relevant sind. Hierbei soll gezeigt werden, dass der Schulunterricht eine Situation darstellt, in der lärmsensitive Informationsverarbeitungsprozesse und Geräusche mit hohem Störpotenzial sehr häufig aufeinander treffen.

Effekte von Lärm auf Aufmerksamkeitsfunktionen

Aufmerksamkeit bezeichnet den Selektionsaspekt der Wahrnehmung. Von den vielfältigen Reizinformationen, die ständig an unseren Sinnesorganen antreffen, wird immer nur ein kleiner Ausschnitt bewusst identifiziert und einer weiteren Verarbeitung zugänglich gemacht. Aufgrund der Kapazitätsgrenzen unseres zentralen Informationsverarbeitungssystems ist es notwendig, aus dem umfangreichen Reizangebot die wichtigen, wesentlichsten, bedeutsamsten, interessantesten Aspekte zu erkennen und herauszufiltern. Nach Donald Broadbent (1979), einem bedeutsamen Aufmerksamkeitstheoretiker und Lärmforscher, wird dieser Selektionsprozess durch Lärm auf zweierlei Arten beeinträchtigt.

Lärm wirkt als Distraktor

Dieser Annahme zufolge bewirkt Lärm eine Zunahme von kurzen Perioden der Ineffizienz bei der Aufnahme und Analyse aufgabenrelevanter Information (»attentional gaps«) durch Umstellung des Aufmerksamkeitsfilters auf den aufgabenirrelevanten Schallreiz. Diskontinuierliche, unerwartete und bedeutsame Schallereignisse ziehen die Aufmerksamkeit quasi automatisch an sich und führen so zu Leistungsstörungen. Das gilt insbesondere für Aufgaben, bei denen komplexe Informationen unter Zeitdruck aufgenommen, verarbeitet und Entscheidungen getroffen werden müssen. Bei kontinuierlichen, gleichmäßigen Geräuschen sind solche Effekte dagegen nicht zu erwarten. Beispielhaft sei hierzu eine Studie von Smith (1985a) genannt, in der ein aus Reden, Musik und Tastaturklappern zusammengesetztes Geräuschgemisch beträchtliche Leistungsverschlechterungen beim Beurteilen der semantischen Korrektheit und bei der syntaktischen Verarbeitung von Sätzen bewirkte. Ein kontinuierliches Hintergrundrauschen störte die Leistung dagegen nicht, obwohl es mit höherem Pegel dargeboten wurde. Dieses typische Ergebnis wird durch die höhere Distraktorwirkung des Geräuschgemischs erklärt und verdeutlicht, dass die Störwirkung von Schallen nicht nur von ihrer Lautstärke, sondern auch von ihrer zeitlichen Struktur und Bedeutsamkeit determiniert wird.

Es ist zu vermuten dass Kinder, insbesondere diejenigen, die sich ohnehin schlecht konzentrieren können, für lärmbedingte Aufmerksamkeitseinbrüche besonders anfällig sind, zumal wir es in der Schulklasse in der Regel mit komplexen Aufgaben und unregelmäßigen, unvorhersehbaren Schallereignissen zu tun haben (z. B. Füßescharren, Stühlerücken, herunterfallende Bleistifte, Reden am Nebentisch, Husten und Räuspern).

Lärm bewirkt eine Einengung des Aufmerksamkeitspegels (»Tunnelblick«)

Diese Annahme besagt, dass Lärm eine Fokussierung der Aufmerksamkeit auf dominante Reizinformationen bewirkt, sekundäre Aspekte der Situation werden vernachlässigt. Einfach ausgedrückt, unter Lärm wird aus der verfügbaren Reizinformation noch weniger herausgefiltert und bewusst verarbeitet. Die betroffenen Personen konzentrieren sich auf die augenfälligsten, wesentlichsten Merkmale der Situation und vernachlässigen untergeordnete, weniger offenkundige Aspekte. Dieser Effekt zeigt sich beispielsweise beim inzidentellen Lernen (z. B. Davies u. Jones 1975). Wenn man eine Versuchsperson bittet, sich Wörter zu merken, die nacheinander auf dem Bildschirm dargeboten werden, wird ein kontinuierlicher Hintergrundlärm die Behaltensleistung nicht beeinträchtigen. Wenn man aber – ohne dies vorher angekündigt zu haben – zusätzlich fragt, an welcher Bildschirmposition die einzelnen Wörter erschienen sind, dann wird die Leistung unter Lärm in diesem Aufgabenteil schlechter, da die Versuchspersonen weniger aufgabenirrelevante Reize (hier: räumliche Positionen) bewusst wahrnehmen, wenn sie unter Lärm arbeiten. Derartige Befunde zeigen sich auch in Experimenten mit Doppelaufgaben, bei denen die Versuchspersonen zwei Aufgaben parallel bearbeiten müssen (Smith 1990). Einer der Aufgaben wird durch die Instruktion Priorität zugeschrieben, die andere wird als sekundäre Aufgabe eingeführt. Unter Lärm kommt es im Allgemeinen zu einer Verschlechterung der Leistung im sekundären bei konstanter Leistung im primären Aufgabenteil. Auch diesen sehr stabilen Befund kann man auf eine lärmbedingte Bündelung der Aufmerksamkeit auf die wesentlichsten Reizinformationen zurückführen.

Die hier sichtbare »Konzentration auf das Wesentlichste« unter Lärm zeigt sich auch in einer Veränderung der Strategiewahl. Generell ist es so, dass Lärmeffekte besonders bei komplexen Aufgaben auftreten, das heißt bei Aufgaben, die auf unterschiedliche Weise gelöst werden können (Smith 1983). Unter Lärm tendieren die betroffenen Personen dazu, den einfachsten, vertrautesten, am meisten geübten Lösungsweg zu wählen, auch wenn dieser in der gegebenen Situation nicht optimal ist. Das zeigt sich beispielsweise beim Lernen von Wortlisten durch eine geringere Tendenz zur kategorialen Bündelung (z. B. Daee u. Wilding 1977). Versuchspersonen, die unter Lärm Wortlisten wie zum Beispiel Mischungen von Tier- und Pflanzennamen lernen, machen weniger Gebrauch von der hilfreichen Technik, die Wörter gedanklich nach Kategorien zu sortieren und beim Abruf die Kategorien nacheinander abzusuchen. Sie neigen eher dazu, die Wörter einfach der Reihe nach auswendig zu lernen. Weiterhin hat sich gezeigt, dass Versuchspersonen unter Lärm weniger in der Lage sind, ihre Strategien flexibel zu verändern und sich schnell auf neue Aufgabenanforderungen einzustellen. Sie tendieren dazu, die einmal gewählte Strategie beizubehalten, auch wenn sie in der Situation nicht mehr angemessen ist (Smith 1985b, 1990).

Die hier genannten Befunde zur Wirkung von Lärm auf die Strategiewahl haben sicherlich auch Implikationen für das Lernen in der Schule. Da es hierzu jedoch keine systematischen Studien gibt, können wir nur Vermutungen anstellen. Denkbar ist zum Beispiel, dass Kinder unter Lärm eher dazu neigen, an einmal gelernten Lösungswegen festzuhalten und weniger motiviert sind, neue Strategien zu entwickeln und auszuprobieren. Gerade das ist jedoch in vielen Unterrichtsphasen ein wesentliches Ziel.

Wirkungen von Lärm auf Arbeitsgedächtnisprozesse

Zum Begriff »Arbeitsgedächtnis«

In der Gedächtnispsychologie unterscheidet man traditionell zwischen dem Langzeit- und dem Kurzzeit- oder Arbeitsgedächtnis. Das Langzeitgedächtnis umfasst die gesamte Wissensbasis eines Menschen, das heißt alle Wissensinhalte, die uns zwar nicht ständig gegenwärtig sind, die jedoch potenziell abrufbar sind. Hierzu gehören das semantische Wissen (Fakten, Wortbedeutungen, mathematische Formeln etc.) und das episodische Wissen (z. B. Erinnerungen an den letzten Urlaub). Die inhaltliche Kapazität des Langzeitgedächtnisses ist praktisch unbegrenzt. Das Arbeitsgedächtnis dagegen ist das den aktuell ablaufenden Informationsverarbeitungsprozessen zugrunde liegende System. Es dient dazu, Informationen kurzzeitig verfügbar zu halten und gleichzeitig zu verarbeiten. Die Bedeutung dieses Systems sei an zwei Beispielen veranschaulicht. Wenn wir einen langen, komplizierten Satz verstehen möchten, dann müssen wir den Satzanfang im Kopf behalten, um ihn mit dem Satzende in Beziehung setzen zu können. Wenn wir eine Kopfrechenaufgabe bearbeiten, dann müssen wir die vorgegebenen Zahlen, Operatoren und Teilergebnisse behalten, während wir die Berechnungen durchführen. Solche alltäglichen Anforderungen leistet das Arbeitsgedächtnis. Die genannten Beispiele zeigen auch, dass die Kapazität des Arbeitsgedächtnisses begrenzt ist. Wir können nicht beliebig viele Informationen gleichzeitig speichern und verarbeiten. So ist es uns kaum möglich, einen komplizierten Satz zu verstehen und gleichzeitig eine Kopfrechenaufgabe auszuführen.

Ein führendes Modell des Arbeitsgedächtnisses wurde von Alan Baddeley (1986, 1999) entwickelt. Er nimmt an, dass sich das Arbeitsgedächtnis aus drei verschiedenen Komponenten zusammensetzt, nämlich einer zentralen Exekutiven als übergeordneter Leitzentrale, die alle Funktionen innerhalb des Systems überwacht und koordiniert, sowie zwei modalitätsspezifischen Hilfssystemen, die ausschließlich dem Verfügbarhalten von Informationen dienen (vgl. Abb. 1). Hierdurch wird eine Art Arbeitsteilung möglich: Die zentrale Exekutive delegiert einfache Speicherfunktionen an die Hilfssysteme und spart hierdurch Ressourcen für komplexere Verarbeitungsprozesse.

Das visuell-räumliche Kurzzeitgedächtnis ist spezialisiert auf das kurzzeitige Behalten nicht sprachlicher, visuell-räumlicher Information. Hierzu zählen zum Beispiel abstrakte Muster, räumliche Positionen oder Gesichter. Das Kurzzeitgedächtnis für sprachliche Information wird in diesem Modell als *phonologische Schleife* bezeichnet. Ihr kommt für das Thema »Lärm in Schulen« eine besondere Bedeutung zu, da sie sich einerseits als äußerst lärmsensitiv erwiesen hat und sie andererseits beim Laut- und Schriftspracherwerb eine

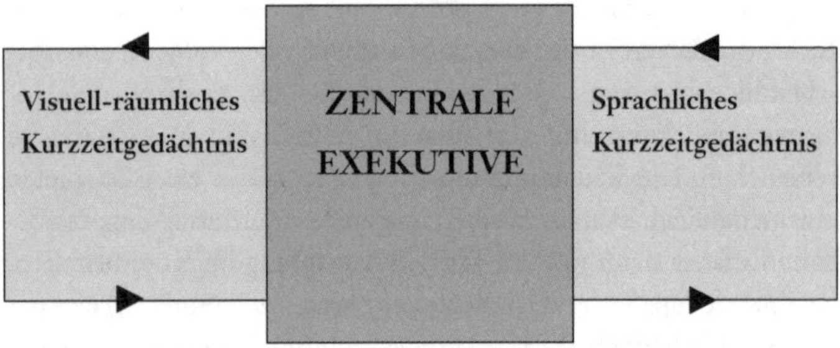

Abbildung 1: Das Drei-Komponenten-Modell des Arbeitsgedächtnisses (nach Baddeley 1986, 1999)

maßgebliche Funktion hat. Zum Verständnis dieser Befunde ist es notwendig, das Modell der phonologischen Schleife zunächst etwas detaillierter zu betrachten.

Die phonologische Schleife

Das Modell der phonologischen Schleife gründet auf vielen Experimenten mit einer einfachen Kurzzeitgedächtnisaufgabe, bei der es darum geht, sprachliche Informationen wie Ziffern, Buchstaben oder Wörter in der richtigen Reihenfolge für kurze Zeit zu behalten. Bei dieser, als »serial recall« bezeichneten Aufgabe werden den Probanden jeweils etwa sechs bis neun solcher Einheiten nacheinander visuell oder akustisch präsentiert. Anschließend sollen sie die gezeigte Sequenz in der Darbietungsreihenfolge wiedergeben. Etwas Ähnliches geschieht im Alltag, wenn wir eine Telefonnummer nachschlagen und sie im Kurzzeitgedächtnis durch kontinuierliches innerliches Wiederholen verfügbar halten, bis wir zum Telefon gegangen sind und gewählt haben.

Anhand der Serial-recall-Aufgabe wurden einige charakteristische Merkmale des sprachlichen Kurzzeitgedächtnisses aufgedeckt. Beispielsweise zeigte sich, dass das Behalten von ähnlich klingenden Sequenzen wie B-P-G-D-W-C-T sehr viel schwieriger ist als das Behalten von Sequenzen, die aus unterschiedlich klingenden Einheiten bestehen (z. B. K-V-Q-R-Z-P-X). Dieser phonologische Ähnlichkeitseffekt gilt sowohl für akustisch als auch für visuell präsentierte Sequenzen und zeigt, dass das Material in beiden Fällen in einem klanglich-akustischen Gedächtniskode gespeichert wird. Wir merken uns also nicht das visuelle Bild der Buchstaben, sondern den Klang der dazugehörigen Konsonanten.

Baddeley und seine Mitarbeiter nehmen an, dass die gelesenen Buchstaben durch eine Art inneres Aussprechen in einen akustischen, lautklanglichen Kode umgewandelt und anschließend in einen entsprechenden Speicher eingetragen werden. Wenn das Behaltensmaterial akustisch dargeboten wird, ist dieser Übersetzungsprozess nicht erforderlich. Gehörte Sprache gelangt direkt und automatisch in den phonologischen Speicher. Abbildung 2 zeigt das Modell der phonologischen Schleife mit den verschiedenen Zugangswegen zum phonologischen Speicher.

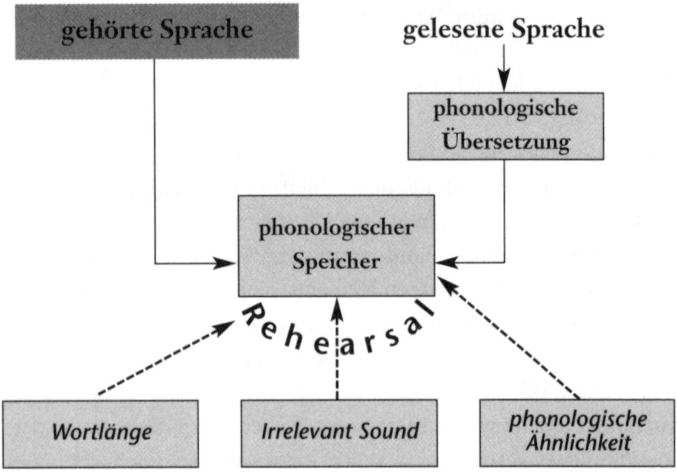

Abbildung 2: Das Modell der phonologischen Schleife (nach Baddeley 1986, 1999)

Eine weitere Komponente des Modells ist der Rehearsal-Prozess. Dieser Begriff bezieht sich auf das kontinuierliche innerliche Wiederholen des Behaltensmaterials, wie es am obigen Beispiel mit der Telefonnummer veranschaulicht wurde. Da die Gedächtnisspuren im phonologischen Speicher sehr schnell verblassen, ist es notwendig, den Speicherinhalt immer wieder aufzufrischen. Dies wird durch den Rehearsal-Prozess erreicht. Diese Annahme wird durch die Tatsache bestätigt, dass die Behaltensleistung nicht nur von der klanglichen Ähnlichkeit der Lerneinheiten abhängt, sondern auch von ihrer Länge. So ist es sehr viel einfacher, sich Folgen von kurzen Wörtern zu merken (z. B. Hans-Fritz-Gerd-Kai-Niklas) als Folgen langer Wörter zu behalten (z. B. Christian-Anneliese-Theodor-Sebastian-Alexander). Untersuchungen haben gezeigt, dass hierbei tatsächlich die Dauer des Aussprechens entscheidend ist, nicht etwa die Anzahl der Silben. Dieser als »Wortlängeneffekt« bezeichnete Befund wird dadurch erklärt, dass das innerliche Wiederholen einer Folge von langen Wörtern sehr viel länger dauert als bei kurzen Wörtern. Daher ist die Wahrscheinlichkeit, dass Gedächtnisspuren im phonologischen Speicher bereits verblasst sind, bevor sie aufgefrischt werden können, bei langen Wörtern sehr viel größer als bei kurzen.

Die Wirkung von Schall auf die phonologische Schleife

Ein wesentliches Merkmal des Modells besteht in der Annahme, dass gehörte Sprache direkt und automatisch in den phonologischen Speicher hineingelangt. Dies scheint nicht nur für Sprache zu gelten, der man bewusst zuhört, sondern auch für Hintergrundsprechen. In vielen Experimenten hat sich gezeigt, dass die sprachliche Kurzzeitgedächtnisleistung von Probanden schlechter wird, wenn während der Aufgabenbearbeitung ein sprachhaltiger Hintergrundschall abgespielt wird (Klatte et al. 1995; Jones 1999). Dieser Effekt wird in Anlehnung an die englische Fachliteratur als »Irrelevant-Sound«-Effekt (ISE) bezeichnet. In Experimenten bearbeiten die Versuchspersonen die Serial-recall-Aufgabe unter Ruhe und unter verschiedenen Hintergrundschallen, die mit moderatem, keineswegs überlautem Pegel eingespielt werden. Hierbei werden die Versuchspersonen instruiert, den Hintergrundschall zu ignorieren und sich ganz auf die Gedächtnisaufgabe zu konzentrieren. Dennoch findet man bei den meisten Versuchspersonen eine beträchtliche Leistungsverschlechterung unter sprachhaltigem Hintergrundschall. Kontinuierliche Schalle wie künstliches Breitbandrauschen oder Autobahnlärm beeinträchtigen die Leistung dagegen nicht.

Dieser Störeffekt kommt nicht dadurch zustande, dass die Versuchsperson ihre Aufmerksamkeit von der Aufgabe abwendet und auf die Sprache richtet, weil sie diese verstehen möchte. Wenn dies der Fall wäre, dann sollte eine verständliche Sprache sehr viel stärker stören als eine unbekannte Fremdsprache. Viele Untersuchungen haben jedoch gezeigt, dass dies nicht der Fall ist. So verglichen wir in einem Experiment die Wirkung eines japanischen Sprechers mit der eines deutschen Sprechers auf die Kurzzeitgedächtnisleistung von deutschen Studierenden, die kein Japanisch verstanden (Klatte et al. 1995). Hierbei wurden den Versuchspersonen in jedem Versuchsdurchgang neun Ziffern dargeboten, die sie unmittelbar anschließend wiedergeben sollten. Abbildung 3 zeigt die mittleren Fehlerraten in Abhängigkeit von den Schallbedingungen für die neun verschiedenen Positionen in den Ziffernsequenzen (die ersten

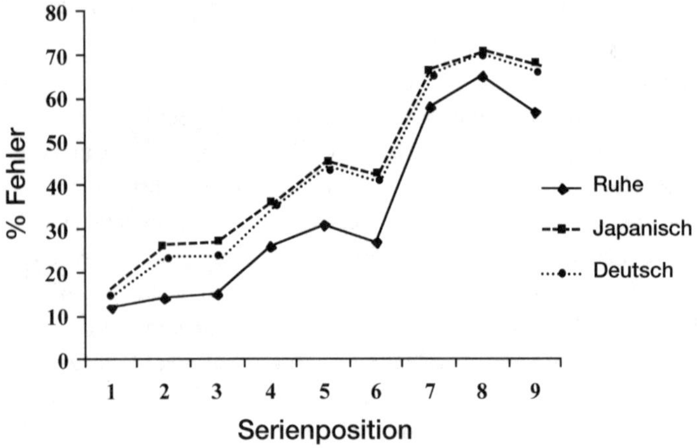

Abbildung 3: Wirkung von vertrauter und unverständlicher Hintergrundsprache auf die Kurzzeitgedächtnisleistung (aus: Klatte et al. 1995)

Ziffern einer solchen Folge werden in der Regel gut, die hinteren schlechter behalten).

Es zeigte sich bei beiden Sprechern eine gleichermaßen starke Leistungsverschlechterung relativ zur Ruhebedingung. Die Verständlichkeit der Sprache hat also keinen Einfluss auf die Stärke der Störwirkung. Gegen die Annahme, dass der ISE auf Aufmerksamkeitsdistraktionen beruht, spricht auch der Befund, dass sich die Versuchspersonen offensichtlich nicht an den Hintergrundschall gewöhnen. Auch bei längerer Testung über mehrere Sitzungen hinweg bleibt der Störeffekt in voller Stärke bestehen (Hellbrück et al. 1996).

Der ISE ist nicht auf sprachlichen Schall beschränkt. Auch Sinustonfolgen und instrumentale Musik können sich negativ auf das Kurzzeitgedächtnis auswirken (Jones u. Macken 1993; Klatte u. Hellbrück 1993; Klatte et al. 1995). Insbesondere rhythmisch betonte Musikstücke mit kurzen, schnell aufeinander folgenden Tönen (»staccato«) sind extrem störend, während langsame Meditationsmusik keinen Effekt auf die Leistung bewirkt. Weiterhin wurde gezeigt, dass auch Bürolärm mit Telefonklingen, Tastaturklappern, Faxgeräuschen, Sprache und so weiter dem ISE vergleichbare Störungen hervorruft (Banbury u. Berry 1998). Es ist zu vermuten, dass typischer Klassenraumlärm ähnliche Auswirkungen hat.

Im Rahmen des phonologischen Schleifenmodells wird der ISE so erklärt, dass Hintergrundsprache (und möglicherweise auch andere, in ihrer zeitlich-spektralen Struktur sprachähnliche Schalle wie instrumentale Musik) automatisch in den phonologischen Speicher gelangt, während gleichzeitig über den visuellen Weg die zu behaltenden Lerneinheiten eingelesen werden. Es kommt dabei zu einer Überlastung des phonologischen Speichers und die Leistung nimmt ab. Wesentlich ist, dass hier eine automatische Funktionsstörung ganz spezifischer kognitiver Verarbeitungsprozesse durch bestimmte Arten von Hintergrundschall angenommen wird. Hiermit übereinstimmend haben wir beobachtet, dass die Leistungsstörung von den Versuchspersonen oft gar nicht bemerkt wird. Trotz offenkundiger Leistungsverschlechterung geben sie oftmals an, der Schall hätte sie bei der Aufgabe nur wenig oder gar nicht behindert.

Die Bedeutung der phonologischen Schleife

Da das Modell der phonologischen Schleife fast ausschließlich auf Laborexperimenten mit der Standardaufgabe »serial recall« beruht, stellt sich natürlich die Frage, welche Bedeutung diesem System bei komplexeren, alltagsnäheren Aufgaben zukommt.

In einer Reihe von neueren Studien hat sich gezeigt, dass die phonologische Schleife beim Laut- und Schriftspracherwerb eine maßgebliche Rolle spielt. Es wird sogar angenommen, dass dieses System im Verlauf der Evolution ausgebildet wurde, um den Erwerb von Sprache zu ermöglichen (Baddeley et al. 1998). So bestehen hohe Korrelationen zwischen der Kapazität der phonologischen Schleife und dem Umfang des Wortschatzes von Kindern im Alter zwischen 3 und 13 Jahren. Bei Kindergartenkindern kann die Kapazität der phonologischen Schleife, gemessen durch die Fähigkeit zum Nachsprechen von Pseudowörtern, als Prädiktor für den Umfang des Wortschatzes zu einem späteren Zeitpunkt herangezogen werden. Dies gilt auch für ältere Kinder, die eine Fremdsprache erlernen (Service 1992). Nicht nur beim Erwerb neuer Wortformen, sondern auch bei der Entwicklung des sprachlichen Ausdrucksvermögens sowie der grammatikalischen Kompetenz scheint die phonologischen Schleife maßgeblich beteiligt zu sein (Adams u. Gathercole 2000; Hasselhorn u. Körner 1997). Nach Baddeley et al. (1998) besteht die Funktion der phonologischen Schleife darin, unbekannte phonologische Formen sowie Satzmuster temporär zu speichern, während permanente Gedächtnisrepräsentationen ausgebildet werden.

Auch beim beginnenden Lesen spielt die phonologische Schleife eine große Rolle. Lese-Rechtschreib-schwache Kinder zeigen in den meisten Fällen auch Störungen des sprachlichen Kurzzeitgedächtnisses (de Jong 1998). In der frühen Stufe des Leseerwerbs besteht noch kein direkter Zugriff vom geschriebenen Wort zum inneren Lexikon, vielmehr müssen sich die Kinder die Wörter Laut für Laut »erlesen«. Dieser Prozess läuft sehr langsam ab, die einzelnen Laute müssen daher kurzzeitig gespeichert werden. In dieser Phase spielen die Fähigkeit, Wörter in Einzellaute zu zerlegen (phonemisches Rekodieren), sowie der Erwerb von Graphem-Phonem-Korrespondenzregeln eine maßgebliche Rolle. Bei beiden Prozessen ist die phonologische Schleife beteiligt (Gathercole u. Baddeley 1993). Untersuchungen belegen, dass Defizite in dieser grundlegenden Stufe des Schriftspracherwerbs meist zu dauerhaften Lese-Rechtschreib-Problemen führen (Wimmer et al. 1991).

Die Bedeutung des phonologischen Kurzzeitgedächtnisses beim geübteren Leser hängt vom Material ab. Einfache Texte werden in der Regel »online« verarbeitet, eine temporäre Zwischenspeicherung ist hier nicht erforderlich. Wenn jedoch lange, komplizierte Sätze gelesen werden und eine Verarbeitung in Echtzeit nicht möglich ist, wird eine kurzzeitige Speicherung von Satzbestandteilen notwendig. Bei Grundschulkindern ist dies natürlich eher der Fall als bei erwachsenen, routinierten Lesern. Auch bei langen Sätzen, die nur eine geringe semantische Kohärenz aufweisen, und bei Sätzen, in denen das Behalten der Wortreihenfolge notwendig ist (»Die Katze wird vom Hund gejagt«), wird oft auf eine Kurzzeitgedächtnisrepräsentation zurückgegriffen. Analoges gilt für das Verstehen gesprochener Sprache.

Diese Befunde dokumentieren die maßgebliche Rolle des sprachlichen Kurzzeitgedächtnisses beim Erwerb und Gebrauch sprachlicher Fertigkeiten. Wir müssen deshalb vermuten, dass auch diese für den Schulerfolg grundlegenden Prozesse durch eine zu laute Lernumgebung beeinträchtigt werden.

Feldstudien zur Wirkung von Lärm auf die Leistungen von Schulkindern

Es soll der Frage nachgegangen werden, inwieweit die laborexperimentellen Befunde zur Lärmwirkung sich auch im Untersuchungsfeld der Schule wieder finden lassen. Es gibt hierzu einige Studien, in denen die Leistungen von Schülern aus sehr verkehrslärmbelasteten Schulen mit denen von Schülern aus ruhig gelegenen Schulen verglichen wurden (eine Übersicht hierzu geben Evans u. Lepore 1993). Hierbei zeigte sich, dass Kinder aus lärmbelasteten Schulen bei schwierigen Aufgaben schneller aufgaben und dass sie nach einem Misserfolg weniger bereit waren, weitere Lösungsversuche zu unternehmen. Weiterhin zeigten sich bei den lärmbelasteten Kindern häufiger Aufmerksamkeitsprobleme, sie waren leichter ablenkbar und schnitten in standardisierten Aufmerksamkeitstests schlechter ab. Auch die Leseleistung dieser Kinder erwies sich in vielen Studien als signifikant schlechter im Vergleich zu den nicht lärmbelasteten Kontrollkindern (Evans u. Maxwell 1997; Haines et al. 2001). Die vom Lärm betroffenen Kinder waren in der Leseleistung ein halbes Jahr und mehr im Rückstand.

In einigen Untersuchungen wurde zusätzlich die Sprachperzeptionsfähigkeit der Kinder erfasst. Hierbei zeigten sich bei den lärmbelasteten Kindern Defizite in der Lautdiskrimation (z. B. Gleich-ungleich-Entscheidung bei Wortpaaren wie »Tisch« und »Fisch«) und beim Erkennen von Wörtern, die in einem Störgeräusch dargeboten wurden (Evans u. Maxwell 1997). Diese Störungen wurden von den Autoren als Folgen der überlauten Lernumwelt interpretiert: Durch die dauernde Lärmbelastung lernen die Kinder, akustische Reize zu ignorieren. Diese Strategie wird jedoch übergeneralisiert, sodass auch wesentliche akustische Cues nicht mehr adäquat aufgenommen und verarbeitet werden. Das beeinträchtigt den Erwerb differenzierter Lautrepräsentationen. Bemerkenswert ist, dass es sich bei den hier festgestellten Störungen der Sprachperzeption um Symptome zentraler Fehlhörigkeit handelt, einer Teilleistungsstörung, die zunehmend mit der Entstehung von Lese-Rechtschreib-Schwierigkeiten und Sprachentwicklungsverzögerungen in Zusammenhang gebracht wird. Hierauf wird an späterer Stelle nochmals eingegangen.

Zu den hier berichteten Ergebnissen muss einschränkend gesagt werden, dass in den Studien Extremgruppen untersucht wurden, also Kinder, die unter ungewöhnlich starkem Lärm zu leiden hatten. In den meisten Untersuchungen wurden Schulen einbezogen, die in unmittelbarer Nähe großer Flughäfen lagen. Die Ergebnisse sind daher nicht repräsentativ. Wie bereits einleitend festgestellt wurde, fehlt es an Feldstudien zur Wirkung von Lärm, insbesondere von Innenlärm, in ganz normalen, unausgelesenen Schulen.

Erschwerende Bedingungen: Hörstörungen und Lernschwierigkeiten

Wir finden in den Schulen zunehmend Kinder mit Problemen, die direkt oder indirekt mit dem Hören zusammenhängen. Neben entsprechenden unterrichtsgestaltenden Maßnahmen sind optimale raumakustische Bedingungen für diese Kinder von besonderer Bedeutung.

Periphere Hörstörungen und Sprachverständnisprobleme

Es gibt eine wachsende Zahl von Kindern mit akuten oder chronischen peripheren Hörstörungen. Insbesondere jüngere Kinder sind durch Erkältungen mit Mittelohrinfekten oft lange Zeit im Hören eingeschränkt. Ein Mittelohrerguss bleibt meist noch Wochen und Monate nach der Behandlung der akuten Erkrankung bestehen. Auch chronische Hörstörungen unter Kindern und Jugendlichen nehmen in der Häufigkeit zu. Als mögliche Ursachen hierfür werden häufiger Konsum von zu lauter Musik (Walkman-Hören, Diskotheken- und Konzertbesuche) sowie der Umgang mit gefährlich lautem Spielzeug (z. B. Pistolen, Tröten, Quietsche-Entchen) diskutiert (Fleischer 2000; Hellbrück u. Fischer 1999). Weiterhin gibt es in den Klassen viele Kinder mit nicht deutscher Muttersprache. Für diese Kinder ist das Zuhören sehr anstrengend, da sie allein für das semantische Dekodieren des Gehörten viel kognitive Kapazität aufwenden müssen. Eine zusätzliche Erschwerung des Zuhörens durch schlechte akustische Bedingungen führt dazu, dass die Belastungsgrenzen dieser Kinder noch schneller erreicht sind. Ähnliches gilt für Kinder mit zentralen Hörstörungen. Diese Störung wurde bereits im Zusammenhang mit den Fluglärmstudien angesprochen. Es handelt sich hierbei um eine Fehlfunktion zentraler auditiver Verarbeitungsprozesse, die in den letzten Jahren zunehmend diskutiert wird (Plath 2000; Wiedenmann in diesem Band). Das periphere Hörvermögen der betroffenen Kinder ist meist intakt, sodass sie in Standarduntersuchungen (Hörschwellenaudiogramm) nicht auffallen; ihre Probleme werden daher oft als Folgen von Aufmerksamkeitsstörungen oder Motivationsmangel fehlinterpretiert. Nach einer Definition der American Speech-Language-Hearing Association (ASHA) betrifft die Störung folgende Mechanismen:

- Richtungshören
- Lautdiskrimination (im Vergleich zu Vokalen werden Konsonanten lauter, jedoch unklar und verwaschen gehört)
- zeitliche Auflösung und Sequenzierung
- Störgeräuschbefreiung

Diese Mechanismen sind für das Sprachverständnis von grundlegender Bedeutung. Die Defizite zeigen sich zum Beispiel dadurch, dass die betroffenen Kinder ähnlich klingende Wörter verwechseln, die Reihenfolge von Silben und Wörtern vertauschen, häufig nachfragen, Dinge missverstehen, leicht ablenkbar sind, auf Ansprache nicht reagieren und große Schwierigkeiten haben, sich auf wechselnde Sprecher, wie etwa bei Gruppendiskussionen, einzustellen. Dies gilt in ganz besonderem Maß für Situationen, in denen die Sprachverständlichkeit durch ungünstige raumakustische Bedingungen (insbesondere lange Nachhallzeiten) und Nebengeräusche erschwert ist oder durcheinander gesprochen wird.[1] Ein Kind mit einer zentralen Hörstörung ist kaum in der Lage, einen komplexen Satz in einem Raum mit einem hohen Störgeräuschpegel zu verstehen. Erschwerend kommt hinzu, dass diese Kinder meistens auch eine geringe Kurzzeitgedächtniskapazität für Gehörtes aufweisen. Auf die Bedeutung dieses Systems bei sprachlichen Funktionen wurde bereits hingewiesen.

Lärm und Lese-Rechtschreib-Störungen

In einigen Lärmstudien ist gezeigt worden, dass Kinder mit Lernschwierigkeiten durch Lärm besonders benachteiligt werden (Maser et al. 1978). Ein möglicher Grund hierfür besteht darin, dass die bei Kindern mit Lese-Rechtschreib-Schwierigkeiten gestörten Teilleistungen besonders anfällig für Lärmwirkungen sind, sodass eine zu laute Lernumgebung die bestehenden Schwierigkeiten noch weiter verstärkt. Diese Ansicht erscheint in Anbetracht der heute für die Entstehung der Lese-Rechtschreib-Schwäche (LRS) angenommenen Ursachen plausibel. Allgemein unstrittig ist die Ansicht, dass die LRS aus einer gestörten Lautverarbeitung resultiert (Klicpera u. Gasteiger-Klicpera 1995; Shaywitz 1997). Für den Schriftspracherwerb ist das Wissen über die Lautzusammensetzung der Sprache, die phonemische Bewusstheit, eine grundlegende Voraussetzung. Die Lese-Rechtschreib-Schwäche zeigt sich in erster Linie durch Defizite beim phonemischen Rekodieren, das heißt bei der korrekten und flüssigen Anwendung von Graphem-Phonem-Korrespondenzregeln. LRS-Kinder haben große Schwierigkeiten, geschriebenen Buchstaben Laute zuzuordnen, Wörter in ihre Lautbestandteile zu zerlegen oder einzelne Laute zu Wörtern zu verbinden. Dies ist meist verbunden mit Störungen im sprachlichen Kurzzeitgedächtnis, die sich zum Beispiel beim Nachsprechen von Unsinnswörtern zeigen. Bei der LRS sind also in erster Linie die akustischen, nicht die visuellen Komponenten des Leseprozesses betroffen. Es sind ge-

1 Wenn ein Kind beim häuslichen Diktatüben häufig bessere Leistungen erbringt als später in der Schule, sollte daher auch die Möglichkeit eines Hörproblems in Betracht gezogen werden.

nau diejenigen Funktionen gestört, die als äußerst lärmsensitiv betrachtet werden müssen.

Eine Lese-Rechtschreib-Schwäche tritt selten isoliert, sondern meist in Verbindung mit anderen Symptomen auf. Hierzu gehören Aufmerksamkeitsstörungen sowie zentrale Hörstörungen. Beide Störungsformen sind auch bei Kindern aus extrem lärmbelasteten Schulen festgestellt worden. Es gibt also eine starke Überlappung zwischen den der LRS zugrunde liegenden Faktoren und den Faktoren, die sich in Lärmwirkungsstudien als anfällig für negative Lärmeffekte erwiesen haben. Dies unterstützt die Annahme, dass zu viel Lärm den Erwerb des Lesens und Schreibens nachhaltig behindert.

Fazit

Auf der Basis des hier dargelegten Forschungsstands zum Thema Lärm und Leistung lässt sich begründet vermuten, dass schulisches Lernen durch Lärm in vielerlei Hinsicht beeinträchtigt wird. Anfällig sind neben der Sprachverständlichkeit vor allem Aufmerksamkeits-, Gedächtnis- und grundlegende Sprachverarbeitungsprozesse. Weiterhin muss davon ausgegangen werden, dass zu viel Lärm bereits bestehende Lernschwierigkeiten noch weiter verstärkt. Diese Annahmen basieren jedoch vorrangig auf nicht direkt schulbezogenen Untersuchungen und auf Untersuchungen extrem lärmbelasteter Kinder. Genaue Analysen der Lärmsituation in repräsentativen, unausgelesenen Schulen und Studien zur Wirkung »normalen« Klassenraumlärms auf schulnahe Testaufgaben erscheinen uns daher dringend erforderlich. Auch angesichts der wachsenden Zahl von Hör-, Aufmerksamkeits- und Sprachentwicklungsproblemen bei Kindern besteht hier besonderer Forschungsbedarf.

Literatur

Adams, A. M.; Gathercole, S. E. (2000): Limitations in working memory: Implications for language development. International Journal of Language & Communication Disorders 35(1): 95–116.
Baddeley, A. D. (1986): Working Memory. Oxford.
Baddeley, A. D. (1999): Essentials of Human Memory. Kap. 3: Working Memory. Hove.
Baddeley, A. D.; Gathercole, S. E.; Papagno, C. (1998): The phonological loop as a language learning device. Psychological Review 105(1): 158–173.
Banbury, S.; Berry, D. C. (1998): Disruption of office-related tasks by speech and office noise. British Journal of Psychology 89: 499–517.
Berg, D.; Imhof, M. (1996): Zuhören lernen – Lernen durch Zuhören. In: Sedlak, F. (Hg.), Persönlichkeitsentwicklung und Gemeinschaftsförderung. Wien, S. 39–53.
Broadbent, D. E. (1971): Decision and Stress. New York.
Broadbent, D. E. (1979): Human Performance in Noise. In: Harris, C. M. (Hg.), Handbook of Noise Control. New York.
Daee, S.; Wilding, J. (1977): Effects of high intensity white noise on short-term memory for position and sequence. British Journal of Psychology 66: 61–68.
Davies, D. R.; Jones, D. M. (1975): The effects of noise and incentives upon attention in short-term memory. British Journal of Psychology 66: 61–68.
Evans, G.; Lepore, S. J. (1993): Non-auditory effects of noise on children. Children's Environment 10: 31–51.
Evans, G.; Maxwell, L. (1997): Chronic noise exposure and reading deficits: The mediating effects of language acquisition. Environment & Behaviour 29: 638–656.
Fleischer, G. (2000): Gut hören – Heute und Morgen. Heidelberg.
Gathercole, S. E.; Baddeley, A. D. (1993): Working Memory and Language. Hove.
Glass, D. C.; Singer, J. E. (1972): Urban Stress: Experiments of Noise and Social Stressors. New York.
Haines, M. M.; Stansfeld, S. A.; Job, R. F.; Berglund, B.; Head, J. (2001): Chronic aircraft noise exposure, stress responses, mental health and cognitive performance in school children. Psychological Medicine 31: 265–277.
Hasselhorn, M.; Körner, K. (1997): Nachsprechen von Kunstwörtern: Zum Zusammenhang zwischen Arbeitsgedächtnis und syntaktischen Sprachleistungen bei Sechs- und Achtjährigen. Zeitschrift für Entwicklungspsychologie und Pädagogische Psychologie, Band XXIX, (3): 212–224.
Hellbrück, J.; Fischer, M. (1999): Umweltpsychologie. Ein Lehrbuch. Göttingen.
Hellbrück, J.; Kuwano, S.; Namba, S. (1996): Irrelevant background speech and human performance: Is there long-term habituation? Journal of the Acoustical Society of Japan (E) 17: 239–247.
Hockey, G. R. (1984): Varieties of attentional state: The effects of environment. In: Parasuraman, R.; Davies, D. R. (Hg.), Varieties of Attention. New York.

Jones, D. M. (1999): The cognitive psychology of auditory distraction: The 1997 BPS Broadbent Lecture. British Journal of Psychology 90: 167–187.

Jones, D. M.; Macken, W. J. (1993): Irrelevant tones produce an irrelevant speech effect: Implications for phonological coding in working memory. Journal of Experimental Psychology: Learning, Memory and Cognition 19: 369–381.

Jong, P. de (1998): Working memory deficits of reading disabled children. Journal of Experimental Child Psychology 70: 75–96.

Kals, E. (1998): Umwelt und Gesundheit. Weinheim.

Klatte, M.; Hellbrück, J. (1993): Der »Irrelevant Speech Effect«: Wirkungen von Hintergrundschall auf das Arbeitsgedächtnis. Zeitschrift für Lärmbekämpfung 40 (4): 91–98.

Klatte, M.; Kilcher, H.; Hellbrück, J. (1995): Wirkungen der zeitlichen Struktur von Hintergrundschall auf das Arbeitsgedächtnis und ihre theoretischen und praktischen Implikationen. Zeitschrift für Experimentelle Psychologie 42: 517–544.

Klicpera, C.; Gasteiger-Klicpera, B. (1995): Psychologie der Lese- und Schreibschwierigkeiten. Weinheim.

Loeb, M. (1986): Noise and Human Efficiency. Chichester.

MacKenzie, D. J.; Airey, S. (1999): Classroom Acoustics. A Research Project. Summary Report. Heriot-Watt University Edinburgh.

Maser, A. L.; Sorenson, P. H.; Kryter, K. D.; Lukas, J. S. (1978): Effects of Intrusive Sounds on Classroom Behaviour: Data from a Successful Lawsuit. Western Psychological Association Annual Meeting.

Mathews, K. E.; Canon, L. K. (1975): Environmental noise level as a determinant of helping behaviour. Journal of Personality and Social Psychology 32: 571–577.

Plath, P. (Hg.) (2000): Zentrale Hörstörungen. Schriftenreihe der Geers-Stiftung. Band 10.

Rudow, B. (2000): Der Arbeits- und Gesundheitsschutz im Lehrerberuf: Gefährdungsbeurteilung der Arbeit von Lehrerinnen und Lehrern. Ludwigsburg.

Schick, A.; Klatte, M.; Meis, M. (1999): Die Lärmbelastung von Lehrern und Schülern – ein Forschungsstandbericht. Zeitschrift für Lärmbekämpfung 46(3): 77–87.

Seligman, M. E. (1979): Erlernte Hilflosigkeit. München.

Service, E. (1992): Phonology, working memory, and foreign lan-guage learning. Quarterly Journal of Experimental Psychology 45A: 21–50.

Shaywitz, S. E. (1997): Legasthenie – gestörte Lautverarbeitung. Spektrum der Wissenschaft, Jan.: 68–76.

Smith, A. P. (1983): The effects of noise on strategies of human performance. In: Rossi, G. (Hg.), Proceedings of the Fourth International Congress on Noise as a Public Health Problem. Centre Richerche e Studi Amplifon. Milan.

Smith, A. P. (1985a): The effects of different types of noise on semantic processing and syntactic reasoning. Acta Psychologica 58: 263–273.

Smith, A. P. (1985b): Noise, biased probability, and serial reaction. British Journal of Psychology 76: 89–95.

Smith, A. P. (1990): Noise, task parameters, and cognitive vigilance tasks. In: Lovesey, E. (Hg.), Contemporary Ergonomics. London, S. 98–103.
Smith, A. P.; Jones, D. M. (1992): Noise and performance. In: Smith, A. P.; Jones, D. M. (Hg.), Handbook of Human Performance. Vol. 1. London/San Diego/New York u. a.
Wimmer, H.; Zwicker, T.; Gugg, D. (1991): Schwierigkeiten beim Lesen und Schreiben in den ersten Schuljahren: Befunde zur Persistenz und Verursachung. Zeitschrift für Entwicklungspsychologie und Pädagogische Psychologie XXIII (4): 280–298.

Manfred Spreng

Die Wirkung von Lärm auf die Sprachentwicklung des Kindes

Zwischenmenschliche Kommunikation mittels Hören und Sprechen ist die dynamischste und komplexeste Leistung der menschlichen Informationsverarbeitung. Sie ist ein entscheidendes Mittel zur Entfaltung der Persönlichkeit sowie zur Auseinandersetzung mit der sozialen Umwelt und übertrifft dabei deutlich die Leistung bei der visuellen Wahrnehmung. Deshalb und insbesondere infolge der komplex-motorischen Anteile ist die Sprachentwicklung bei Kindern von beachtlicher Dauer und wesentlich störanfälliger als der Erwerb visueller Diskriminationsfähigkeit.

Die ständige Zunahme und die durchdringende Allgegenwart von Lärm unterschiedlichster Art bewirken in unserer technisierten Umwelt ein immer größere Zeiträume beanspruchendes Störpotenzial, ja häufiges »temporäres Taub- oder Schwerhörigsein«. Das kann langfristig in mehrfacher Weise auch zu permanenten Hörschädigungen führen. Vor allem sind durch Belärmung Sprach- und allgemeine Entwicklungsstörungen von Kleinkindern und Schulkindern zu erwarten.

Die Kommunikationsstörung kommt in erster Linie zustande, weil Sprachschall durch Störgeräusche verdeckt wird. Hierbei spielen anatomisch-funktionelle Gegebenheiten bereits im peripheren Gehörsystem (vorwiegend im Innenohr) eine entscheidende Rolle. Jedoch sind es auch zentralnervöse Verarbeitungsprozesse, deren Funktionsbeeinträchtigung durch Störgeräusche vor allem Diskriminationsverluste beim Hörer und damit Fehlhörigkeit nach sich ziehen (Spreng 1993 und 1994a). Des Weiteren wird auch die Interaktion zwischen Hören und Sprechen durch Störgeräusche beeinträchtigt, wodurch sowohl Sprecher als auch Sprache und letztendlich damit die Kommunikation negativ beeinflusst werden.

Ablauf des Spracherwerbs

Zweifellos ist der Erwerb der menschlichen Sprache die höchste Hirnleistung im Entwicklungsprozess des Kindes. Fötales Hören dürfte schon nach 14 bis 24 Entwicklungswochen beim nur 13 mm großen Embryo angelegt sein (Cooper 1984; Matschke 1993). Die Haarzellen des Innenohrs differenzieren nämlich ab der 10. bis 11. Schwangerschaftswoche aus und bilden afferente Bahnverbindungen, während bereits in der 14. Woche zu den inneren Haarzellen und in der 20. bis 22. Woche zu den äußeren Haarzellen erste efferente Fasern laufen (Cole u. Robertson 1992) und auch Pulsfrequenzerhöhungen des Föten auf Tonbeschallung feststellbar sind.

Das fötale Gehör weist allerdings noch erhöhte Schwellen über 40 dB auf, da die für die Motilität (Beweglichkeit) beziehungsweise Kontraktilität (Fähigkeit zur aktiven Verkürzung) der verstärkenden äußeren Haarzellen verantwortlichen Strukturen erst am Ende der Schwangerschaft vollständig funktionell vorliegen (Pujol u. Lavigne-Rebillard 1992). Andererseits sind von der 20. Schwangerschaftswoche an regelmäßig eine Überzahl von Haarzellen sowie eine irreguläre Anordnung von Stereozilien (Eiweißhärchen) gegeben. Äußere Haarzellen können vier Reihen (statt drei beim Erwachsenen) und innere Haarzellen zwei Reihen (statt einer beim Erwachsenen) besitzen, die teilweise bis nach der Geburt noch bestehen bleiben. Diese Besonderheit könnte wiederum auf eine höhere Empfindlichkeit in diesem Zeitbereich hindeuten.

Mit Sicherheit kann gesagt werden, dass das Gehör schon vor der Geburt physiologisch aktiv ist. Unter Umständen existieren schon gewisse auditive Lernvorgänge, da das Kind von Geburt an fähig ist, die mütterliche Stimme gegenüber anderen zu unterscheiden (Northern u. Downs 1984). In diesen Entwicklungsphasen liegt eine große Störanfälligkeit gegenüber schädigenden Einflüssen vor. Speziell beim Menschen sind kritische Phasen vor allem gegenüber Lärmeinfluss zwischen der 30. Schwangerschaftswoche und einige Zeit nach der Geburt gegeben (Uziel 1985; Pujol 1986; Lenoir et al. 1987).

Unmittelbar nach der Geburt ist die Perzeption über den ganzen Intensitäts- und Frequenzbereich und damit über die ganze Vielfalt der akustisch-kommunikatorischen Ereignisse erweiterbar. Bei der Ausbildung dieser Fähigkeiten laufen in den ersten 12 bis 18 Lebensmonaten entscheidende Reifungsprozesse ab (Ruben 1992). Insbesondere ist das weitere Ausreifen der Biomechanik des Innenohrs in den ersten Monaten nach der Geburt eindeutig abhängig von einer ausreichend akustischen Stimulierung, möglichst in einer Umgebung, die frei von permanenten, nichtnatürlichen Störgeräuschen ist.

Bei allen Kindern lassen sich ähnliche Entwicklungsphasen feststellen, die allerdings unterschiedlich schnell durchlaufen werden. Dies sind:

- prälinguale Periode: Schreien: Hunger, Schmerz; Gurren: Zufriedenheit (6. bis 8. Woche)
- nach drei Monaten: Phase des Lallens (audio-phonatorische Rückkopplung, Anpassung an sich verändernde Resonanzverhältnisse des äußeren Gehörgangs)
- Lallen (mit Reduplikationen von Lautsequenzen vom 4. Monat an, Konsonant-Vokal-Verbindungen)
- ab 8 Monaten: linguale Periode (mit erstem Sprachverständnis)

Die Sprachentwicklung baut sich dann über Silbenproduktion, passives Wortverständnis, Einzelwort, Zwei- und Dreiwortsätze allmählich auf, wobei die Artikulation des Kindes zunehmend deutlicher wird. Die entscheidende Leistung hierbei ist einmal das Aktivieren und Ausbilden der taktilen Rückkopplungssysteme, die über die jeweilige Situation der Sprachmotorik und der Konfiguration im Ansatzrohr (z. B. Gaumen, Zunge, Lippen usw.) Auskunft geben. Sie werden später allein, weitgehend ohne audio-phonatorische Kontrolle, ein Sprechen ermöglichen (Linke 1980). Zum anderen erfolgt die langfristig weiterlaufende Anlage eines – im Vergleich zu anderen Speichern motorischer Programme – außerordentlich großen Speichers für sprachmotorische Programme (Spreng 1993).

Voraussetzungen für den Spracherwerb

Neben der Normalfunktion des Gehörs und der zahlreichen mitbeteiligten Funktionssysteme (Spreng 1994a) ist das interpersonale Umfeld (z. B. familiäres Umfeld, schulisches Umfeld) und die ungestörte Wahrnehmung der selbst erzeugten und der fremderzeugten Laute von entscheidender Bedeutung. Bereits in den ersten Lebenswochen gibt der Säugling vokalähnliche Laute von sich, die im ruhigen Wachzustand kognitive Prozesse begleiten (Anderson et al. 1977). Insbesondere treten sie im Rahmen der Lernversuche auf, wobei vor allem die ersten erfolgreichen motorischen Reaktionen begleitet werden. Da bereits in den ersten zehn Lebenstagen eine dyadenspezifische Verständigung zwischen Kind und Betreuer erarbeitet werden kann, spielen Umweltbedingungen und deren mögliche Störung eine entscheidende Rolle.

Obwohl die Frage der Imitationsfähigkeit von Säuglingen noch weitgehend offen ist, kann davon ausgegangen werden, dass diese bei gestörtem Umfeld nicht voll zur Geltung kommt. In welchem Ausmaß sie auch ausgeprägt sein mag, sie spielt für das Kommunikationsverhalten des Säuglings eine beachtliche Rolle.

Misserfolge von Lernprozessen führen zur Apathie (learned helplessness), der auch das Neugeborene ausgeliefert ist, wenn nicht ein Ausgleich durch die Bezugsperson (Mutter) gegeben wäre (Seligman u. Maier 1967). Am Beispiel der Sprache lässt sich dies sehr schön verdeutlichen: Je jünger die Kinder sind, desto langsamer sprechen die Mütter mit stark überhöhter Betonung, sie wiederholen ihre Aussagen immer wieder (Golinkoff u. Ames 1979). Je eher also Eltern auf die subtilsten Regungen des Kindes reagieren, desto besser legen sie den Grundstein für die Entwicklung einer ganz spezifischen kognitiven Leistung: der Kommunikation (Sander 1979).

Die entscheidenden Voraussetzungen für einen normalen Spracherwerb liegen also in der ungestörten Einsatzfähigkeit der angeborenen Detektionselemente – auf bestimmte Reizelemente spezialisierte neuronale Strukturen –, die durch den spiegelnden Kontakt mit den Bezugspersonen und der immer wieder neu zu weckenden Imitationsfähigkeit in ungestörter Umgebung optimal einsetzbar sind (Spreng 1984; Papoušek 1994). Diese neuronalen

Detektionselemente sind beispielsweise in der Lage, auf Frequenzänderungen von Phonemtransienten, das ist der frequenzmäßige Übergang zwischen Konsonant und Vokal, hinsichtlich Aufwärts- oder Abwärtsmodulation, Pausen nach Plosivlauten und andere wichtige Kurzzeit-Phonemstrukturen zu reagieren (Spreng 1984) und weisen damit gegenüber fluktuierenden Störschallen eine besondere Empfindlichkeit auf.

Etwa in der zweiten Hälfte oder gegen Ende des zweiten Lebensjahrs entwickelt sich mit den ersten Worterwerbungen auch das so genannte phonematische Hören, wobei anstelle der phonetischen Fülle vielfältiger Laute eher eine phonematische Kargheit der ersten Sprachstufen auftritt (Jakobson 1969). Diese Sprachstufen entwickeln sich nicht aus den für die primäre Erfahrung des audiophonatorischen Systems wichtigen Lauten des Lallens, sondern sie werden in Verbindung mit höheren kognitiven Fähigkeiten aus der Sprache der Erwachsenen angeeignet (Lurija 1982). Sprachrhythmus, Sprachmelodie und Betonung, auf die das Kind schon in den ersten Wochen reagiert hat, werden jetzt zu einem bedeutungstragenden Gliederungsprinzip der gesprochenen Sprache mit einer enormen Vielfalt von zu erlernenden Variationen.

Im sich anschließenden Kindergarten- bis Vorschulalter ist die fortschreitende Ausbildung des phonematischen Hörens (Gathercole u. Baddeley 1993; Walter 1996) eine für die weitere Entwicklung entscheidende Erwerbsaufgabe, die in möglichst ungestörter, natürlicher Sozialumgebung angegangen werden sollte. Dabei sind die im Kleinkindalter noch physiologischen Redeflussstörungen (Tendenzen zum Poltern oder Stottern) umso leichter abbaubar, je mehr der psychosoziale Stress in der Familie und im sonstigen Umfeld reduziert wird (Schulze 1989; Wirth 1990; Klicpera u. Gasteiger-Klicpera 1995). Dieser korreliert wiederum mit dem Ausmaß des einwirkenden Umweltlärms.

Eine weitere und letzte Abstraktionsstufe des Sprechens wird beim Prozess des Lesen- und Schreibenlernens beschritten. War das Wort bis dahin vom Kind als Ganzheit erlebt, so werden mit der Phonem-Graphem-Korrespondenz in den frühen Etappen des Lesenlernens die Phoneme herausgelöst: Die phonetische Bewusstheit wird gefördert (Gathercole u. Baddeley 1993). Gleichzeitig entwickeln sich mit höheren Wahrnehmungs- und kognitiven Fähigkeiten die Möglichkeiten, Sprachredundanz und verlässliche grammatikalische Regeln auszunutzen, um auch bei schlechter Sprachqualität oder Störgeräuschen eine Spracherkennung zu sichern (Hörmann 1977). Im Schulalter kommt es dann zur Entwicklung der Semantik und zur Ausbildung der lexikalischen Vollständigkeit, wobei das Erlernen der Wortbedeutung und damit die Begriffsbildung durch die Fähigkeit erreicht wird, immer mehr Merkmale zu identifizieren und immer feiner zu differenzieren (Jansen u. Marx 1999).

Aufgrund der komplexen Entwicklungsvorgänge ist die Störanfälligkeit in diesen Phasen des Spracherwerbs dann besonders groß. Epidemiologische Studien zeigen eine Häufigkeit von Sprach- und Sprechstörungen im Kleinkind- und Vorschulalter von 60 bis 80 Fällen pro 1000 untersuchter Kinder. Nach Angaben des Deutschen Bildungsrats (1974) sind hierbei Störungen der Sprechentwicklung mit 30 Fällen pro 1000 Kinder im Vorschulalter am häufigsten. Dabei sind Jungen doppelt so häufig betroffen wie Mädchen (Lempp 1977; Axmann et al. 1990). Grimm (1999) findet Sprechstörungen bei 10,6 Prozent der Grundschüler und bei 6 Prozent Sprachentwicklungsstörungen. Auch hier gilt, dass neben einer Vielzahl medizinischer Ursachen, insbesondere Mängel an sprachlicher Anregung (Deprivation), die Sprachentwicklung des Kindes empfindlich stören. Das Kind benötigt für den normalen Spracherwerb laufend auditive, taktile und visuelle Anregung. Für die Entwicklung der verbalen Kommunikation ist der direkte Austausch im ungestörten Zwiegespräch notwendig.

Auditive Wahrnehmungsstörungen und Fehlhörigkeiten sind neben auditiver Unaufmerksamkeit, gestörter phonematischer Diskrimination (Hörunterscheidung der Sprachlaute) und eingeschränktem Hörgedächtnis vor allem auch mit Störlärmempfindlichkeit gekoppelt (Esser et al. 1987; Schönweiler 1993).

Störungen des Spracherwerbs bei Kleinkindern durch Lärm

Die Erläuterungen zum Spracherwerb und die dabei zu beachtenden Prozesse lassen deutlich erkennen, dass Umweltlärm in vielerlei Hinsicht negativ auf den Spracherwerb einwirken kann. Fraglos stört Lärm grundsätzlich die für die Sprachentwicklung bereits in den ersten Lebenstagen notwendige dyadenspezifische Beziehung des Säuglings mit seiner Betreuungs- oder Bezugsperson (Mutter), und das in direkter Weise, weil durch die Störschalleinwirkung sowohl Aufmerksamkeitsentzug als auch Maskierungseffekte bei beiden Personen wirksam werden. Indirekt stört Lärm, weil infolge lärminduzierter psychischer Belastung der Bezugsperson (Gereiztheit) die notwendige Atmosphäre für eine optimale dyadenspezifische Beziehung nicht gegeben ist.

Des Weiteren ist damit zu rechnen, dass die Imitationsfähigkeit des Säuglings im lärmgestörten Umfeld nicht voll zur Geltung kommen kann, da die Attraktivität des störenden Umweltereignisses derartige Versuche reduziert. Vor allem muss störender Lärm in dieser Phase auch für Misserfolgserlebnisse verantwortlich gemacht werden, wenn dadurch der Ausgleich mit entsprechendem Verhalten der Bezugsperson, zum Beispiel durch langsameres, betonteres Sprechen, unterbleiben muss. Füllt nämlich der Lärm die dann größeren Sprechpausen, dringt an das Ohr des Säuglings ein Schallgemisch, das mit Sprache nicht mehr allzu viel zu tun hat.

Das Kind kann bei ständig verdeckendem Hintergrundgeräusch (z. B. Verkehrslärm) die feinen Lautunterschiede nicht mehr ausreichend ausnützen, die ohne Lärm deutlich hörbar und die unabdingbar sind für die Feinausbildung der insbesondere im Schwellenbereich besonders wirksamen Biomechanik der Ohrschnecke.

Die Untersuchungen von Nozza et al. (1990) zeigen deutlich, dass Säuglinge im Alter von 7 bis 11 Monaten durch eine laute Umgebung gegenüber Erwachsenen benachteiligt sind, sie benötigen ein zirka 6 dB günstigeres Signal-Störgeräusch-Verhältnis. Hinzu kommt noch, dass Erwachsene im Störlärm einfache Satzkonstruktionen, eingeschränktes Vokabular und eine eintönige Sprache verwenden. Damit verschwinden die für den Spracherwerbsprozess wichtigen Besonderheiten der Prosodie, des Sprachrhythmus und der Betonung sowie vor allem die wechselnden Qualitätssprünge (Kegel 1978).

Nahezu permanente Verdeckung differenzierter lautsprachlicher Strukturen durch Lärm verhindert oder zumindest verzögert das endgültige Ausdifferenzieren der angeborenen Merkmalsdetektoren, prägt eventuell Vernetzungen, die nicht mehr reversibel sind, und bewirkt so eine Entwicklungsverzögerung oder Störung des Lauterwerbs, der eine entscheidende Grundlage für alle weiteren kognitiven Entwicklungsprozesse darstellt.

Es steht außer Frage, dass der dann beim Kleinkind einsetzende weitere, extrem komplexe Entwicklungsvorgang, wie zum Beispiel der Übergang von der dominierenden Steuerung des limbischen Systems zum Einbezug kortikaler Bereiche durch eine belärmte Umwelt zumindest verzögert wird. Dafür sprechen neuere Untersuchungsergebnisse, die zeigen, dass vierjährige Kinder – im Gegensatz zu etwa Sechsjährigen und Erwachsenen – eine höhere Schwelle hinsichtlich der Entdeckung von Sinustönen in unterschiedlich breitem Rauschen und auch flachere Flanken ihrer Frequenzselektivitätskurve besitzen. Obwohl die periphere Selektivität bereits vom Säuglingsalter an im normalen Ausmaß gegeben ist (Olsho 1985), muss dafür die Ursache in noch nicht abgeschlossenen zentralen Reifungsprozessen zu suchen sein. Für diese Diskriminationsleistung benötigt deshalb das vierjährige Kind ein Signal im verdeckenden Rauschen, das etwa 15 bis 22 dB höher liegt (Hall u. Grose 1991).

Untersuchungen an 4 bis 5 Jahre alten Kindern verdeutlichen ebenfalls die wesentlich schlechtere Diskriminationsleistung normal hörender Kinder im Vergleich zu derjenigen von Erwachsenen. Zum Beispiel ergibt sich bei einem Signal-Geräusch-Verhältnis von 6 dB in Ruhe zwischen Erwachsenen und Kindern bei einem Verständlichkeitstest mit Einzelworten ein Unterschied in der prozentualen Verständlichkeit von 100 zu 94. Wird rosa Rauschen (breitbandiges Rauschen mit jeweils gleicher Intensität in den Terzbändern) zugefügt, dann ändert sich dieses Verhältnis drastisch zuungunsten der Kinder und beträgt 98 zu 77. Noch stärker verschlechtert sich dieses Verhältnis bei Einwirkung von »Sprachgebabbel«; es liegt dann bei 94 zu 67 (Papso u. Blood 1989). Dies entspricht etwa einer Verschlechterung des Signal-Störgeräusch-Verhältnisses von 5 bis 10 dB für die vier- bis fünfjährigen Kleinkinder.

Es muss in diesem Zusammenhang auch darauf hingewiesen werden, dass in dieser besonders sensiblen Sprachentwicklungsphase des Kindes noch außerordentlich gute Kompensationsmöglichkeiten bestehen. Diese sind dann auszunutzen, wenn einfache Entwicklungsbeeinträchtigungen vorliegen, die zumindest von Seiten der Eltern eine gezielte Sprachförderung oder zumindest eine genaue Beobachtung durch gezieltes Hinhören verlangen. Es liegt auf der Hand, dass zunehmende Lärmbelastung, sei es im häuslichen Bereich, im Kindergarten oder an anderen Stellen, dieses entscheidend wichtige Beobachten und Trainieren der auditiven Perzeption massiv hemmen kann.

Sowohl beim Erlernen als auch beim Durchführen komplexer Leistungen, wie zum Beispiel beim Verstehen von Sprache, Sprechen oder Lesen, sind die Assoziationszentren entscheidend mitbeteiligt, insbesondere hinsichtlich der Aufmerksamkeitszuteilung. Zu erwähnen sind in diesem Zusammenhang Kinder mit gestörter auditiver Aufmerksamkeit, die oft hyperaktiv nicht nur jedes Geräusch hören, sondern auch durch jedes Geräusch ablenkbar sind. Ihre durch Geräusche ausgelöste Impulsivität, ihre Unfähigkeit stillzusitzen, wirken sich negativ auf Lernprozesse und auf den Spracherwerb aus. Andere Kinder schalten bei auditiven Reizen, die in zu großer Zahl, Dichte und Lautstärke auf sie einwirken, sehr bald ab. Der belärmten Umwelt können sie nichts entnehmen, sie reagieren auf Laute und Geräusche inkonsequent, sie können nicht behalten, nicht interpretieren und ermüden auf auditivem Gebiet sehr rasch (Wurst 1986).

Störung des Spracherwerbs und der Lernleistung bei Schulkindern

Mit zunehmendem Alter ist erwartungsgemäß die Wirkung von Geräuschen auf Kinder aus lärmpsychologischer Sicht immer besser zu untersuchen. So haben eine Reihe von Untersuchungen der letzten zwei Jahrzehnte gezeigt, dass das Erlernen des Sprechens (insbesondere in den ersten beiden Lebensjahren) und später des Lesens in besonderer Weise von Lärm betroffen ist (Shapiro et al. 1990; Schneider et al. 1998; Lauer 1999). Hier nehmen zwei für die menschliche Informationsverarbeitung entscheidend wichtige Funktionen Einfluss.

Es ist zum einem die optimalisierende Selektionsfunktion (Keidel 1989) oder die Filtertheorie der Aufmerksamkeit (Broadbent 1958). Diese beruht auf der Aufmerksamkeitszuteilung seitens der die Informationsflüsse der einzelnen Sinne kontrollierenden Retikulärformation (netzförmiges, multisensorisches Nervenschaltsystem im Rauten-, Mittel- und Zwischenhirn) sowie der übergeordneten Assoziationszentren. Ihre Funktion ist darin zu sehen, dass diejenigen Sinneskanäle, die neue Information durch entsprechende Veränderungen der physikalischen Umwelt liefern, verstärkt Informationskapazität und Aufmerksamkeit auf sich ziehen und auf diese Weise die Informationstransmission anderer Kanäle reduzieren sowie die Erledigung von Aufgaben stören. Falls wenig neue Information durch den betrachteten Sinneskanal angeliefert wird, wird dieser gedrosselt oder erfährt einen Aufmerksamkeitsentzug.

Für den Fall, dass der störende Lärm zeitlich variabel und so in gewissem Sinn stets neue Information bietet, kann er die ganze Aufmerksamkeit auf sich ziehen und die Erledigung von Aufgaben, wie zum Beispiel die bewusste Wahrnehmung eigener Lautproduktion, empfindlich stören. Liegt andererseits ein relativ kontinuierlicher, wenig Information enthaltender Störschall belärmend vor, dann kann grundsätzlich der auditive Kanal derart gedrosselt werden, dass zum Schluss kein Schall mehr – auch kein artikulatorischer Schall – kurzfristig aufmerksam beachtet wird. Eine derartige Unaufmerksamkeitshaltung wirkt sich beim Diskriminieren von Wörtern aus, vor allem bei der lautlichen Unterscheidung, die eine entscheidende Voraussetzung auch für das Lesen bedeutet (Barth 1999). Lärm wirkt sich deshalb schädigend auch auf das Lesenlernen aus.

Nicht streng zu trennen von der oben geschilderten Theorie der optimalisierenden Selektionsfunktion (Filtertheorie) ist die Vorstellung der auditiven Maskierung (Poulton 1981; Baddeley u. Salame 1986; Salame u. Baddeley 1989). Hier wird vermutet, dass der Lärm vor allem das innere Sprechen (phonologischer Speicher) und die auditorische Rückkopplung maskiert und damit gewissermaßen eine Differenzierung der Sprache verhindert.

Aus physiologischer Sicht ist zu konstatieren, dass zweifellos beide fundamentalen Funktionsprinzipien, die optimalisierende Selektionsfunktion (Filtertheorie) und die auditive Maskierung von Rückkopplungs- und phonologischen Speicherprozessen, gleichzeitig wirken und deshalb kaum separat zu untersuchen sein dürften. Entscheidend ist jedoch, dass beide durch Lärm in negativer Weise beeinflusst werden können.

Untersuchungen in dieser Richtung wurden beispielsweise von Johansson (1983) an Schulkindern durchgeführt, allerdings in relativ geringer Lärmumgebung (30 dB(A) Innenpegel), wobei kontinuierlicher und intermittierender Lärm verwendet wurde. Es konnte dabei gezeigt werden, dass intermittierender Lärm eine deutlichere Abnahme der Leseleistung mit sich brachte als kontinuierlicher Lärm.

Es zeigt sich auch in weiteren Untersuchungen (z. B. Neuman u. Hochberg 1983) eine deutliche Reduktion der Sprachverständlichkeit der Neunjährigen im Störgeräusch. Das weist darauf hin, dass die Kinder dieses Alters wohl doch noch geringere Perzeptionsfähigkeit bei Einwirkung von Störgeräuschen aufweisen und zirka 5 dB bessere Signal-Störgeräuschpegel-Differenz benötigen. Erst Dreizehnjährige haben eine Diskriminationsfähigkeit, die derjenigen von Erwachsenen entspricht.

Simuliert man die häufig in Klassenräumen gegebenen akustischen Bedingungen (Signal-Störgeräuschpegel-Differenzen von +2 und +6 dB; Nachhallzeiten 0,8 Sek.), dann ergibt sich bei normal hörenden Schulkindern (8 bis 10 Jahre) eine auffallende Reduktion der monaural (auf einem Ohr) getesteten Satzverständlichkeit. Es muss deshalb die Aussage gemacht werden, dass typischer Lärm in Schulräumen kein angemessenes Sprachverständnis erlaubt (Yacullo u. Hawkins 1987).

Speziell Beeinträchtigungen im – hinsichtlich Qualitätsänderungen des Schallgeschehens besonders sensitiven – phonologischen Kurzzeitspeicherprozess und im hochdynamischen Verarbeitungsablauf der für die schnelle Wortfindung wichtigen Reduktionsdatenbanken (Spreng 1995) werden maßgebliche Bedeutung auch für den Leselernvorgang zugeschrieben. So berichten Jorm (1983), Wagner und Torgesen (1987) sowie Gathercole und Baddeley (1990) über Zusammenhänge zwischen Störungen des phonologischen Kurzzeitgedächtnisses und Defiziten beim Sprach- und Leseerwerb.

Eine Studie von Hygge (1993) an 12 bis 14 Jahre alten Schulkindern zur Fähigkeit des Speicherns und Wiederaufrufens bestimmter Texte ergibt für verschiedene, über Lautsprecher dargebotene Störgeräuscharten (Pegel des Störlärms bei LEQ = 66 dB(A); als Sprachstörgeräusch wurde eine fremde Sprache verwendet) zum einen das erstaunliche Resultat, dass nur der Fluglärm und etwas stärker ausgeprägt der Straßenverkehrslärm eine deutliche Reduktion der Lern- und Speicherfähigkeit für Textinhalte bewirken. Schienenverkehrslärm und Sprachgeräusch bleiben wirkungslos.

Zum anderen verdeutlicht diese Untersuchung, dass bereits ein Störgeräusch, das etwas mehr als 10 dB(A) über dem Mittelungspegel von 42–44 dB(A) in den Klassenräumen liegt, signifikante Effekte auf die Leistung des Langzeitgedächtnisses haben kann. Es wird vermutet, dass die Voraussagemöglichkeit beim Schienenlärm und sein geringer Grad an Fluktuation die Ursache für die hier fehlende Einflussnahme ist. Die in diesen Untersuchungen erstaunlich geringe Wirkung des Sprachgeräusches kann damit erklärt werden, dass natürliche Geräusche im Gegensatz zu technischen Geräuschen geringere Aufmerksamkeit beanspruchen. Möglicherweise ist jedoch eine einfachere Erklärung darin zu sehen, dass die untersuchten Schüler grundsätzlich an ein derartiges Hintergrundgeräusch mehr oder weniger gewöhnt waren und eventuell Unterdrückungsmechanismen entwickelt haben.

Ein dichotischer Test (gleichzeitige Darbietung verschiedener Wörter auf rechtem und linkem Ohr) bei ausländischen Kindern im deutschen Schulunterricht deutet auf die Wichtigkeit von in frühester Kindheit angelegter und damit an die Muttersprache gekoppelter Laut-Invariantenbildung hin. Die resultierende Nichtbewältigung dieses Tests in der Größenordnung von 87 Prozent (Nichtbewältigung bei gleichaltrigen muttersprachlich deutschen Kindern: 23 Prozent) zeigt die Schwierigkeiten auf, die für Nicht-

Muttersprachliche in lärmerfüllter Umgebung, beim Durcheinandersprechen und in halligen Räumen zu erwarten sind (Wurm-Dinse 1992).

Grundsätzlich dürfen hinsichtlich Spracherwerb und allgemeiner Lernleistung Kommunikationsstörungen durch Störschall in Vorschuleinrichtungen, Schulen und anderen Bildungsstätten nicht zu gering angesetzt werden. Die negativen Folgen von Störschall, also beispielsweise chronische höchste Aufmerksamkeitsanspannung beim Hören zur Überbrückung von Perzeptionslücken, lässt eine Minderung der geistigen Leistung der Schüler erwarten.

Als grobe Anhaltswerte sollten deshalb in derartigen Einrichtungen Sprachschallpegel etwa 10 dB(A) über dem Störschallpegel liegen und bei schwierigen oder fremdsprachigen Texten etwa 20 dB(A), um völlige Satzverständlichkeit zu erreichen.

In Richtlinienvorschlägen für Österreich (Haider et al. 1994) werden für Bereiche, in denen hohe Ansprüche an die Sprachverständlichkeit gestellt werden (Klassenzimmer, Konferenzräume usw.), besonders niedrige Störgeräuschpegel gefordert. Heranzuziehen sind hier auch Forderungen der Weltgesundheitsorganisation, nach denen für besondere Höraufgaben (in der Schule, Konversation in Fremdsprachen, Telefongespräche usw.) das Signal-Störgeräusch-Verhältnis zumindest 10 dB betragen sollte (WHO 1993). Das würde für Klassenzimmer zum Beispiel einen Störgeräuschpegel von $L_A = 35$ dB bei einem Sprachschallpegel von $L_A = 45$ dB am Ohr des Hörenden bedeuten. Die Richtlinienvorschläge enthalten daher Innengrenzwerte der Störgeräuschpegel für Klassenräume von $L_r = 35$ dB und $L_{A,max} = 50$ dB; für die Bereiche im Freien $L_r = 50$ dB und $L_{A,max} = 60–70$ dB.

Kindergärtnerinnen, Lehrer und Vortragsredner müssen durch mehr oder weniger starkes temporäres oder permanentes Anheben der Stimme den geforderten Störabstand je nach Störgeräuschpegel durch vermehrte Anstrengung wiederherstellen, auch mit der Gefahrenmöglichkeit einer berufsbedingten Dysphonie (allgemeine Stimmstörung) oder gar Phonastenie (neuropathische Stimmstörung).

Während dabei normales Sprechen im Bereich 50 bis 60 dB(A) abläuft (1 m Entfernung), muss mit etwa 65 dB(A) beim angehobenen Sprechen und bei lauter Vortragssprache mit etwa 70 bis 80 dB(A) versucht werden, gegebenenfalls eine Kompensation aufzubauen, um sinnvolles Lernen zu ermöglichen. In der Tat erhöhen zum Beispiel Lehrer ihren Sprechpegel nicht um etwa 0,5 dB, sondern um etwa 1 dB, bei einem Anstieg des Störgeräuschpegels von 1 dB, sodass am Ende eines normal dimensionierten Klassenzimmers ungefähr ein Signal-Störgeräusch-Verhältnis von 10 dB gegeben ist (Pearsons et al. 1977).

Zusätzliche Probleme treten erwartungsgemäß bei hörgestörten Schulkindern auf. Bereits Mills (1975) erwähnt in einer Übersicht neun Publikationen, die sich mit der Sprachentwicklung von Kindern mit geringer bis mittlerer Schwerhörigkeit befassen. Grundsätzlich stellt sich heraus, dass diese Kinder in sprachbezogenen Untersuchungen schlechter abschneiden als Kinder mit normalem Hörvermögen. Besonders bei der schulischen Betreuung von schwerhörigen Kindern und Kindern mit Hörgeräten müssen höhere Anforderungen zur Gewährleistung einer ungestörten Kommunikation gestellt werden.

Dabei ist natürlich zu bedenken, dass bei diesen Schulkindern durch Kommunikationsstörungen infolge der Fehlfunktion des Sinnesorgans, potenziert durch Umweltlärmeinflüsse, in der für den Wissenserwerb notwendigen und wichtigen Phase (Lesenlernen bis hin zum Erwerb einer Fremdsprache) negativ eingewirkt und eine Kompensationsmöglichkeit oft unwiederbringlich unterdrückt wird.

Fehlhörigkeit bringt es mit sich, dass vor allem die Konzentration beim Folgen eines mündlichen Unterrichtsteils schnell erschöpft ist. Bei zunehmender Komplexität akustischer Reize und steigender Forderung an die Organisation des auditiven Wahrnehmungsverhaltens kommen die Kinder in Schwierigkeiten. Die Hinwendung zum verbalen, informationstragenden akustischen Ereignis kann vom Kind oft nur für kurze Zeit erbracht werden, da es sich von anderen inneren und äußeren Reizen leicht ablenken lässt.

Zusammenfassend kann gesagt werden, dass die meisten hörgeschädigten Schulkinder Sprachentwicklungsstörungen aufweisen, in akustisch komplexen Situationen unkonzentriert wirken, bei vorhandenen Nebengeräuschen, oder wenn in Gruppensituationen durcheinander gesprochen wird, Sprachverständnisschwierigkeiten und deshalb oft auffälliges Verhalten zeigen sowie gereizt und verärgert auf laute Umgebung reagieren (Semel 1981; Wurm-Dinse 1992).

Häufig (25 Prozent) findet man bei schwerhörigen Schülern Lernstörungen, die auf Störungen der auditiven Kurzzeitverarbeitung zu beruhen scheinen (Axmann et al. 1990). Inwieweit diese wiederum auf die primären Entwicklungsstörungen infolge der gegebenen Schwerhörigkeit zurückzuführen sind, ist ungeklärt, jedenfalls sind damit zentrale Funktionen der Sprachperzeption und Sprachproduktion beeinträchtigt.

Derartige Schüler können bei bewusster Aufmerksamkeitssteuerung und Konzentration zwar jedes Wort sprechen, ihnen stehen aber die Erkennungs- und Produktionsmuster nicht unbewusst zur Verfügung. Die Schüler sind damit nicht in der Lage, bei Teilkonzentration oder Ablenkung bekannte Inhalte und Strukturen rasch und präzise genug abzurufen.

Bei diesen Betroffenen wirkt Lärm deshalb nicht nur durch seine Verdeckungseigenschaft lernhemmend, sondern mindert durch den unausweichlichen Aufmerksamkeitsentzug die richtige Erschließung von Wortklangbildern und damit letztlich eine ausreichende Unterrichtsbeteiligung. Speziell in diesen Fällen muss die Kommunikationsbehinderung kontrolliert bleiben, um der drohenden Begrenzung der Persönlichkeitsentfaltung entgegenzuwirken.

Literatur

Anderson, B. J.; Vietze, P.; Dobecki P. R. (1977): Reciprocity in vocal interactions of mothers. Child Development 48: 1676–1681.

Axmann, D.; Axre U. et al. (1990): Erfassung neurogener Lernstörungen bei Hörgeschädigten und Rehabilitation. Bundesminister für Arbeit u. Sozialordnung. Bonn.

Baddeley, A. D.; Salame, P. (1986): The unattented speech effect: Perception or memory? J. of Experimental Psychology, Learning, Memory, and Cognition 12: 525–529.

Barth, K. (1999): Zur Prophylaxe von Lese-Rechtschreibstörungen: Zeitliche Verarbeitungsprozesse und ihr Zusammenhang mit phonologischer Bewußtheit und der Entwicklung von Lese-Rechtschreibkompetenz. Dissertation. Dortmund.

Broadbent, D. E. (1958): Perception and Communication. Oxford.

Cole, S. K.; Robertson, D. (1992): Early efferent innervation of the developing rat cochlea studied with carbocyanine deye. Brain Res. 509: 254–260.

Cooper, E. R. K. (1984): The development of the human auditory pathway from the cochlear ganglion to the medial geniculate body. Acta anat. 5: 99–122.

Deutscher Bildungsrat (1974): Empfehlungen der Bildungskommission. Zur pädagogischen Förderung behinderter und von Behinderung bedrohter Kinder und Jugendlicher. Z. Heilpäd., Beiheft 11.

Esser, G.; Anderski, Ch.; Birken, A.; Breuer, E.; Cramer, B.; Eisermann, E.; Kuhlenkampff, H.; Schröer, M.; Schunicht, R.; Toro la Roche, M. (1987): Auditive Wahrnehmungsstörungen und Fehlhörigkeit bei Kindern im Schulalter. Sprache Stimme Gehör 11: 10-16.

Gathercole, S. E.; Baddeley, A. D. (1990): Phonological memory deficits in language disordered children: Is there a causal connection? J. Memory Language 29: 336–360.

Gathercole, S. E.; Baddeley, A. D. (1993): Working Memory and Language. Hillsdale.

Golinkoff, R. M.; Ames, G. J. (1979): A comparison of fathers and mothers speech with their young children. Child Development 50: 28–32.

Grimm, H. (1999): Störungen der Sprachentwicklung. Göttingen/Bern.

Haider, M.; Koller, M.; Lang, J.; Stidl, H. G. (1994): Lärm. In: Österreichische Akademie der Wissenschaften: Kommission für Reinhaltung der Luft. Wien.

Hall, J. W.; Grose, J. H. (1991): Notch-noise measurements of frequency selectivity in adults and children using fixed-masker-level and fixed-signal-level presentation. J. Speech Hear. Res. 34: 651–660.

Hörmann, H. (1977): Psychologie der Sprache. Berlin / Heidelberg / New York.

Hygge, S. (1993): Classroom experiments on the effect of aircraft, traffic, train, and verbal noise on long-term recall and recognition in children aged 12–14 years, including a follow-up study on aircraft noise presented at lower dBA-levels. In: Schick, A. (Hg.), Contributions to Psychological Acoustics. Oldenburg.

Jakobson, R. (1969): Kindersprache, Aphasie und allgemeine Lautgesetze. Frankfurt a. M.

Jansen, H.; Marx, H. (1999): Phonologische Bewußtheit und ihre Bedeutung für den Schriftspracherwerb. Forum Logopädie 2: 7–15.

Johansson, C. R. (1983): Effects of low intensity, continuous and intermittend noise on mental performance and writing pressure of children with different intelligence and personality characteristics. Ergonomics 26: 275–288.

Jorm, A. F. (1983): Specific reading retardation and working memory: A review. Brit. J. Psychol. 74: 311–342.

Kegel, G. (1978): Gegenstand und Aufgaben der Psycholinguistik. FIPKM 9.

Keidel, W. D. (1989): Biokybernetik des Menschen. Darmstadt.

Klicpera, C.; Gasteiger-Klicpera, B. (1995): Psychologie der Lese- und Schreibschwierigkeiten. Entwicklung, Ursachen, Förderung. Weinheim.

Lauer, N. (1999): Zentral-auditive Verarbeitungsstörungen im Kindesalter. Stuttgart.

Lempp, R. (1977): Die Sprachentwicklungsstörung und ihre Diagnose unter medizinischem Aspekt. In: Deutsche Gesellschaft für Sprachheilpädagogik e. V. (Hg.), Störungen der Sprachentwicklung. Hamburg.

Lenoir, M.; Puel, J. L.; Pujol, R. (1987): SEM study of the rat cochlear development with emphasis on stereocilia and tectorial membrane. Anat. Embryol. 175: 477–487.

Linke, D. (1980): Vorprogrammierung und Rückkopplung bei der Sprache. In: Spreng, M. (Hg.), Interaktion zwischen Artikulation und akustischer Perzeption. Stuttgart/New York, S. 50–57.

Lurija, A. R. (1982): Sprache und Bewußtsein. Köln.

Matschke, R. G. (1993): Untersuchungen zur Reifung der menschlichen Hörbahn. Stuttgart/New York.

Mills, J. H. (1975): Noise and children: A review of literature. J. Acoust. Soc. Am. 58: 767–779.

Neuman, A. C.; Hochberg, I. (1983): Children's perception of speech in reverberation. J. Acoust. Soc. Am. 72:

Northern, J. L.; Downs, M. P. (1984): Hearing in Children. London.

Nozza, R. J.; Rossman, R. N.; Bond, L. C.; Miller, S. L. (1990): Infant speech-sound discrimination in noise. J. Acoust. Soc. Amer. 87: 339–350.

Olsho, L. W. (1985): Infant auditory perception: Tonal masking. Infant Behaviour and Development 8: 371–384.

Papoušek, M. (1994): Vom ersten Schrei zum ersten Wort. Bern.

Papso, C. F.; Blood, I. M. (1989): Word recognition skills of children and adults in background noise. Ear & Hearing 10: 235–236.

Pearsons, K. S.; Bennet, R. L.; Fidell, S. (1977): Speech levels in various noise environments. EPA – 600/1-77-025.

Poulton, E. C. (1981): Masking, beneficial arousal and adaptation level: A reply to Hartley. Brit. J. of Psych. 72: 109–116.

Pujol, R. (1986): Synaptic plasticity in the developing cochlea. In: Ruben, R. W.; van de Water, T. R.; Rubel, E. W.; (Hg.), The Biology of Change in Otolaryngology.

Pujol, R.; Lavigne-Rebillard, M. (1992): Development of neurosensory structures in the human cochlea. Acta Otolaryngol (Stockholm) 112: 259–264.

Ruben, R. J. (1992): The ontogeny of human hearing. Acta Otolaryngol. (Stockh.) 112: 192–196.

Salame, P.; Baddeley, A. D. (1989): Effects of background music on phonological short-term memory. Quarterly J. of Experimental Psychology 41A: 107–122.

Sander, G. W. (1979): Die Bedeutung der Mutter-Kind-Interaktion für die Entwicklung emotionaler und kognitiver Prozesse. 33. Hauptreferat des XI. Internationalen Symposiums der Deutschen Akademie für Psychoanalyse. Lübeck/Travemünde.

Schneider, W.; Roth, E.; Küspert, P.; Ennemoser, M. (1998): Kurz- und langfristige Effekte eines Trainings der sprachlichen (phonologischen) Bewußtheit bei unterschiedlichen Leistungsgruppen: Befunde einer Sekundäranalyse. Sonderdruck: Z. Entwicklungspsychologie u. Pädagogische Psychologie.

Schönweiler, R. (1993): Diagnostik und Therapie kindlicher Sprachstörungen. Dtsch. Med. Wschr. 118: 707–711.
Schulze, H. (1989): Dysfluency-Syndrome. In: Kittel, G. (Hg.), Phoniatrie und Pädaudiologie. Köln, S. 103–118.
Seligman, M. E. P.; Maier, F. S. (1967): Failure to escape traumatic shock. Journal Exp. Psychology 74: 1–9.
Semel, E. M. (1981): Diagnose und Behandlung des gestörten Sprachverständnisses und der Sprechfähigkeit. In: Frostig, M; Müller, H. (Hg.), Teilleistungsstörungen. München.
Shapiro, B. K.; Palmer, F. B.; Antell, S. et al. (1990): Precursors of reading delay: Neurodevelopmental milestones. Pediatrics: 416–420.
Spreng, M. (1984): Physiologische Hintergründe der zentralen Sprachdekodierungsprozesse. Stimme – Sprache – Gehör 8: 1–7.
Spreng, M. (1993): Lärmwirkungen. In: Bruhn, H.; Oerter, R.; Rösing, H. (Hg.), Musik-Psychologie. Reinbeck, S. 655–665.
Spreng, M. (1994a): Physiologie des Gehörs. In: Biesalski, P.; Frank, F. (Hg.), Phoniatrie-Pädaudiologie, Bd. 2. Pädaudiologie. Stuttgart/New York, S. 1–48.
Spreng, M. (1994b): Assoziationssysteme. In: Schmidtke, H. (Hg.), Handbuch der Ergonomie. München.
Spreng, M. (1994c): Beeinträchtigung der Kommunikation durch Lärm, Umweltbundesamt Forschungsbericht 10501213/06. Berlin.
Spreng, M. (1995): Neuere Erkenntnisse über die Hörphysiologie im Hinblick auf das Sprachverständnis. Tagungsband, Berufsverband dt. Hörgeschädigtenpädagogen.
Uziel, A. (1985): Non-genetic factors affecting hearing development. Acta Otolaryngol. 421: 57–61.
Wagner, R. G.; Torgesen, J. K. (1987): The nature of phonological processing and its causal role in the acquisition of reading skills. Psych. Bull. 10: 192–212.
Walter, J. (1996): Förderung bei Lese- und Rechtschreibschwäche. Göttingen.
WHO (1993): Criteria Document on Community Noise. External Review Draft. Genf.
Wirth, G. (1990): Verzögerte Sprachentwicklung. In: Wirth, G. (Hg.), Sprachstörungen, Sprechstörungen, kindliche Hörstörungen. Köln.
Wurm-Dinse, U. (1992): Verbosensomotorische Fähigkeiten von zentral fehlhörigen Kindern. Dissertation. Greifswald.
Wurst, F. (1986): Auditive Perzeptionsstörungen. Die Sprachheilarbeit 31: 74–82.
Yacullo, W. S.; Hawkins, D. B. (1987): Speech recognition in noise and reverberation by school-age children. Audiology 26: 236–246.

Gerhart Tiesler

Lärm in Schulen – Subjektive Empfindung oder Realität?

Vorbemerkung

Im Rahmen des Projekts »Berufliche Belastung von Lehrerinnen und Lehrern« wurden in Bremen und Nordrhein-Westfalen Lehrerinnen und Lehrer nach ihrer subjektiven Einschätzung unterschiedlicher Belastungsfaktoren befragt (Schönwälder 2001). Die Antworten haben uns auf das Problem der Lärmbelastung so nachdrücklich hingewiesen, dass wir uns dazu aufgefordert sahen, dies noch im laufenden Projekt als zusätzliche Fragestellung mit aufzunehmen. Die Antworten zu zwei Fragen sollen das deutlich machen (vgl. Tab. 1):

Tabelle 1: Häufigkeiten der Antworten zu Fragen nach Belastung durch Lärm

Mich belastet seitens der Schülerinnen und Schüler vor allem ... **Frage 105:** der Lärm, den SchülerInnen machen	
ist zu vernachlässigen	5,4%
stimmt eher nicht	13,8%
trifft etwas zu	33,8%
trifft voll zu	47,0%
Im Vergleich zum Beginn meiner Berufstätigkeit fällt mir jetzt leichter/schwerer ... **Frage 151:** Ertragen von Lärm	
fällt mir jetzt leichter	2,0%
empfinde ich als unverändert	24,8%
fällt mir jetzt schwerer	73,2%

Bei dieser hohen Zustimmungsquote kann nicht verwundern, dass Lehrer bei der Entwicklung des Fragebogens angeregt haben, diesen Aspekt aufzunehmen. Berücksichtigt man noch die Dienstaltersklasse (Angaben zum Alter sind häufig verweigert worden), so ist eine deutliche Zunahme der Beschwerden mit zunehmendem Alter zu beobachten.

Der Umstand, dass dem Lärmproblem so viel Gewicht beigemessen wurde, hat eine doppelte Reaktion ausgelöst. In einem ersten Schritt (über den hier berichtet wird) haben wir versucht, uns vom Ausmaß dieses Problems mit den uns aktuell zugänglichen Methoden einen ersten Eindruck zu verschaffen; in einem zweiten Schritt wurde ein eigenes Forschungsprojekt methodisch und konzeptionell zum Thema »Lärm in Schulen« entwickelt. Dieses Projekt wurde inzwischen mithilfe der Bundesanstalt für Arbeitsschutz und Arbeitsmedizin in Dortmund begonnen und soll in Zusammenarbeit mit Schulen in Bremen und Bremerhaven durchgeführt werden. Das wird jedoch mehrere Jahre in Anspruch nehmen; an dieser Stelle kann also nur über unsere ersten, orientierenden Untersuchungen berichtet werden.

Aus den Ergebnissen der Befragung sind mindestens drei Schlüsse zu ziehen:

- Lärm in den Schulen ist eine weit verbreitete Belastung im Lehrerberuf.
- Die Lärmtoleranz sinkt mit zunehmendem (Dienst-)Alter, was sich im Übrigen mit den Befunden weiter streuender Lärmuntersuchungen deckt und darüber hinaus die Bedeutung, die dem Belastungsfaktor Lärm im Arbeitsschutzgesetz zugerechnet wird, unterstreicht.
- In Arbeiten der Bundesanstalt für Arbeitsschutz und Arbeitsmedizin in Dortmund wird unter anderem festgehalten, dass Lärm umso eher zum Störfaktor wird, je komplexer die Arbeitsaufgabe ist. Ebenso steigen die Bearbeitungszeiten für solche Aufgaben mit steigendem Lärmpegel. Sprechpegel über 60 dB(A) führen zu schneller Ermüdung durch Sprechanstrengung. Es ist damit zu rechnen, dass etwa 20 Prozent der Lehrer mit einem Sprechpegel über 75 dB(A) sprechen müssen, neben der Raumakustik ist sicher auch die Gruppengröße ein Faktor. Für die Schüler und

Lehrer wird vermerkt, dass Störungen durch Lärm Konzentrationsprobleme und Ermüdung zur Folge haben (Sust et al. 1997; vgl. auch Klatte et al. in diesem Band).

Die von Schülerinnen und Schülern wie auch von Lehrerinnen und Lehrern in der Schule erbrachte Arbeitsleistung ist in die Kategorie »Informatorische Arbeit« (Aufnehmen, Abgeben und Verarbeiten von Information) einzuordnen, wobei verbale Kommunikation eine herausragende Rolle spielt. Es ist seit langem bekannt, dass sich auf solche Arbeits- und Kommunikationsformen die Geräuschmuster, in denen sie stattfinden, stark und zum Teil störend auswirken. Die gängige arbeitswissenschaftliche Lehre nimmt an, dass ein Schallpegel von höchstens 55 dB – zum Beispiel in Büros oder in Unterrichtsräumen – optimalen Arbeitsbedingungen entspricht (UVV »Lärm«). Alle darüber hinausgehenden Schallpegel haben bereits Einbußen an Verständlichkeit zur Folge. So ist die Sprachverständlichkeit bei einem Hintergrundschallpegel
von *54 dB(A)* auf drei Meter Abstand noch problemlos,
von *64 dB(A)* auf drei Meter dagegen nur noch mit stark erhobener Stimme gegeben,
von *74 dB(A)* auf drei Meter nur noch schreiend mit Unterbrechungen zu schaffen.

Da während des Unterrichts in der Regel alle Schülerinnen und Schüler zu gleichen Teilen erreicht werden sollen und Klassenräume deutlich größere Abstände als drei Meter zwischen Lehrerin oder Lehrer und Schülern bedingen, lässt sich leicht erklären, weshalb für normale Unterrichtssituationen dieser Grenzwert von 55 dB(A) einzuhalten ist. Anderenfalls kommt es zu einer stark erhöhten Beanspruchung der stimmbildenden Organe sowie zu einem erhöhten Aufwand an Konzentrations- und Aufmerksamkeitsleistung.

Methoden

Als erste Reaktion auf die Klagen von Lehrerinnen und Lehrern sollte ein Überblick über die Geräuschbilder und Intensitäten in der Schule gewonnen werden. Zum einen sollte die Lärmbelastung in die Abfolge der verschiedenen Aktivitäten eines Schultags oder einer Schulwoche eingeordnet werden. Zum anderen sollte eine Bestandsaufnahme erfolgen, welchen Geräuschbelastungen sich eine einzelne Lehrkraft im Lauf eines Tages aussetzt. In diesem ersten Ansatz musste darauf verzichtet werden, die raumakustischen Bedingungen in den einzelnen Schulen zu analysieren (Tiesler et al., in Vorb.). Dies ist aber ein Hauptbestandteil des daraus resultierenden Forschungsprojektes.

Schallpegel im Unterricht

Die in der Schule entstehenden Schallpegel wurden unter zwei Aspekten ermittelt, zum einen als »Schallprofil«, dem eine einzelne Lehrkraft im Lauf eines Schultags ausgesetzt ist (Dosimetrie), zum anderen als Schallprofil in einem Klassenraum über einen Unterrichtstag. In der nachfolgenden Abbildung 1 ist ein solches individuelles Schallprofil einer Person dargestellt, bestehend aus der Originalaufzeichnung (grauer Schatten) und der leichter lesbaren Minuten-Mittelwertkurve (schwarzer Kurvenzug). Dieses Beispiel einer Dosimetrie zeigt, dass der für geistige Arbeit gültige Richtwert von 55 dB(A) bis auf eine Phase in der zweite Unterrichtsstunde immer überschritten wird. Selbst in Pausen setzte sich diese Person Schallpegeln von 70 dB(A) aus, weit entfernt von einer Ruhe- oder Erholungssituation.

Im Gegensatz zur dosimetrischen Messung wird bei der stationären der Schallpegel *in einem Raum*, hier ein Klassenraum, kontinuierlich aufgezeichnet. Die bauakustischen Bedingungen werden konstant gehalten, der entstehende Schallpegel ist das Ergebnis der unterschiedlichen Aktivitäten, die in diesem Raum stattfinden, er ist also von der Zahl der Personen, von Form und Inhalt des Unterrichts, Störungen von innen und außen und anderem abhängig.

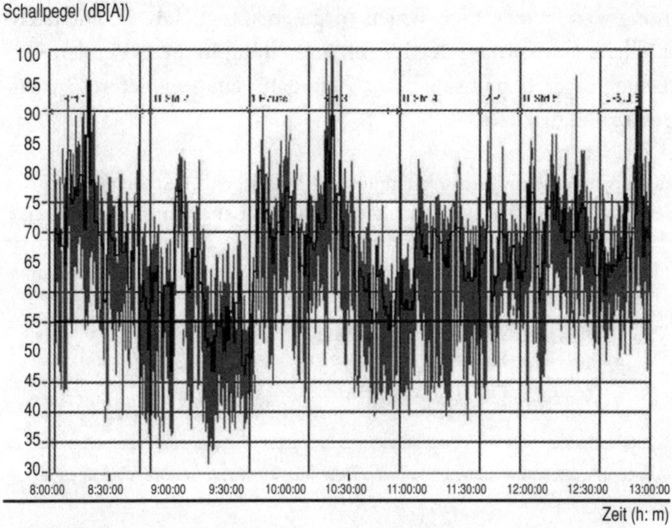

Abbildung 1: Schallpegel-Originalverlauf mit 1-Min.-LAeq-Werten (logarithmisch gemittelt) sowie dem Stundenplanraster. Dosimetrische Aufzeichnung von einer Person in den wechselnden Situationen ihres Arbeitstags. Eingezeichnet die 55-dB(A)-Grenze für geistige Tätigkeit

Während der gesamten Messzeit waren im Klassenraum zwei Beobachterinnen anwesend, deren Aufgabe es war, Art und Form des Unterrichts, das heißt unterrichtliche Anlässe, sowie andere äußere (z. B. Flugzeuge) und innere (z. B. Stühlerücken) Ursachen für Schallereignisse zu protokollieren.

Subjektive Bewertung

Um die subjektive Wahrnehmung der Schulgeräusche mit den objektiven Messergebnissen vergleichen zu können, wurden die beteiligten Lehrerinnen und Lehrer im Anschluss an jede Unterrichtsstunde um ihre eigene Beurteilung des vorherrschenden Schallpegels und um die Einschätzung der Mitarbeit von Schülerinnen und Schülern gebeten; ferner sollten sie ihr eigenes Belastungsempfinden angeben. Für alle Rückfragen nach der subjektiven Wahrnehmung waren vierstufige Skalen vorgesehen (vgl. Tab. 2). Die nachträgliche Einbindung der Lärmfragestellung in die laufenden Untersuchungen ließ uns nicht die Zeit, dafür ein geeigneteres Instrument zu entwickeln.

Tabelle 2: Subjektive Einschätzung von Schallpegel, Mitarbeit und Befinden durch die an der Untersuchung beteiligten Lehrerinnen und Lehrer

1.	Es war in dieser Unterrichtsstunde	sehr leise 1	2	3	sehr laut 4
2.	Die Intensität der Schülerinnenmitarbeit war	niedrig 1	2	3	hoch 4
3.	Wie fühlen Sie sich selbst?	ausgeglichen 1	2	3	gestresst 4

Ergebnisse

An dieser Stelle sollen die Ergebnisse des Forschungsprojekts in sehr stark komprimierter Form zusammengefasst werden, für eine ausführliche Darstellung siehe Berndt et al. 2001.

Schallpegel im Verlauf einzelner Unterrichtsstunden

An zwei beispielhaften Unterrichtsstunden einer zweiten Klasse sollen typische Unterrichts-Schallpegel-Situationen gezeigt werden. Die Aufzeichnungen stammen aus den stationären Messungen, das heißt der Schallpegelmesser war über eine ganze Woche fest in einem Klassenraum installiert. Parallel dazu wurden die Unterrichtsereignisse von Beobachtern registriert.

In Abbildung 2 ist die dritte Unterrichtsstunde dargestellt. Das Beobachtungsprotokoll verzeichnet als äußere Geräuschquellen drei Überflüge von Flugzeugen und als innere Geräuschquellen mehrfach das Öffnen und Schließen der Tür sowie die Benutzung einer Triangel. Insbesondere in der Stillarbeitsphase wird selten

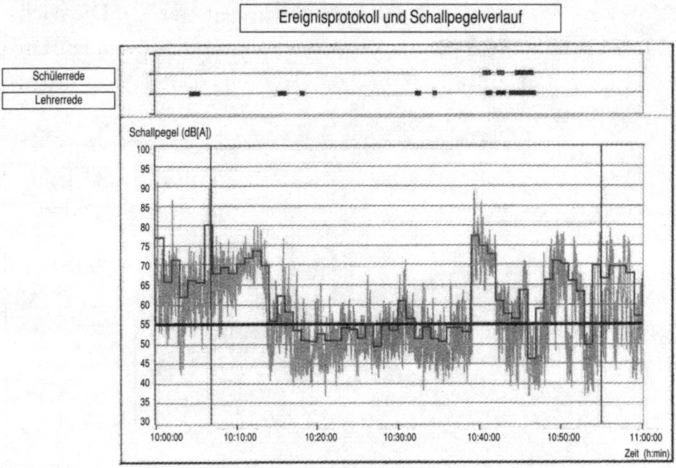

Abbildung 2: Schallpegelverlauf in einer 2. Klasse während einer 3. Unterrichtsstunde mit eingetragenen Protokollvermerken über »Lehrerrede« und »Schülerrede«

»Lehrerrede« und »Schülerrede« protokolliert. Der Schallpegel betrug im Mittel über die gesamte Stunde 68 dB; zu Stundenbeginn und am Ende wurden Spitzenwerte bis zu 80 dB gemessen. In dieser Unterrichtsstunde wurde der von der Arbeitswissenschaft empfohlene Grenzwert von 55 dB(A) für geistige Arbeit lediglich in der Stillarbeitsphase eingehalten.

Abbildung 3 zeigt die Aufzeichnung der folgenden (4.) Unterrichtsstunde desselben Tages in demselben Unterrichtsfach mit derselben Lehrkraft. Das Beobachterprotokoll vermerkt wiederum mehrfache Überflüge. An inneren Geräuschquellen sind »Stühle wegräumen« und »Stühle hochstellen« verzeichnet. Als unterrichtlichen Geräuschquellen ist »Lied singen mit Klatschen und Stampfen« vermerkt. Der größte Teil der Stunde verzeichnet regelmäßig »Lehrerrede« und »Schülerrede«. Das 55-dB-Niveau des Schallpegels wird in dieser Stunde nur vorübergehend unterschritten, im Mittel ergibt sich aber auch hier ein Schallpegel von 68 dB. In beiden Abbildungen sind aus dem Ereignisprotokoll jeweils nur die Redeanteile für Lehrer und Schüler dargestellt.

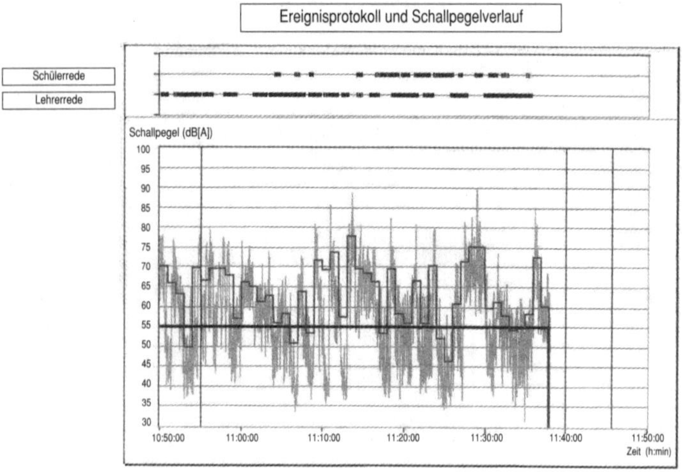

Abbildung 3: Schallpegelverlauf in derselben Klasse in der folgenden Unterrichtsstunde mit deutlich stärkerem Anteil von »Lehrerrede« und »Schülerrede«

Die detaillierte Auswertung einzelner Unterrichtsstunden, für welche die Abbildungen 2 und 3 beispielhaft sind, hat vor allem drei Sachverhalte bestätigt:

- Unterrichtsstunden (in einer Grundschule) beginnen und enden meist ziemlich laut.
- Für lange Phasen jeder Unterrichtsstunde wird der Geräuschpegel durch die Unterrichtsform bestimmt, wobei wünschenswert niedrige Geräuschpegel – unter 55 dB(A) – eigentlich nur in Stillarbeitsphasen erzielt werden können.
- Für viele andere Unterrichtsformen gilt, dass der Geräuschpegel deutlich oberhalb des 55-dB(A)-Werts liegt.

Schallpegel im Tagesverlauf

Die Betrachtung der Tagesverläufe bezieht sich ausschließlich auf die dosimetrischen Messungen, hier sind die Tagesprofile der Lärmbelastung für einzelne Lehrerinnen und Lehrer zusammengefasst.

Abbildung 4 zeigt alle beobachteten Schallpegel-Tagesverläufe

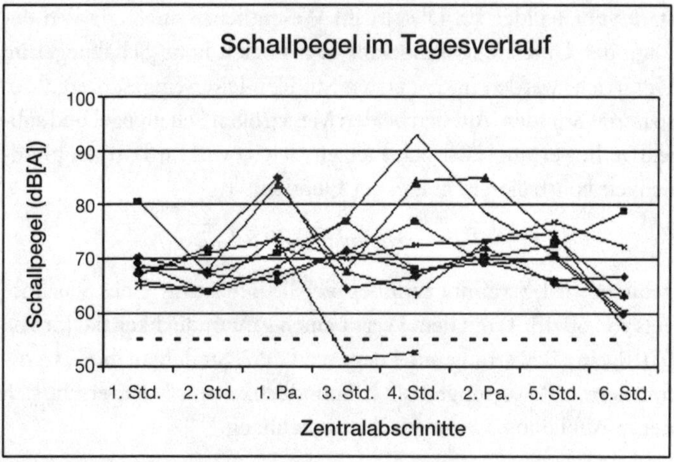

Abbildung 4: Schallpegel-Mittelwerte definierter Zeitabschnitte, für alle 9 Teilnehmer als Einzelverläufe dargestellt; der Grenzwert für Arbeitsplätze mit überwiegend geistiger Tätigkeit von 55 dB(A) ist gestrichelt eingezeichnet.

(als Mittelwerte über definierte Zeitabschnitte, ganze Unterrichtsstunden oder Pausen). Bemerkenswert ist hier zunächst, dass der Grenzwert von 55 dB in der Regel überschritten und zum Teil mit Spitzenwerten von 80 und 90 dB deutlich überschritten wird.

Wenn Lehrerinnen und Lehrer über Lärmbelastung klagen, dann spiegelt sich das in den physikalischen Messergebnissen in vollem Umfang wider. Dass in einem Tagesverlauf die 55-dB-Grenze in zwei Stunden unterschritten wurde, ist auf die Sondersituation des Förderunterrichts mit Einzelbetreuung (mit ein oder zwei Schülern) zurückzuführen.

Schallpegel und subjektive Bewertung

Die Analyse aller 20 Untersuchungstage hat im Ganzen folgendes Bild ergeben: Die objektive Schallpegel-*Messung* und die subjektive Lärm-*Bewertung* durch die Lehrkräfte weisen zum Teil in ähnliche Richtung (höherer Schallpegel wird auch als lauter empfunden). Zum Teil weichen Messung und subjektive Beurteilung jedoch stark voneinander ab. Dies ist im Wesentlichen abhängig von der Lage der Unterrichtsstunde am Tag. Gleich hohe Schallpegel im Unterricht werden in den ersten Stunden leiser eingeschätzt als in späteren Stunden. Aus den beiden Messgrößen Schallpegel und subjektive Bewertung lässt sich auch ein Schätzwert für Lärmempfindlichkeit konstruieren, indem der Quotient

Bewertungspunkte je dB Schallpegel

gebildet wird. So ergibt zum Beispiel die Bewertung eines Schallpegels von 60 dB(A) mit dem Wert 1 einen Empfindlichkeitsfaktor von 0.017, eine Bewertung mit 4 dagegen 0.067. Stellt man die so transformierten Bewertungen als Empfindlichkeitsmaß dar, ergibt sich der in Abbildung 5 gezeigte Zusammenhang.

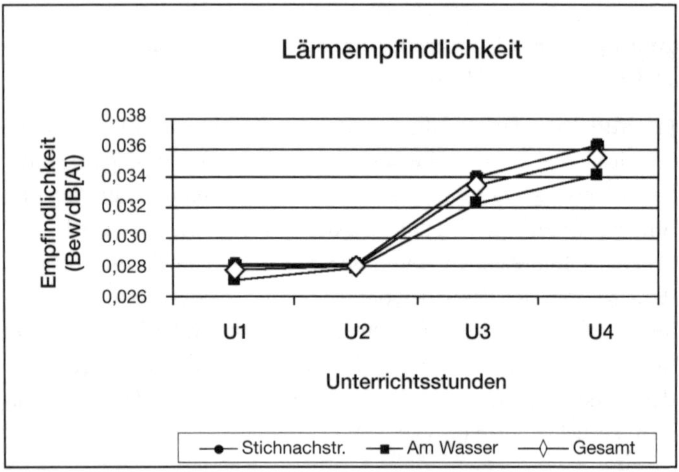

Abbildung 5: Lärmempfindlichkeit in Abhängigkeit von der Unterrichtsstunde, sortiert nach Schulen

Schallpegel und Herzfrequenz

Wenn Lärm ein Belastungsmerkmal ist, wäre die Erwartung nicht abwegig, dass sich dies auch auf der Ebene der Beanspruchungsre-

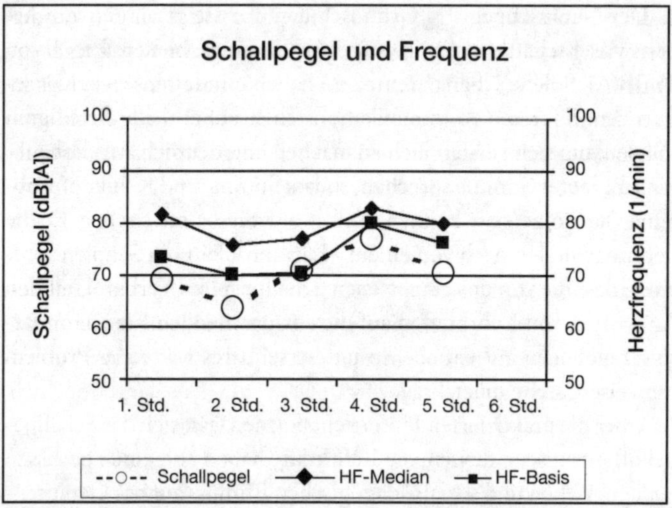

Abbildung 6: Vergleich der Mittelwertverläufe von Schallpegel und HF-Median und HF-Basiswert

aktionen – also in der Herzfrequenz – niederschlägt. Abbildung 6 scheint diese Annahme zu bestätigen: Die Herzfrequenz ist immer dann niedriger, wenn auch der Schallpegel sinkt. Die nachfolgenden Betrachtungen beziehen sich ausschließlich auf die dosimetrischen Untersuchungen, da wir nur in diesem Fall über den ganzen Unterrichtstag parallele Aufzeichnungen von Pulsfrequenz und Schallpegel in Form von Tagesprofilen für die betreffende Person haben. Die Gesamtergebnisse des Projekts »Berufliche Belastung und Beanspruchung von Lehrerinnen und Lehrern« sind in dem entsprechenden Projektbericht enthalten (Berndt et al. 2001).

Fazit

Die spontane Erweiterung des Forschungsvorhabens durch orientierende Untersuchungen zum Thema Lärm hat einige zunächst vorläufige Ergebnisse erbracht. Dennoch sind einige Tatbestände festzuhalten:

Der Geräuschpegel in Grundschulen übersteigt oft den von Arbeitswissenschaftlern für geistige Arbeit empfohlenen Pegel von 55 dB(A). Solche Überschreitungen haben mindestens zwei Konsequenzen: Es treten Kommunikationsfehler auf und alle Beteiligten müssen, um sich verständlich zu machen, mit deutlich angehobener bis sehr lauter Stimme sprechen, sodass Stimm- und Kehlkopfprobleme die Folge sein können. Selbst auf dieser physischen Ebene könnte man demnach von einem »Lärmproblem« in Schulen sprechen; dass die von uns gemessenen Schallpegel im Verbund mit den Antworten von Lehrkräften auf die entsprechenden Fragen im Basis-Fragebogen auf ein ebenso unübersehbares *psychisches* Problem hinweisen, steht außer Frage.

Über die praktizierten Unterrichtsformen lässt sich der Schallpegel offenbar beeinflussen; die Lehrkräfte haben also einen gewissen pädagogischen und sozialpädagogischen Einfluss auf das Geräuschniveau.

Da Überschreitungen der 55-dB-Grenze in Grundschulen offenbar besonders häufig vorkommen, wird man fragen müssen, ob dieser für Arbeitsplätze von Erwachsenen gedachte Orientierungswert auch für Kinder im Grundschulalter sinnvoll ist. Schließlich kann es nicht das Ziel sein, Unterricht nur noch in Stillarbeitssituationen stattfinden zu lassen. Unter diesen Umständen wird man möglicherweise überlegen müssen, ob in Grundschulen grundsätzlich von einem viel höheren Geräuschpegel ausgegangen werden muss, als man ihn zum Beispiel für Sekundarschulen oder für Einrichtungen der Erwachsenenbildung fordern sollte. Das würde allerdings auch bedeuten, dass Grundschullehrkräfte einen solchen Geräuschpegel als kaum vermeidbar hinnehmen müssten. Nach Erkenntnissen der Arbeitswissenschaft bedeutet dies dann aber auf Dauer eine deutliche physische Belastung bezogen auf den Schallpegel. Die psychische Komponente von Lärm bleibt dabei unberücksichtigt.

Es deutet sich an, dass manche Lehrkräfte ein Absinken des Geräuschpegels bewirken, während andere gegenüber solchen Geräuschen toleranter zu sein scheinen (hier drängt sich die Vorstellung von »disziplinierter Arbeit« versus »kreativer Unruhe« auf). Es könnte demnach auch sein, dass »lautere« und »leisere« Lehrkräfte etwas unterschiedliche Arbeitskonzepte haben.

Es besteht kein Zweifel daran, dass ein Teil der in der Schule wirksamen Schallquellen durch Außengeräusche (Flugzeuge, Verkehr usw.) und durch menschliche Aktivitäten in nur mittelbarem Zusammenhang mit dem Unterricht (Türenschlagen, Möbelrücken usw.) stehen. Es könnte sein, dass ein Teil der so erzeugten Geräusche mit vergleichsweise einfachen materiellen und sozialpädagogischen Maßnahmen besser kontrollierbar wäre; ein Projekt »Leise Schule« ist mindestens vorstellbar.

Das alles sind vorläufige Schlussfolgerungen und vorläufige Überlegungen auf der Grundlage ebenso vorläufiger Befunde. Mindestens eines haben diese Befunde trotz ihres fragmentarischen Charakters gezeigt: Die subjektiven Klagen über Lärm in der Schule haben eine objektive Grundlage; es gibt jederzeit nachweisbar ein derartiges Problem, das gründlicher zu analysieren ist und für das Lösungsansätze gefunden werden sollten.

Literatur

Berndt, J.; Schönwälder, H.-G.; Ströver, F. (2001): Berufliche Belastung und Beanspruchung von Lehrerinnen und Lehrern. Projektbericht des Inst. f. interdisziplinäre Schulforschung (ISF), Universität Bremen/FB11.

Schönwälder, H.-G. (2001): Die Arbeitslast der Lehrerinnen und Lehrer. Essen.

Sust, C.; Lazarus, H. (1997): Arbeitswissenschaftliche Erkenntnisse. Forschungsergebnisse für die Praxis. Lärmbeurteilung – Schule, Aus- und Weiterbildung. Nr. 103. Dortmund.

Tiesler, G.; Berndt, J.; Ströver, F.; Schönwälder, H.-G. (in Vorb.): Laut=Lärm. Eine orientierende Untersuchung zu Lärm in Schulen. Jahrbuch für Lehrerforschung, Band 3.

UVV »Lärm« und ArbStättV § 15, VDI 2058 Bl. 3.

Maria Klatte, Christoph Janott

Zur Bedeutung der Sprachverständlichkeit in Klassenräumen

Eine Untersuchung mit Grundschulkindern

Sprachverständlichkeit in Klassenräumen

Schulisches Lernen basiert maßgeblich auf mündlicher Kommunikation, das heißt auf dem Miteinander-Reden und dem Einander-Zuhören. Schule sollte daher ein Umfeld darstellen, welches das kommunikative Verhalten und damit das Lernen fördert. Zu den vielfältigen hier bedeutsamen sozialen und räumlichen Faktoren gehören auch die raumakustischen Bedingungen, unter denen Unterricht stattfindet. Eine wesentliche Voraussetzung für sprachliche Kommunikation besteht darin, dass Mitteilungen klar, deutlich und ohne Mühe verstanden werden können. Dass dies in Klassenräumen oft nicht der Fall ist, wird in diesem Band an verschiedenen Stellen dargelegt und detailliert begründet (vgl. Kamps u. Oberdörster, Vorländer, Mommertz).

Bedingt durch raumakustische Mängel wie zu lange Nachhallzeiten, zu hohe Grundgeräuschpegel oder eine ungünstige Raumgeometrie, ist die Sprachverständlichkeit oft erheblich beeinträchtigt. Das Kommunizieren ist unter solchen Bedingungen in mehrfacher Weise erschwert: Die Hörer benötigen mehr kognitive Kapazität, um die Sprache zu verstehen; sie ermüden schneller. Der Sprecher muss ständig in erhobenem Tonfall reden, was in Stimmproblemen sowie in einer Beeinträchtigung der Qualität der Mitteilungen resultiert. Die Mitteilungen werden kürzer und einfacher formuliert, es wird langsamer gesprochen, der Tonfall wird monotoner und insgesamt wird weniger mitgeteilt (Lazarus-Mainka 1986). Einem interessanten und motivierenden Unterricht ist dies nicht zuträglich.

Das Problem lässt sich unterschiedlich lösen. Wie Mommertz sowie Kamps und Oberdörster (in diesem Band) darlegen, lassen sich die Nachhallzeiten durch bauliche Maßnahmen wie Installation schallabsorbierender Wand- und Deckenverkleidungen erheblich verbessern.

Die Sprachverständlichkeit in Unterrichtsräumen kann weiterhin durch die Installation von Lautsprecheranlagen (Soundfield-Systeme) optimiert werden. Hierbei trägt der Lehrer ein kleines Mikrofon, welches seine Stimme aufnimmt. Das kann ein Lavaliermikrofon zur Befestigung an der Kleidung (Krawattenmikrofon), ein Nacken- oder ein Kopfbügelmikrofon (Headset) sein. Das Signal wird über einen Taschensender drahtlos an einen Empfänger mit integriertem Verstärker übertragen; die Mobilität des Lehrers wird also durch das System nicht eingeschränkt. Über eine Anzahl von Lautsprechern im Raum wird dann ein gleichmäßiges und gut verständliches Tonsignal wiedergegeben. Eine Prinzipskizze der dazugehörenden Komponenten ist in Abbildung 1 zu sehen.

Durch den Einsatz eines solchen elektroakustischen Verstärkersystems erreicht man eine Erhöhung der Sprachverständlichkeit durch einen verbesserten Direktschallanteil und einen gleichmäßi-

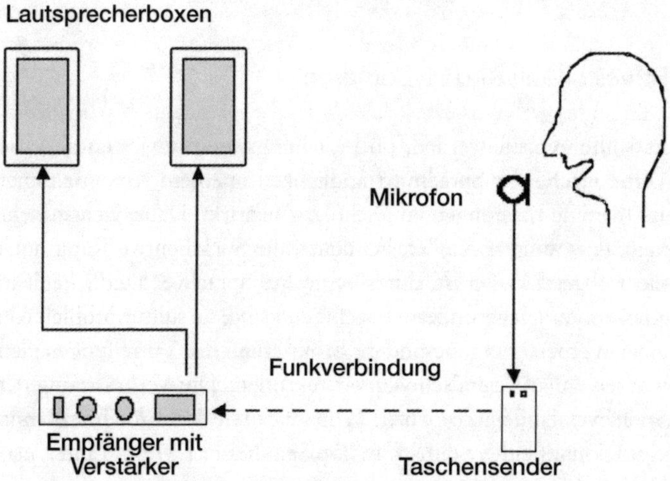

Abbildung 1: Die Komponenten des Soundfield-Systems

gen Schallpegel im gesamten Raum. Einfacher gesagt, verringert ein Soundfield-System die Entfernung zwischen der Lehrerstimme und den Schülern durch die Verteilung mehrerer Lautsprecher im Klassenraum. So kann der Lehrer überall gleich gut verstanden werden. Die leichte Verstärkung der Lehrerstimme ermöglicht es dem Lehrer, mit seiner normalen Sprechstimme zu unterrichten und sich ganz auf den Unterrichtsinhalt zu konzentrieren.

Systematische Untersuchungen zur Wirksamkeit derartiger Interventionen, insbesondere hinsichtlich ihrer Auswirkungen auf die schulischen Leistungen der Kinder, sind im deutschsprachigen Raum bislang kaum erfolgt. Derartige Studien sind notwendig, um die Möglichkeiten zur Optimierung von Sprachverständlichkeit in Schulräumen zu dokumentieren. Anliegen der hier berichteten Studie war es daher, die Effekte einer Verbesserung der Sprachverständlichkeit auf die Leistungen von Schulkindern in kognitiven Testaufgaben zu analysieren.

Eine experimentelle Studie mit Grundschulkindern

Fragestellung und Hypothesen

Es sollte geprüft werden, ob beziehungsweise inwieweit sich die Verbesserung der Sprachverständlichkeit in einem Klassenzimmer auf mentale Leistungen von Schülern auswirkt. Dabei ist anzunehmen, dass jüngere Kinder, bei denen die Sprachentwicklung noch nicht abgeschlossen ist, durch schlechte Sprachverständlichkeit in Klassenräumen besonders benachteiligt sind; sie sollten folglich von einer Verbesserung besonders profitieren. Als Versuchspersonen wurden daher Grundschulkinder rekrutiert. Die Verbesserung der Sprachverständlichkeit wurde in dieser Studie durch die Installation eines Soundfield-Systems vom Typ Sennheiser EMP 2015 im Testklassenraum erreicht.

Für die der Kriterien der Testauswahl waren folgende Überlegungen maßgeblich. Bei den Auswirkungen einer mangelhaften Sprachverständlichkeit auf mentale Leistungen sind verschiedene Aspekte zu unterscheiden. Zum einen wird die Information gar nicht oder falsch verstanden, das heißt die Identifikation der Sprachlaute misslingt. Zur Erfassung solcher Effekte wurde ein für die gewählte Altersstufe geeigneter Lautdiskriminationstest eingesetzt (angelehnt an »Oldenburger Kinder-Reimtest OlKi«, Hörzentrum Oldenburg 2000). Zum anderen kommt es zu einer Erhöhung der Hör-Anstrengung, was wiederum eine schnellere Ermüdung sowie die Einschränkung der für die zentrale Verarbeitung der gehörten Information notwendigen kognitiven Ressourcen bewirkt. Auch bei optimaler Identifikationsleistung sind daher Effekte einer erschwerten Sprachverständlichkeit möglich, und zwar dann, wenn sprachliche Informationen nicht nur verstanden, sondern auch für weitere Verarbeitungsprozesse verfügbar gehalten werden müssen. Besonders sensitiv für solche Auswirkungen sind daher Testaufgaben, bei denen das sprachliche Kurzzeitgedächtnis stark involviert ist (Surprenant 1999). Zur Messung dieser Effekte wurde eine Kurzzeitgedächtnisaufgabe eingesetzt, bei der die Versuchspersonen auditiv dargebotene Ziffernfolgen memorieren und in der richtigen Reihenfolge wiedergeben müssen. Um dem Gedanken der ökologischen Validität Rechnung zu tragen, wurde weiterhin eine »schulnähere« Aufgabe eingesetzt, die darin besteht, komplexe mündliche Anweisungen zu verstehen und auszuführen (angelehnt an »Knuspels Leseaufgaben«, Subtest 1, Marx 1998).

Methodisches Vorgehen

Versuchspersonen

An der Untersuchung nahmen 38 Kinder (20 Zweitklässler und 18 Drittklässler) einer Oldenburger Grundschule teil. Das Alter der Kinder lag zwischen 7 und 11 Jahren, Median: 8 Jahre und 10 Monate. Als Anerkennung für die Mitwirkung an der Studie erhielten die Klassen jeweils einen Geldbetrag für einen Tagesausflug.

Auswahl des Testklassenraums

Vor Beginn der eigentlichen Untersuchung wurden vom Akustikbüro Oldenburg in drei Klassenräumen der Grundschule detaillierte raumakustische Messungen durchgeführt. Die gemessenen Nachhallzeiten lagen in einem der drei Räume im in der DIN 18041 angegebenen Sollbereich, in den anderen beiden Räumen jedoch deutlich darüber. Im ausgewählten Testklassenraum waren die Nachhallzeiten in allen Frequenzbereichen zu lang, weiterhin war ein starker Anstieg der Nachhallzeiten bei den tiefen Frequenzen festzustellen. Dies bewirkt eine subjektiv unangenehme Raumakustik, der Raum wirkt »dröhnig«. Auch die Sprachverständlichkeit ist in einem solchen Raum beeinträchtigt.

Aufnahmen des Testmaterials

Das für die Leistungstests notwendige Sprachmaterial wurde von einem ausgebildeten Sprecher im Schalllabor des Instituts zur Erforschung von Mensch-Umwelt-Beziehungen vorgelesen und mittels eines DAT-Rekorders mit Stereomikrofon aufgezeichnet (das Schalllabor ist ein Raum mit extrem geringen Nachhallzeiten, es entstanden folglich »trockene«, das heißt unverhallte Aufnahmen). Für den Lautdiskriminationstest wurde auf die zum OlKi vorhandene CD zurückgegriffen, die ebenfalls trockene Sprachaufnahmen enthält. Beide Sprachmaterialien wurden im Test-Klassenraum über einen auf dem Lehrerpult in Kopfhöhe aufgestellten Lautsprecher wiedergegeben. Der Schallpegel des wiedergegebenen Materials entsprach dabei normaler Sprechlautstärke. Mit einem an einer hinten links im Klassenraum befindlichen Sitzposition installierten Kunstkopf (Neumann KO 100) wurde das Sprachmaterial erneut aufgenommen. Das so entstandene Aufnahmematerial entspricht dadurch der akustischen Situation, mit der ein in der letzten Reihe sitzender Schüler die Sprache des Lehrers wahrnimmt. Diese Aufnahme wurde einmal im unbehandelten Raum (Kontrollbedingung) und einmal im mit dem Soundfield-System ausgestatteten Klassenraum realisiert (Soundfield-Bedingung). Beide Aufnahmen wurden später mit einem für Unterrichtssituationen typischen Störgeräusch unterlegt, nämlich den Geräuschen von Schulkindern während einer Gruppenarbeitsphase, die ebenfalls über den Kunstkopf an derselben Position im Klassenraum aufgenommen wurden. So konnte eine für die Schulsituation realistische und in beiden Aufnahmebedingungen identische Hintergrundgeräuschkulisse gewährleistet werden.

Die so entstandenen Aufnahmen der Ziffernfolgen, OlKi-Sätze und Knuspel-Anweisungen wurden in separate Sounddateien umgewandelt und in die Versuchssteuerungssoftware eingebunden.

Beschreibung der Testaufgaben

Lautdiskrimation

Es wurde ein an den Oldenburger Kinder-Reimtest angelehntes computergestütztes Verfahren konstruiert, das die Diskrimination zwischen ähnlichen Wort-Trigrammen erfasst. Den Kindern wurden jeweils drei Abbildungen von bekannten Objekten präsentiert, deren Bezeichnungen sich nur in einem Laut unterscheiden (z. B. »Dose«, »Hose«, »Rose«, vgl. Abb. 2).

Die drei Objekte erschienen nebeneinander auf der Leinwand. Gleichzeitig zu der Präsentation der Bilder hörten die Kinder eine Anweisung der Art »Bitte zeige das Bild [Testwort].« Die Aufgabe bestand darin, die Position des richtigen Bildes in vorgefertigten Antwortbögen anzukreuzen. Die Übertragung der räumlichen Anordnung von der Leinwand auf die Bögen war bewusst einfach ge-

Abbildung 2: Beispielfolie zum Lautdiskriminationstest

staltet, sie bereitete auch unseren jüngsten Probanden keinerlei Probleme.

Kurzzeitgedächtnis
Bei dieser Aufgabe wurden den Kindern Folgen von jeweils drei bis sechs Ziffern vorgelesen. Nach Darbietung der letzten Ziffer mussten sie die Sequenz in der richtigen Reihenfolge in vorgefertigte Antwortbögen eintragen. Von jeder Sequenzlänge wurden drei Ziffernfolgen präsentiert, also insgesamt 12 Ziffernfolgen pro Versuchsblock. Die Auswertung erfolgte mittels eines strikten Reihenfolge-Kriteriums: Nur Ziffern, die an der richtigen Position wiedergegeben wurden, galten als korrekt.

Ausführen komplexer Anweisungen:
Dieser Test basiert auf einem im Handel erhältlichen Lesetest für Grundschulkinder: Knuspels Leseaufgaben, Subtest 1 (Marx 1998). Der Sprecher gibt komplexe Instruktionen vor, welche die Kinder auf ihren Antwortbögen ausführen sollen (z. B.: »Wie heißt du mit Nachnamen? Schreibe nur die ersten drei Buchstaben deines Nachnamens in Druckbuchstaben auf die Linie«.). Diese Aufgabe wurde gewählt, weil sie hohe Anforderungen an das sprachliche Arbeitsgedächtnis stellt, und zwar sowohl hinsichtlich der Speicherung als auch der Verarbeitung der gehörten Informationen. Wenn die Kinder sehr viel kognitive Kapazität benötigen, um die Sätze zu verstehen, bleiben für die Speicherung und Verarbeitung weniger Ressourcen verfügbar. Die Verbesserung der Sprachverständlichkeit mittels des Soundfield-Systems sollte daher eine Verbesserung der Leistung bewirken.

Versuchsablauf

Die Kinder wurden in Vierergruppen im schallgedämmten Laborraum des Instituts zur Erforschung von Mensch-Umwelt-Beziehungen untersucht. Durch entsprechende Möblierung (Schultische und -stühle, Regale, Leinwand) wurde ein klassenraumähnliches Setting realisiert. Das visuelle Testmaterial wurde von einem außerhalb des Labors befindlichen PC über einen Video-Beamer an die Leinwand projiziert. Das akustische Material wurde den Kindern vom PC über Kopfhörer (Sennheiser Elektrostaten HE 60/HEV 70) dargeboten. Durch dieses Wiedergabeverfahren und die Kunstkopf-Aufnahmetechnik wurde eine realitätsgetreue Rekonstruktion der raumakustischen Bedingungen im Testklassenraum an jedem Arbeitsplatz im Labor ermöglicht.

Jedes Kind bearbeitete alle Testaufgaben unter beiden Schallbedingungen (Soundfield- und Kontrollbedingung). Von jedem Test wurden daher zwei Paralleltestformen konstruiert. Die Zuordnung der Schallbedingungen zu den Testformen sowie die Reihenfolge der Tests und der Schallbedingungen wurden zwischen den Versuchspersonengruppen ausbalanciert.

Ergebnisse

Mittels entsprechender statistischer Verfahren (Varianzanalyse) wurde der Einfluss der Schallbedingungen (Soundfield- vs. Kontrollbedingung) sowie der Klassenstufe (Zweit- vs. Drittklässler) auf die Leistung in den verschiedenen Testaufgaben geprüft. Als statistisch bedeutsam (signifikant) gelten dabei solche Unterschiede, die mit weniger als 5 Prozent Wahrscheinlichkeit zufällig zustande gekommen sind.

Lautdiskriminationstest

Hier zeigten sich signifikante Effekte der Schallbedingungen und Altersstufen sowie eine Wechselwirkung zwischen diesen beiden Faktoren. Die Kinder machten weniger Fehler, wenn das über das Soundfield-System aufgenommene Sprachmaterial dargeboten wurde (vgl. Abb. 3).

Dieser Effekt ist hinsichtlich der absoluten Fehlerzahlen klein, auch in der Kontrollbedingung war die Leistung recht gut. Das zeigt, dass die Sprachverständlichkeit in dem Testklassenraum zwar nicht optimal, jedoch auch nicht extrem schlecht war. Das ist ein be-

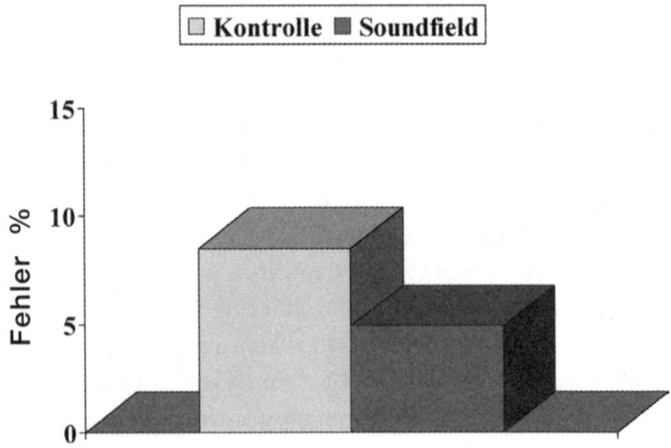

Abbildung 3: Sprachverständlichkeitstest (angelehnt an OlKi): Fehlerwerte gemittelt über Klassenstufen

deutendes Ergebnis, da es ein Anliegen der Studie war, die Situation in einem relativ »normalen«, in Schulen häufig anzutreffenden Klassenraum nachzubilden.

Die nähere Inspektion der Daten zeigt, dass der positive Effekt des Soundfield-Systems auf die jüngeren Kinder (Klasse 2) beschränkt war (vgl. Abb. 4).

Bei den Drittklässlern zeigten sich keine Leistungsunterschiede in Abhängigkeit von den Schallbedingungen, sie machten in beiden Bedingungen kaum Fehler. Dieses Ergebnis lässt sich durch die schnelle Entwicklung des Wortschatzes in den ersten Grundschuljahren erklären. Die jüngeren Kinder brauchen mehr Redundanz als ihre älteren Mitschüler, um die gehörten Wörter fehlerfrei zu dekodieren. Sie profitieren daher besonders von der Verbesserung der Sprachverständlichkeit (vgl. Spreng in diesem Band).

Kurzzeitgedächtnis: Wiedergeben akustisch dargebotener Ziffernfolgen

Auch bei dieser Aufgabe ergab sich ein signifikanter Effekt der Schallbedingungen. Die Kinder machten weniger Fehler, wenn die

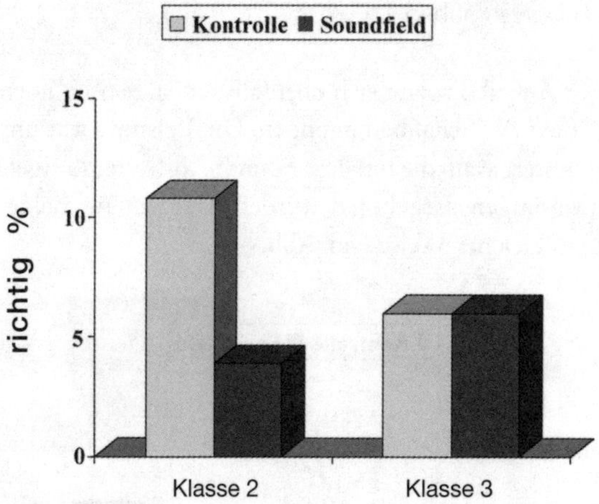

Abbildung 4: Sprachverständlichkeitstest (angelehnt an OlKi): Fehlerwerte für zwei Klassenstufen

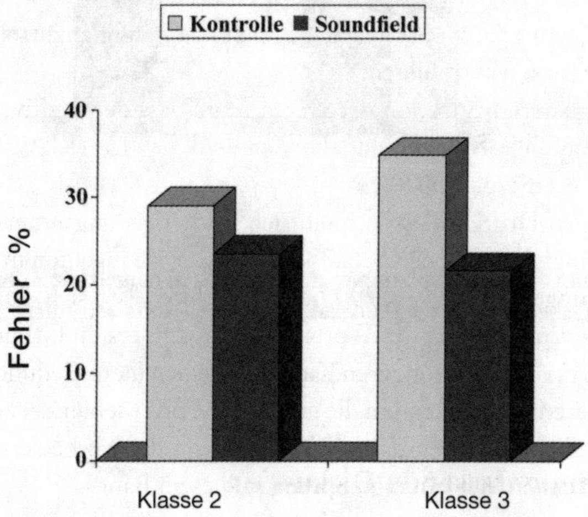

Abbildung 5: Behaltensleistung für gehörte Ziffernfolgen: Fehlerwerte für zwei Klassenstufen

Ziffern über das Soundfield-System dargeboten wurden. Dies gilt für beide Altersgruppen (vgl. Abb. 5).

Knuspels Leseaufgaben

Bei dieser Aufgabe zeigte sich ebenfalls ein statistisch hochsignifikanter Effekt der Schallbedingungen. Die Leistung war um zirka 8 Prozent besser, wenn die mit dem Soundfield-System aufgenommenen Anweisungen dargeboten wurden. Das gilt für beide Altersgruppen in gleicher Weise (vgl. Abb. 6).

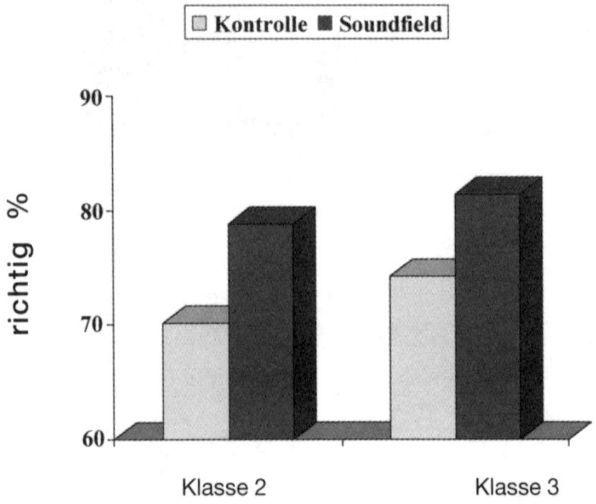

Abbildung 6: Verstehen komplexer Anweisungen (angelehnt an Knuspels Leseaufgaben): Erreichte Punktzahl (%) für zwei Klassenstufen

Zusammenfassende Diskussion

Es zeigten sich in allen drei Leistungstests signifikante Leistungsverbesserungen, wenn das über das Soundfield-System aufgenommene Sprachmaterial dargeboten wurde. Der Effekt scheint mit der Komplexität der Aufgabe zu wachsen: Bei dem Lautdiskriminationstest, der nur die Identifikation des Sprachmaterials erfordert, fanden wir signifikante, jedoch in absoluten Werten geringe Effekte, und dies auch nur bei den jüngeren Kindern. Bei der Kurzzeitgedächtnisaufgabe (Identifikation und Speicherung) und bei den komplexen Anweisungen (Identifikation, Speicherung und Verarbeitung) zeigten sich dagegen ausgeprägte Effekte in beiden Altersgruppen. Dies bestätigt die Annahme, dass eine Verbesserung der Sprachverständlichkeit positive Effekte haben kann, auch wenn die Identifikation von sprachlichen Informationen unter den gegebenen raumakustischen Bedingungen noch gut gelingt (die Drittklässler hatten ja bei der Lautdiskrimination keine Probleme). Zur Beurteilung der akustischen Güte eines Unterrichtsraums reicht es also nicht, einen einfachen Sprachverständlichkeitstest durchzuführen oder die dort Lernenden und Lehrenden zu fragen, wie gut sie die Sprache verstehen.

Insgesamt unterstützen die Ergebnisse die große Bedeutung optimaler Hörbedingungen für den Lernerfolg von Grundschulkindern. Wie eine gute Sprachverständlichkeit erreicht werden kann, muss jedoch individuell in Abhängigkeit von den in der Klasse vorherrschenden Unterrichtsformen und den raumakustischen Gegebenheiten entschieden werden. Soundfield-Systeme sind offensichtlich eine effektive Maßnahme zur Verbesserung der Sprachverständlichkeit in Unterrichtssituationen mit viel Frontalunterricht (Lehrervortrag, Schülerreferate). Inwieweit sich Soundfield-Systeme auch für offene Unterrichtsformen mit viel Gruppen- und Freiarbeit eignen, wird zurzeit in einer Feldstudie an Münchener Schulen untersucht. Dabei werden ergänzende Maßnahmen wie die Verringerung des Nachhalls, zum Beispiel durch adäquate Wand- und Deckenverkleidungen, mit einbezogen.

Literatur

DIN 18041 (1968): Hörsamkeit in kleinen bis mittelgroßen Räumen. Berlin.

Lazarus-Mainka, G. (1986): Speech communication under the influence of disturbing noise in a speaker-hearer interaction. In: Schick, A.; Höge, H.; Lazarus-Mainka, G. (Hg.), Contribution to Psychological Acoustics. Results of the Fourth Oldenburg Symposium on Psychological Acoustics. Oldenburg.

Marx, H. (1998): Knuspels Leseaufgaben. Göttingen.
Oldenburger Kinder-Reimtest OlKi (2000): Oldenburg, Hörzentrum Oldenburg.
Surprenant, A. (1999): The effect of noise on memory for spoken syllables. International Journal of Psychology 34: 328–333.

Akustische Grundlagen und Lösungsansätze

Peter Kamps, Markus Oberdörster

Akustik in Klassenzimmern

Ein Forschungsbericht

Vorbemerkungen

Die Jahre, die ein Kind in der Schule zubringt, gehören zu den wertvollsten in seinem Leben. Schulen sollen dazu dienen, das Lernen zu fördern. Daher sollten die Räume, in denen dieses Lernen stattfindet, so gestaltet sein, dass sie das (Zu-)Hören erleichtern. Lehrer spielen eine wichtige Rolle in der Erziehung und Ausbildung eines Kindes. Daher sollten sie mit den notwendigen Werkzeugen ausgestattet werden, die sie benötigen, um ihre Aufgabe zu erfüllen. Eines dieser Werkzeuge sollte ein Klassenzimmer sein, in dem die Schüler gut hören und verstehen können, was gesagt wird, und in dem die Lehrer angemessen unterrichten können.

Gutes Lernen braucht gute Akustik. Tatsächlich ist es aber so, dass vielen Schülerinnen und Schülern eine gute Schulbildung entgeht, nur weil sie nicht deutlich genug verstehen können, was der Lehrer sagt. Zu diesem Ergebnis kam eine Studie der Heriot-Watt-Universität in Edinburgh, die 1996 bis 1999 erstmals umfassend die akustischen Arbeitsbedingungen in Klassenräumen untersuchte. Von den schottischen Schulbehörden in Auftrag gegeben, wurde das Projekt durch den Engineering and Physical Science Research Council (Forschungsrat für Technik und Naturwissenschaften) gefördert. Konkrete Sanierungsmaßnahmen wurden durch die Firma Ecophon unterstützt und begleitet.

Die Arbeit von David MacKenzie und Sharon Airey (1999) gilt als zur Zeit wichtigste Forschung zur Sprachverständlichkeit in Klassenräumen – ihr Inhalt und ihre Ergebnisse sollen hier in zusammenfassender Form wiedergegeben werden.

Projektbeschreibung

Die Untersuchung konzentriert sich auf das Geschehen in Klassenzimmern. Damit wird der für die Wissensvermittlung wohl wichtigste Bereich innerhalb einer Schule beleuchtet. Andere Arbeitsbereiche mit zum Teil deutlich abweichenden akustischen Anforderungen, etwa Aulen, Sporthallen oder Bibliotheken, wurden nur am Rande in den Blick genommen.

Insgesamt wurden im Lauf der drei Jahre mehr als 70 Unterrichtsräume in ganz Großbritannien untersucht. Die Wissenschaftler entschieden sich, ihr Augenmerk im Wesentlichen auf Grundschulräume (Altersstufen von 5 bis 11 Jahre) zu richten, darunter auch einige in integrativen Schulen, an denen hörgeschädigte Kinder neben ihren normal hörenden Mitschülerinnen und Mitschülern unterrichtet werden. Bei der Auswahl wurde auf eine breite Mischung von städtischen und ländlichen, alten und modernen sowie eingeschossigen und mehrgeschossigen Gebäuden geachtet. Es wurden sowohl leere als auch besetzte Klassenzimmer vermessen, man untersuchte akustisch behandelte Räume ebenso wie akustisch unbehandelte.

Von Anfang an waren bei der geplanten Untersuchung zwei Fragen von besonderem Interesse:

- Welchen psychologischen Einfluss hat übermäßiger Lärm im Klassenzimmer auf Schüler und Lehrer?
- Welche Auswirkungen hat eine Veränderung der Nachhallzeit im Klassenzimmer auf die Raumakustik?

Die zweite Frage wurde nicht zuletzt durch vorhergehende Studien motiviert. So stellten bereits 1987 Yacullo und Hawkins die Nachhallzeit in den Verdacht, die schädlichste Einflussgröße bei einer guten Sprachverständlichkeit in Klassenräumen zu sein – eine These, die zehn Jahre später beispielsweise durch Anderson und Towne (1997) diskutiert und bekräftigt wurde.

Um konkrete Vorstellungen zu bekommen, wie sich bauliche Veränderungen zugunsten einer kürzeren Nachhallzeit tatsächlich in der Unterrichtspraxis auswirken, entschied man sich, mehrere Klassenräume nach detaillierten Untersuchungen mit Ecophon Wand- oder

Deckenpaneelen der Absorptionsklasse A akustisch zu sanieren. Indem man anschließend die Messungen in den behandelten Räumen wiederholte, konnten die Wissenschaftler auch über veränderte Sprachverständlichkeit fundierte Erkenntnisse gewinnen.

Die Sprachverständlichkeit als entscheidendes Kriterium

Eine ausgezeichnete Sprachverständlichkeit ist die erste Anforderung an einen Raum, in dem es vor allem darauf ankommt, Wissen und Bildung durch Kommunikation zu fördern. Der Begriff der »Sprachverständlichkeit« kennzeichnet dabei jenen Prozess, durch den es einem Menschen ermöglicht wird, klar und deutlich zu hören, was gesagt wird, und den Kontext des gesprochenen Wortes vollkommen zu verstehen. Dabei ist die *Klarheit* die Eigenschaft von Lauten, die es dem Hörer ermöglicht, die bedeutungstragenden Komponenten des Wortes voneinander zu unterscheiden. Die *Hörbarkeit* hingegen ist die Eigenschaft des Lautes, die es ermöglicht, ihn zwischen anderen Lauten herauszuhören. So ist die *Verständlichkeit* das Maß für den inhaltlichen Anteil einer Botschaft, der vom Hörer korrekt verstanden wird. Kurz: Klarheit + Hörbarkeit = Sprachverständlichkeit.

In der Praxis wird die Sprachverständlichkeit jedoch von mehreren Faktoren unmittelbar beeinflusst (vgl. auch Vorländer in diesem Band). Von großer Bedeutung ist als Erstes die *Raumgeometrie*. So spielen beispielsweise die Platzierung des Lehrers, also der Ort, von dem aus im Lauf des Unterrichts in der Regel gesprochen wird, sowie Größe und Form des Raums eine entscheidende Rolle.

Auch der im Raum vorhandene *Hintergrundgeräuschpegel* kann die Verständlichkeit der Sprache – leicht nachvollziehbar – je nach Intensität deutlich fördern oder behindern. Dieses Geräuschniveau, das im Klassenzimmer infolge des ganz normalen täglichen Schulbetriebs existiert, setzt sich dabei häufig in komplexer Weise aus den verschiedensten Geräuschquellen zusammen: Es vermischen sich Geräusche, die im Zimmer selbst entstehen, mit solchen, die aus anderen Gebäudeteilen (etwa Fluren oder Nebenzimmern) in das Zimmer eindringen, und dem Lärm, der von außen auf das Gebäude einwirkt. Damit ist der Hintergrundgeräuschpegel immer auch abhängig von Faktoren wie etwa dem Alter der Schülerinnen und Schüler, der Gebäudegestaltung, der Lage der Schule, der Konstruktionsmethoden und der Art und Qualität der Schallisolierung.

Von diesem auch als »Rauschen« bezeichneten Hintergrundgeräuschpegel muss sich nun die Stimme des Lehrers, also das physikalische *Sprachsignal*, deutlich abheben, damit es vom Hörer verstanden werden kann. Man geht im Allgemeinen davon aus, dass ein Signal-Rauschen-Abstand für Kinder von zirka 15 dB notwendig ist, damit das Signal hinreichend verstanden werden kann.

Die bereits genannte *Nachhallzeit* kennzeichnet, wie lange jedes der Geräusche noch im Raum verbleibt, bevor es verklingt. Physikalisch beschreibt die Nachhallzeit jenen Zeitraum, in dem ein Schallpegel um 60 dB abnimmt. Sie ist dabei direkt abhängig vom Raumvolumen sowie der Fähigkeit der dort verwendeten Materialien, den Schall zu absorbieren.

Akustische Messungen und erste Ergebnisse

Um diese Kenngrößen sowohl in den unbehandelten als auch in den sanierten Klassenzimmern wissenschaftlich zu erfassen, wurden folgende Messmethoden ausgewählt: Neben der physikalischen Messung von Hintergrundgeräuschpegel und Nachhallzeit wurde in jedem Raum anhand des STI – Speech Transmission Index (Sprachübertragungsindex) – ein Kennwert für die Sprachverständlichkeit bestimmt. Auf diesen Werten aufbauend konnte zudem der %ALCons – Percentage Articulation Loss of Consonants (Prozentualer Konsonantenverlust) – ermittelt werden.

Um diese objektiven Zahlenwerte in einen praktischen Bezug zu setzen, entschied man sich, die Ergebnisse durch einen subjektiven Test der Wortverständlichkeit bei Grundschülern mittels einer Bildidentifikation (WIPI – Word Intelligibility by Picture Identification) zu verifizieren.

Die Messverfahren im Einzelnen

Hintergrundgeräuschpegel

– Momentaner Hintergrundgeräuschpegel (dB[A])
Im leeren Klassenraum wurden jeweils sechs Messungen an zufällig ausgewählten Positionen vorgenommen. Von diesen wurde der Mittelwert errechnet. Beim besetzten Klassenzimmer wurden durch entsprechende Messungen Mittelwerte für drei unterschiedliche Bedingungen ermittelt. Bedingung 1: Alle Lehrer und Kinder waren still. Bedingung 2: Nur die Schüler sprachen. Bedingung 3: Nur der Lehrer sprach.

– Kontinuierlicher Hintergrundgeräuschpegel (LAeq, 15 Min.)
Im Lauf eines Schultags wurden jeweils über einen Zeitraum von 15 Minuten Lesungen aufgezeichnet (9.30–9.45/…/15.15–15.30). Das Geräuschpegel-Messgerät befand sich in Kopfhöhe eines sitzenden Menschen. Dabei wurden alle Geräusche des ganz normalen Schulalltags erfasst.

Nachhallzeit

Die Nachhallzeiten wurden gemessen bei 1/3-Oktavbändern, zwischen 100 und 4.000 Hz. Die Tests wurden in jedem Klassenzimmer an fünf bis sechs zufällig ausgewählten Plätzen durchgeführt. Abschließend wurde für jede Frequenz die durchschnittliche Nachhallzeit ermittelt. (Anmerkung: Der Mittelwert für 500 und 1.000 Hz entspricht in etwa dem durchschnittlichen Frequenzwert der menschlichen Sprache.)

Speech Transmission Index – STI

Der Sprachübertragungsindex als Richtschnur für die Sprachverständlichkeit misst die Reduktion eines Signals zwischen 125 und 8.000 Hz auf dem Weg vom Sender zum Empfänger. Dabei werden beeinträchtigende Faktoren wie Nachhall oder die Hintergrundgeräusche im Raum berücksichtigt. Das Ergebnis wird als Zahlenwert zwischen 0 und 1 ausgedrückt und in eine Bewertungsskala eingeordnet: 0.000–0.300 = sehr schlecht; 0.301–0.450 = schlecht; 0.451–0.599 = befriedigend; 0.600–0.749 = gut; 0.750–1.000 = sehr gut.

Percentage Articulation Loss of Consonants – %ALCons

%ALCons ist ein Anzeiger für die Sprachqualität, die an einem bestimmten Punkt im Raum empfangen werden kann. Es handelt sich um eine objektive Messung des Prozentsatzes an Konsonanten, der bei einer Sprachübertragung verloren geht oder falsch verstanden wird. Da gerade die Konsonanten für das Erkennen eines Wortes eine entscheidende Rolle spielen, ist der %ALCons ein sehr guter Indikator für Sprachverständlichkeit. In der Bewertung gilt ein Konsonantenverlust von über 15 Prozent als nicht mehr akzeptabel, von 15 bis 10 Prozent als akzeptabel für generelle Botschaften niedriger Komplexität, von 10 bis 5 Prozent als gut und von weniger als 5 Prozent als sehr gut.

Anmerkung: Sowohl der STI als auch die %ALCons-Werte für männliche und weibliche Stimmen wurden mithilfe der Computersoftware »Maximum Length Sequence System Analyser« (MLSSA) generiert. Die MLSSA-Software lief auf einem PC, der mit einem Lautsprecher verbunden war. Das Programm generierte Impulse in den typischen Frequenzbereichen der menschlichen Sprache und gab ihn in Höhe und Richtung der üblichen Lehrerposition in den Raum ab. Der Schall wurde mittels eines Messgeräts empfangen, der in Ohrhöhe eines sitzenden Kindes platziert war und das empfangene Signal zur Analyse zum Computer zurückleitete.

Word Intelligibility by Picture Identification – WIPI

WIPI untersucht die Fähigkeit der Kinder zwischen ähnlich klingenden Lauten zu unterscheiden. Diese Überprüfung und Ergänzung der objektiv gemessenen STI-Werte erscheint nicht zuletzt deshalb sinnvoll, da das kindliche Gehör eine größere Spanne von Frequenzen umfasst als das eines Erwachsenen. Außerdem werden Kinder durch Nebengeräusche leichter gestört und abgelenkt.

Der WIPI-Test besteht aus 20 Bögen mit jeweils sechs Bildern, die sechs phonetisch ähnliche Wörter darstellen (Haus, Maus, ...). Zu jeder Wortgruppe wird ein Satz präsentiert, in dem einer der dargestellten Begriffe enthalten ist. Das Kind soll dieses Wort heraushören und das entsprechende Bild ankreuzen. Da das Hauptziel der Studie darin bestand festzustellen, wie gut ein Kind im Klassenzimmer die gesprochenen Sprache vor dem Hintergrund verschiedener anderer Geräusche hören kann, wurde der WIPI-Test unter drei verschiedenen Lärmbedingungen durchgeführt.

Erste Ergebnisse und kausale Zusammenhänge

Schallpegel und Nachhallzeit

Wie aus Tabelle 1 und Tabelle 2 ersichtlich, hatte die akustische Sanierung der Räume unmittelbare Wirkung sowohl auf die gemessenen Schallpegel als auch auf die in den Räumen herrschenden Nachhallzeiten. Die Ergebnisse zeigen deutlich, dass nach dem Einbau einer Akustikdecke der Schallpegel in den verschiedenen Szenarien je nach Frequenz bis zu 10 dB reduziert werden konnte. Allein physikalisch wurde dadurch ein wesentlich ruhigeres Unterrichtsumfeld geschaffen. Diese Tendenz bestätigte sich sowohl bei sehr leisen als auch sehr lauten Klassen. Die ruhigste Klasse produzierte eine mittleren Geräuschpegel von 51,9 dB(A), die lauteste erreichte 101,1 dB(A).

Wie erwartet, hingen die Nachhallzeiten nicht allein vom Raumvolumen ab, sondern auch von der Raumform, der Raumgestaltung und wesentlich von den verwendeten Materialien. Die Messungen zeigten, dass Unterricht oft in Räumen mit Nachhallzeiten von 0,9 bis 1,0 Sekunden gehalten wurden. Mehrmals lagen die Werte noch deutlich darüber.

Tabelle 1: Gemessene durchschnittliche Hintergrundgeräuschpegel in dB(A)

	ohne Akustikdecke	*mit Akustikdecke*
leerer Raum	44,7	40,1
ruhige Schüler	55,5	46,5
sprechende Schüler	77,3	70,1

Tabelle 2: Gemessene durchschnittliche Nachhallzeit bei 500 Hz in Sek.

	ohne Akustikdecke	*mit Akustikdecke*
leerer Raum	0,7	0,4
besetzter Raum	0,6	0,4

Sprachverständlichkeit und Konsonantenverlust

Bei der Ermittlung des Sprachübertragungsindex zeigte sich, dass in akustisch nicht behandelten Räumen die Werte im besetzten Zustand generell unter denen im unbesetzten Zustand lagen. Die Klassenzimmer wurden also bezüglich der Sprachverständlichkeit schlechter, wenn sich Schüler darin aufhielten (vgl. Tab. 3). Zur Erinnerung: Erst Räume mit einem mittleren STI-Wert von mehr als 0.600 (»gut«) oder darüber gelten für die Hör- und Lernbedingungen von Kindern als angemessen. Dieser Wert wird von den nicht sanierten Klassenräumen im besetzten Zustand deutlich verfehlt.

Tabelle 3: Durchschnittliche STI-Werte für Standardklassenzimmer (cellular classrooms)

	ohne Akustikdecke	*mit Akustikdecke*
leerer Raum	0,601	0,700
besetzter Raum	0,501	0,700

Die Ausstattung des Unterrichtsraums mit absorbierenden Materialien verringert folglich nicht nur den Hintergrundgeräuschpegel und die Nachhallzeit, sondern verbessert gleichzeitig nachhaltig die allgemeine Sprachverständlichkeit im Raum.

In den sanierten Räumen zeigen sich demnach deutliche kausale Zusammenhänge der verschiedenen Größen:

- Wenn der Hintergrundgeräuschpegel steigt (damit also das Verhältnis von Signal zum Rauschen abnimmt), so reduziert sich auch die Sprachverständlichkeit.
- Wenn die Nachhallzeit länger wird, so nimmt die Sprachverständlichkeit im Raum in der Regel ab.

Besonders deutlich wird dies im Vergleich der ermittelten durchschnittlichen %ALCons-Werte für die untersuchten Klassenzimmer (vgl. Tab. 4). Zur Orientierung: Für Unterrichtsräume wird ein »sehr guter« %ALCons-Wert von nicht mehr als 5 Prozent empfohlen, besonders dann, wenn dort hörgeschädigte Kinder mitunterrichtet werden. Schließlich werden diese objektiven Messdaten auch durch die Schüler im WIPI-Test bestätigt. In akustisch sanierten Räumen konnten bis zu 10 Prozent mehr Begriffe richtig zugeordnet werden als vorher (vgl. Tab. 5).

Tabelle 4: Durchschnittliche %ALCons-Werte für Standardklassenzimmer (cellular classrooms) in %

	ohne Akustikdecke	*mit Akustikdecke*
leerer Raum	10,8	4,6
besetzter Raum	13,7	4,6

Tabelle 5: Richtig zugeordnete Begriffe im WIPI-Test in %

	ohne Akustikdecke	*mit Akustikdecke*
Kontrollgruppe über Kopfhörer	96,70	97,50
ruhige Schüler im Hintergrund	94,20	97,50
sprechende Schüler im Hintergrund	57,20	67,00

Die Perspektive des Lehrers – Erhebung zum Klassenzimmer als Lern- und Arbeitsfeld

Zur Abrundung dieses messtechnisch geprägten Untersuchungsteils wurde ein ausführlicher Fragebogen entworfen, um die subjektiven Ansichten von Lehrern über die Auswirkungen der Gegebenheiten im Klassenzimmer auf sie selbst und auf ihre Schüler festzustellen. Ohne an dieser Stelle detailliert auf die statistischen Größen und Signifikanzen eingehen zu wollen, lassen sich dennoch bestimmte allgemeine Tendenzen beschreiben.

So gab es eine höhere Wahrscheinlichkeit für Lehrer in Räumen ohne Auslegeware, auf die Frage nach dem Geräuschpegel mit »laut« zu antworten. Lehrer in lauten Klassenzimmern leiden eher unter Kopfschmerzen und neigen eher dazu, ihre Arbeit für Halsprobleme verantwortlich zu machen. Ein Lehrer in einem mit »laut« bewerteten Raum meldet sich bei Halsproblemen eher krank als jemand aus einem leisen Klassenzimmer. Außerdem gibt ein Lehrer mit lautem Klassenraum eher an, dass der Raum stark widerhallt.

Die Lehrer in stärker widerhallenden Klassenräumen glauben demnach eher, dass die Akustik Einfluss auf die eigenen Leistungen, die Leistungen der Kinder und das Verhalten der Kinder hat.

Viele Lehrer haben Stimm- und Halsprobleme. Nur 5,5 Prozent aller Lehrer gaben an, niemals unter derartigen Problemen gelitten zu haben, während 68,5 Prozent sagten, dies komme gelegentlich oder regelmäßig vor. Diese Erfahrungen entsprechen der medizinischen Erkenntnis, nach der das Sprechen als der wichtigste Einflussfaktor bei Stimm- und Halsproblemen gilt.

Der Vergleich zwischen den Ansichten der Betroffenen, wie sie in den ausgewerteten Fragebögen sichtbar wurden, und den Ergebnissen der objektiven Messung brachte noch eine weitere wertvolle Erkenntnis: Die subjektiven Wahrnehmungen zur Akustik in den Klassenzimmern waren nirgends auch nur annähernd so negativ wie die objektiv festgestellten Werte. Ein Bewusstsein für die – wie auch immer gelagerte – akustische Qualität des eigenen Klassenraums und Arbeitsplatzes war nur in den seltensten Fällen vorhanden.

Die Lehrer hingegen, die im Rahmen der Fallstudie auch in Räumen mit Akustikdecken unterrichten konnten, berichteten immer von einer gravierenden Verbesserung der akustischen Gegebenheiten. Eines der interessantesten Ergebnisse aus der Fragebogenaktion ist in diesem Zusammenhang, dass bei Klassenräumen ohne oder mit wenig Auslegeware und mit hohen, nicht abgehängten Decken die Wahrscheinlichkeit größer ist, dass Lehrer krankheitsbedingt ausfallen. Die Vermutung liegt nahe, dass eine verbesserte Akustik durchaus geeignet sein könnte, um Fehlzeiten der Lehrkräfte zu verringern.

Erörterung und Schlussbetrachtung

Die Ergebnisse dieser Studie unterstützen die Folgerungen aus früheren Untersuchungen, dass die Hauptgründe für schlechte Sprachverständlichkeit in Klassenzimmern in hohen Hintergrundgeräuschpegeln und langen Nachhallzeiten liegen. Die nachgewiesenen Nachhallzeiten lagen meist deutlich oberhalb der empfohlenen Werte für Klassenräume. Die langen Nachhallzeiten und lauten Hintergrundgeräusche sorgten in den meisten Klassenzimmern für eine schlechte Sprachverständlichkeit, was sowohl die objektiven als auch die subjektiven Tests belegten. Diese Fakten bestätigen, dass eine schlechte Raumakustik einer guten Lernumgebung abträglich sein kann.

Eine weitere Konsequenz schlechter Akustik und besonders lauter Klassenzimmer liegt in dem häufigeren Auftreten von Stimm- und Halsleiden bei Lehrern und der daraus resultierenden größeren Wahrscheinlichkeit krankheitsbedingter Abwesenheit. Dies kann zu erhöhten Kosten und, durch den Einsatz von Vertretungslehrkräften, zu störenden Unterbrechungen in der Schulbildung der Kinder führen.

Klassenräume mit akustischer Ausstattung, die in erster Linie aus Wand- und Deckenelementen der Absorptionsklasse A (aw > 0,9) bestand, schnitten in allen durchgeführten Tests deutlich besser ab. Alle Nachhallzeiten lagen innerhalb der vorgegebenen Richtlinien, die meisten waren sogar annehmbar für das Unterrichten hörgeschädigter Kinder. In diesem Zusammenhang lohnt der Hinweis, dass bis zu 95 Prozent aller Kinder im Lauf ihrer ersten zehn Lebensjahre an Erkrankungen des Mittelohrs oder ähnlichen Erkrankungen leiden, die das Hörvermögen für einen bestimmten Zeitraum spürbar vermindern.

Auch die Geräuschpegel waren in den behandelten Klassenzimmern geringer. Infolgedessen war die Sprachverständlichkeit in allen Räumen akzeptabel. Räume mit akustischer Ausstattung wurden von den Lehrern und Schülern bevorzugt, da hier nach ihrer subjektiven Einschätzung das Kommunizieren leichter fiel und die eigene Leistungsfähigkeit besser war.

Als Ergebnis ihrer Untersuchung empfehlen MacKenzie und Airey (1999) abschließend Richtwerte für eine Raumakustik, die den besonderen Erfordernissen von Bildungs- und Unterrichtsräumen Rechnung trägt. Demnach sollte die Nachhallzeit im Bereich 0,3 bis 0,5 Sekunden liegen und der Hintergrundgeräuschpegel 30 dB(A) nicht überschreiten. Nur so können gute Sprachverständlichkeit und Wohlbefinden bei Schülern und Lehrern sichergestellt werden, wie diese Studie mit ihren umfangreichen Tests beweist.

Literatur

Anderson, K.; Towne, R. (1997): The changing sound of education. Journal of Sound and Vibration. Jan. 48–50.

MacKenzie, D.; Airey, S. (1999): Classroom Acoustics. A Research Project. Summary Report. Heriot-Watt University Edinburgh.

Yacullo, W.; Hawkins, D. (1987): Speech recognition in noise and reverberation by school-age children. Audiology 26: 235–246.

Eckard Mommertz

Muss es im Unterricht immer so laut sein?

Bauliche Maßnahmen zur Lärmreduzierung

In bestehenden Schulen und selbst bei Neubauten sind Klagen von Lehrern und Schülern über zu hohe Geräuschpegel während des Unterrichts keine Seltenheit. Die Hintergründe und Folgen derartiger Lern- und Arbeitsbedingungen sind vielschichtig und die Problematik lässt sich sicherlich nicht allein auf baulich bedingte, ungünstige akustische Verhältnisse reduzieren. Jedoch kann die Akustik des Raums und des Gebäudes einen erheblichen Teil dazu beitragen, dass die Lern- und Arbeitsbedingungen im Klassenraum verbessert werden (u. a. Schick et al. 1999; Essmann 1973; Klatte et al. in diesem Band).

Doch wie lässt sich dies erreichen? Gibt es anerkannte Regeln für die akustische Planung und wenn ja, werden diese zwangsläufig beim Bau, Umbau oder der Sanierung von Schulen angemessen berücksichtigt? Auf diese und weitere Fragen soll in diesem Beitrag eingegangen werden.

Grundlegende Zusammenhänge

Den Begriff einer »guten Akustik« verbindet man eher mit einem Konzertsaal oder einer Kathedrale als mit einem Klassenraum oder einer Pausenhalle. Aber auch in Räumen, die im weiteren Sinn der Kommunikation dienen, können die akustischen Gegebenheiten gut oder schlecht sein. In diesem Zusammenhang sind zwei Faktoren besonders wichtig:

1. Sprache kann nur dann gut verständlich sein, wenn sich diese

ausreichend von anderen im Raum vorhandenen Geräuschen abhebt. So sollte die Sprache mindestens doppelt so laut sein wie die Summe aller störenden Geräusche, um ohne Anstrengung gut verständlich zu sein. Dies entspricht einem Pegelunterschied von etwa 10 dB. Für sehr gute Kommunikationsbedingungen, für Kleinkinder, Personen mit Hörbehinderungen oder mit Deutsch als Fremdsprache sind noch größere Pegelunterschiede von 15 dB bis 20 dB anzustreben (vgl. Bradley 1996). Geht man von einem mittleren Sprachpegel im Raum (bei normalem Stimmaufwand) von etwa 60 dB(A) aus, so bedeutet dies, dass der durch störende Geräusche verursachte Pegel in der Summe unter etwa 40 dB(A) liegen sollte. Diese hier stark vereinfachend dargestellten Zusammenhänge führen letztlich zu Anforderungen an den baulichen Schallschutz gegen Außengeräusche, hervorgerufen zum Beispiel durch Straßen-, Flug- oder Schienenverkehr, aber auch hinsichtlich des Schallschutzes innerhalb des Gebäudes.

2. Ein Klassenraum soll nicht zu hallig sein, da ansonsten die Sprache bei der Übertragung im Raum verwischt wird, was zu einer schlechteren Verständlichkeit führt. Auf die Grundlagen der Schallübertragung in Räumen wird im Beitrag von Vorländer (in diesem Band) näher eingegangen. Es ist darüber hinaus zu berücksichtigen, dass in halligen Räumen auch der Störgeräuschpegel zunimmt. Dies betrifft beispielsweise Geräusche, die von außen eindringen, aber in noch stärkerem Maß das Geräuschverhalten der Kinder selbst. Eine hallige Umgebung und die damit verbundene schlechtere Verständlichkeit begünstigt ein unruhigeres Verhalten. Auch wenn die genauen Zusammenhänge noch nicht hinreichend bekannt sind, deuten einige Untersuchungen (z. B. MacKenzie u. Airey 1999; Ruhe 2000; Kamps u. Oberdörster in diesem Band) bereits darauf hin. Daraus erwächst die Anforderung nach einer angemessenen Raumakustik, die geeignet ausgelegte schallabsorbierende Oberflächen im Raum erfordert.

Auf diese Aspekte wird in den folgenden Abschnitten ausführlicher eingegangen.

Schallschutz gegen Außenlärm

Beim Neubau, der Erweiterung oder Sanierung eines Schulgebäudes wird in begründeten Fällen von der Genehmigungsbehörde ein Schallimmissionsgutachten gefordert. In diesem werden zumeist auf rechnerische Weise die Geräuschbelastungen vor der Fassade der schutzbedürftigen Räume ermittelt. In diese Berechnungen fließen insbesondere die Anzahl der Kraftfahrzeuge, der Anteil der Lkws, die Fahrbahnbeschaffenheit, Bebauung, andere Geräuschquellen und eventuell abschirmende Maßnahmen ein.

Je nach Geräuschbelastung kann sich herausstellen, dass ein Gelände ungeeignet ist oder besondere bauliche Maßnahmen zum Schallschutz gegen Außenlärm getroffen werden müssen. Mögliche Maßnahmen in stark durch Außenlärm belasteten Bereichen, die zu einem frühen Planungsstadium berücksichtigt werden müssen, sind eine schalltechnisch günstige Grundrissanordnung des Gebäudes. Aber auch eine ausreichende Schalldämmung der Außenbauteile, insbesondere der Fenster, ist je nach Außenlärmbelastung erforderlich. Des Weiteren können Schallschutzwände oder andere abschirmende Maßnahmen zum Einsatz kommen. Letztgenannte Maßnahmen werden auch an bestehenden Schulgebäuden durchgeführt,

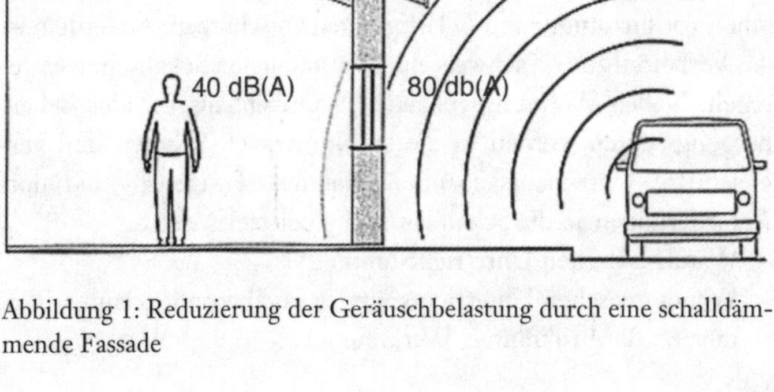

Abbildung 1: Reduzierung der Geräuschbelastung durch eine schalldämmende Fassade

die durch ein wachsendes Verkehrsaufkommen zunehmend durch Außenlärm belastet werden.

Die genannten Maßnahmen müssen so ausgelegt werden, dass bei einer gegebenen Außengeräuschbelastung der Geräuschpegel im Klassenraum ausreichend niedrig ist (vgl. Abb. 1). Als Grundlage wird häufig die VDI-Richtlinie 2719 »Schalldämmung von Fenstern und deren Zusatzeinrichtungen« (1987) herangezogen, wonach der Störgeräuschpegel in Unterrichtsräumen nicht über 30 bis 40 dB(A) liegen soll. Praktisch hat es sich bewährt, die Fassade und Fenster so auszulegen, dass der Störgeräuschpegel 35 dB(A) nicht überschreitet.

Schallschutz innerhalb des Gebäudes

Störende Geräusche können auch aus benachbarten Klassenräumen, Fluren, Musikräumen oder Werkräumen in den Klassenraum dringen. Generell sollte auch hier angestrebt werden, laute und schutzbedürftige Räume durch eine geeignete Grundrissanordnung so weit wie möglich räumlich zu trennen. Darüber hinaus müssen die trennenden Bauteile, also Decken, Wände, Türen oder Oberlichter, eine ausreichende Schalldämmung aufweisen. Das betrifft sowohl die Luftschallübertragung sowie für Decken zusätzlich die Übertragung von Geräuschen durch Gehen, Stühlerücken oder Ähnlichem (Trittschall, Körperschall).

Baurechtlich eingeführt ist diesbezüglich die DIN 4109 »Schallschutz im Hochbau« (1989). In dieser Norm sind zahlenmäßige Anforderungen an den Schallschutz mit dem Ziel festgelegt, Menschen vor unzumutbaren Belästigungen zu schützen. Außerdem ist das Verfahren zum Nachweis eines vorhandenen Schallschutzes geregelt. Neben Wohnungsgebäuden, Krankenhäusern oder Beherbergungsstätten werden in dieser Norm auch Schulen und vergleichbare Unterrichtsgebäude behandelt. Festgelegt sind dort Anforderungen an die Schalldämmung beispielsweise für:

- Wände zwischen Unterrichtsräumen
- Wände zwischen Unterrichtsräumen und besonders lauten Räumen (z. B. Musikräume, Werkräume)

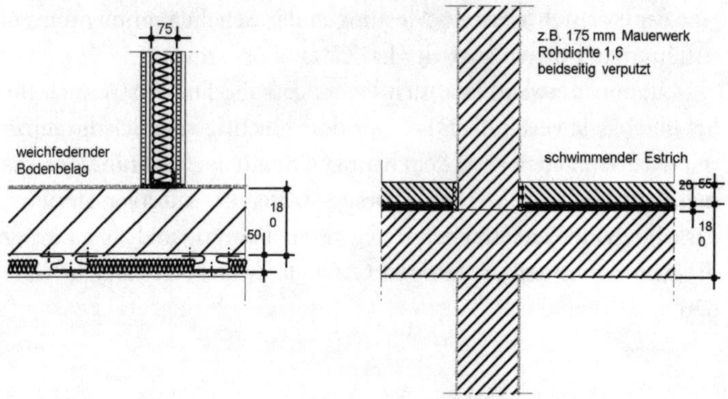

Abbildung 2: Beispiele für trennende Bauteile zwischen Klassenräumen

- Türen zwischen Unterrichtsräumen und Fluren
- Decken zwischen Unterrichtsräumen

Zur Einhaltung der hier nicht genannten zahlenmäßigen Anforderungen an die Schalldämmung werden entsprechend ausgelegte Bauteilkonstruktionen erforderlich. Für Wand- und Deckenaufbauten gibt es bewährte Konstruktionen. Abbildung 2 zeigt exemplarisch Zeichnungen von zwei möglichen Wand- und Deckenaufbauten zwischen Unterrichtsräumen. Aber auch potenzielle Schwachstellen wie beispielsweise großflächige Oberlichter, durchlaufende Kabelkanäle, schalltechnisch kritische Wandanschlüsse an die Fassade (Fassadenschwerter) und insbesondere Türen zwischen Klassenräumen müssen im Rahmen der akustischen Planung und Ausführung sorgfältig beachtet werden.

Ebenfalls sind in genannter DIN 4109 die Anforderungen an die einzuhaltenden Geräuschpegel aus haustechnischen Anlagen oder Wasserinstallationen geregelt.

Auch in bestehenden Gebäuden lassen sich nachträglich, zum Beispiel im Rahmen von Sanierungsmaßnahmen, selbst bei schlechter schalltechnischer Substanz und bei begrenzter statischer Belastbarkeit durch bauliche Maßnahmen erhebliche Verbesserungen erzielen. Um eine ausreichende Planungsgrundlage zu erhalten, empfiehlt es sich zumeist, Messungen der Schalldämmung durchzuführen, mit denen auch der Ist-Zustand belegt wird.

Zusammenfassend lässt sich sagen, dass die DIN 4109 auch für Schulgebäude verbindlich ist. Der dort beschriebene Schallschutzstandard kann auch nach dem heutigen Stand der Technik als angemessen betrachtet werden. Voraussetzung ist selbstverständlich, dass durch eine entsprechende akustische Planung und Ausführung die Anforderungen im fertigen Gebäude tatsächlich erreicht werden.

Raumakustik

Raumakustische Anforderungen

Auch für die raumakustische Gestaltung in Klassenräumen kann auf normative Grundlagen sowie Erfahrungswerte zurückgegriffen werden. So beschreibt die DIN 18041 »Hörsamkeit in kleinen bis mittelgroßen Räumen« (1968) Grundlagen und Maßnahmen zur Schaffung angemessener raumakustischer Verhältnisse in Sprachräumen. Insbesondere sind dort auch Anhaltswerte für anzustrebende Nachhallzeiten genannt. Die Nachhallzeit T ist die wichtigste Beschreibungsgröße zur Kennzeichnung der raumakustischen Gegebenheiten. Sie ist ein Maß für die Halligkeit im Raum und ist als der Zeitraum definiert, in dem die Schallenergie nach Verstummen einer Schallquelle auf den ein Millionsten Teil abgefallen ist – dies entspricht einem Pegelabfall von 60 dB. Die Nachhallzeit ist weitestgehend unabhängig von der genauen Position des Senders und Empfängers. Unter Zugrundelegung der DIN 18041 sollen die Nachhallzeiten im Klassenraum mit einer Größe von etwa 250 m^3 ungefähr T_{soll} = 0,7 Sek. ± 20 % betragen. Nach neueren Forschungsergebnissen – die oben genannte Norm ist aus dem Jahre 1968 und wird derzeit überarbeitet – werden kürzere Nachhallzeiten von T_{soll} = 0,3 … 0,5 Sek. als optimal erachtet. Diese Werte gelten für den besetzten Raumzustand und insbesondere für mittlere Frequenzen, aber auch für hohe und tiefe Frequenzen sollte die

Nachhallzeit nicht ansteigen. Aufgrund der schallabsorbierenden Eigenschaften der Kleidung sind im leeren Raum etwas längere Nachhallzeiten zu erwarten.

Ungeachtet dieser raumakustischen Anforderungen erreichen uns nicht selten Anfragen von Bauämtern oder Architekten, die von Klagen der Nutzer über

- eine zu große Halligkeit,
- einen zu hohen Geräuschpegel während des Unterrichts und
- eine schlechte Sprachverständlichkeit

im Klassenraum berichten und Verbesserungen anstreben. Dabei handelt es sich zum Teil auch um Neubauten. Zumeist wird die Situation im Rahmen eines Ortstermins beurteilt, bei dem auch Messungen der Nachhallzeit durchgeführt werden. Solche Messungen erfolgen mit speziellen Signalen, die über einen Messlautsprecher abgestrahlt und von einem Mikrofon aufgezeichnet werden. In der Regel wird im unbesetzten Raum gemessen. Anhand von Erfahrungswerten über die Schallabsorption von Personen kann die Nachhallzeit für den besetzten Zustand rechnerisch abgeschätzt werden.

Ein Beispiel eines Klassenraums in einer Schule, in der vom Schulträger später Verbesserungsmaßnahmen durchgeführt wurden, zeigt Abbildung 3. Es handelt sich um einen typischen Klas-

Abbildung 3: Exemplarischer Klassenraum in einer Realschule

senraum einer Realschule, in dem Bilder und Pinnwände sowie auch Vorhänge vorhanden sind. Die vor Ort durchgeführte Messung zeigte, dass die Nachhallzeiten in einem weiten Frequenzbereich deutlich über 1,5 Sek. liegen (vgl. Abb. 4), also erheblich über den angestrebten Werten.

Die oben gezeigte Messkurve ist nur ein Beispiel für einen Raum mit verbesserungswürdigen raumakustischen Bedingungen. Eigene Messergebnisse aus Räumen mit einem Volumen von 200 bis 300 m³ deuten darauf hin, dass sich in weiterführenden Schulen bei Nachhallzeiten ab etwa 1,3 Sek. häufig subjektive Verhältnisse einstellen, bei denen Sanierungsmaßnahmen eingeleitet werden. In Kindergärten, Vorschulen aber auch Grundschulen können bereits bei Nachhallzeiten um 1 Sek. deutliche Beschwerden auftreten. Diese Werte gelten für den unbesetzten Raum.

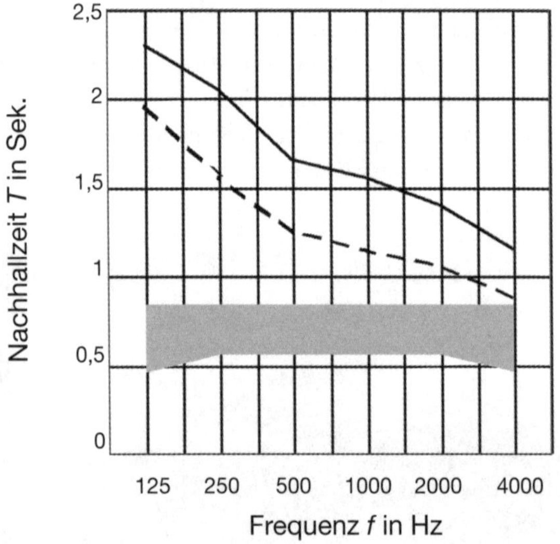

Abbildung 4: Messergebnis der Nachhallzeit in dem Klassenraum aus Abbildung 3, durchgezogen (unbesetzt), gestrichelt (besetzt, hochgerechnet). Der hervorgehobene Bereich kennzeichnet den Sollbereich nach DIN 18041, Ausgabe 1968.

Absorbierende Verkleidungen im Raum

Um in einem Klassenraum gute raumakustische Gegebenheiten zu erzielen, sind ausreichend dimensionierte schallabsorbierende Verkleidungen an der Decke und / oder an den Wänden unerlässlich. Von der Industrie werden unterschiedlichste schallabsorbierende Verkleidungen angeboten, wie

- vlieskaschierte farbbeschichtete Mineralfaserplatten,
- gelochte Gipskartonplatten mit vollflächig absorbierender Hinterlegung, wie zum Beispiel Mineralwolle, Akustikvlies, offenporiger Schaum, Schafwolle,
- gelochte oder geschlitzte Holzverkleidungen mit absorbierender Hinterlegung,
- Lochblechkassetten mit absorbierender Hinterlegung,
- Decken aus Holz- oder Blechpaneelen, auf Lücke verlegt und mit absorbierender Hinterlegung,
- Holzakustik- oder Holzfaserplatten,
- Absorberkulissen und vieles mehr.

Je nach Material und Ausführung liegen die Kosten zwischen 25 Euro bis weit über 100 Euro pro m^2. Am unteren Ende der Preisspanne liegen vlieskaschierte farbbeschichtete Faserplatten sowie gelochte und absorbierend hinterlegte Gipskartonplatten (Abb. 5).

Die genannten Verkleidungen dürfen in der Regel nicht direkt auf der Wand oder an der Decke montiert werden, sondern müssen mit einem Abstand in der Größenordnung von 10 cm und mehr abgehängt werden. Das liegt daran, dass die Schallwellenlängen im hörbaren Bereich zwischen wenigen Zentimetern (hohe Frequenzen) und einigen Metern (tiefe Frequenzen) liegen. Von dünnen Schichten, die unmittelbar auf einer harten Fläche aufgebracht werden, können nur die hohen Schallfrequenzen absorbiert werden. Um auch tiefere Töne zu absorbieren, ist es notwendig, zwischen harter Wand beziehungsweise Decke und dem Absorptionsmaterial einen ausreichenden Abstand zu belassen.

Teppiche beispielsweise, die ohnehin aus hygienischen Gründen in Schulen weniger eingesetzt werden, absorbieren den Schall nur bei hohen Frequenzen. Vorhänge hingegen können häufig einen

Abbildung 5: Foto einer gelochten Gipskartondecke mit reflektierendem mittleren Deckenfeld

merklichen akustischen Effekt haben, wenn sie geeignete akustische Eigenschaften aufweisen. Inwieweit ein Vorhangmaterial geeignet ist, lässt sich an kleinen Materialproben im Labor testen. Einen ersten Anhaltspunkt kann man erhalten, indem man durch das Material durchbläst. Dies muss unter einem merklichen Widerstand möglich sein. Doch selbst akustisch geeignete Vorhänge an den Fenstern reichen insbesondere aufgrund der zu geringen Fläche allein nicht aus, um in einem Klassenraum gute raumakustische Verhältnisse zu erzielen.

Soll in einem Raum eine bestimmte Nachhallzeit erreicht werden, so hängt dies maßgeblich von den folgenden Faktoren ab:

- dem Raumvolumen,
- der angestrebten Nachhallzeit,
- der ohne absorbierende Maßnahmen vorhandenen oder zu erwartenden Nachhallzeit,
- der akustischen Wirksamkeit der Verkleidung, gekennzeichnet über den frequenzabhängigen Absorptionsgrad α. Dieser sollte in der Regel vom Hersteller durch Prüfzeugnisse nachgewiesen werden. Beispielsweise hat eine verputzte Wand einen Absorp-

tionsgrad von nur 0,05, eine sehr gut absorbierende Akustikdecke einen Absorptionsgrad α von über 0,8.

In unten stehender Tabelle ist exemplarisch und vereinfachend gezeigt, welcher Materialeinsatz erforderlich wird, um für einen Raum mit einer Grundfläche von 72 m², einer Höhe von 3,5 m sowie einer Nachhallzeit von 1,3 Sek. im unbehandelten Zustand nach Ausführung von Maßnahmen eine Nachhallzeit von 0,3 Sek., 0,5 Sek. oder 0,7 Sek. zu erzielen. Grundlage der Berechnungen ist die so genannte statistische Nachhalltheorie (z. B. Heckl u. Müller 1994).

Tabelle 1: Erforderliche zu verkleidende Fläche in Abhängigkeit vom Absorptionsgrad α und der angestrebten Nachhallzeit T_{soll} für $V = 250\ m^3$ und $T_{ist} = 1{,}3$ Sek.

	$T_{soll} = 0{,}7$ Sek.	$T_{soll} = 0{,}5$ Sek.	$T_{soll} = 0{,}3$ Sek.
$\alpha \approx 0{,}8$	35 m²	60 m²	130 m²
$\alpha \approx 0{,}6$	45 m²	85 m²	175 m²
$\alpha \approx 0{,}3$	90 m²	165 m²	350 m²

Es ist zu erkennen, dass mit sehr gut absorbierenden Materialien ($a \geq 0{,}8$) bereits bei einer Verkleidung von etwa der halben Deckenfläche die Nachhallzeit in einem Raum mit oben genannten Proportionen erheblich reduziert werden kann. Bei einem geringeren Absorptionsgrad der Verkleidung werden entsprechend größere Oberflächen benötigt. Des Weiteren sollten die Flächen zweckmäßig im Raum verteilt werden, insbesondere um Flatterechos zwischen parallelen Wandflächen zu vermeiden (siehe auch DIN 18041). Soll die Nachhallzeit deutlich unter 0,7 Sek. liegen, wie dies nach neueren Erkenntnissen und insbesondere in Kindergärten, Vorschulen oder ähnlichen Räumen erstrebenswert ist, so wird ein höherer Materialeinsatz erforderlich.

Bei dieser vereinfachten Darstellung wurde die Frequenzabhängigkeit der Schallabsorption und damit auch der Nachhallzeit außer Betracht gelassen. Tatsächlich aber ist man bestrebt, durch entsprechend breitbandige, das heißt für alle Frequenzen gut wirkende Schallabsorber, die Nachhallzeit möglichst im gesamten interessierenden Frequenzbereich ausreichend zu reduzieren, oder aber es werden Verkleidungen mit unterschiedlichem Absorptionsverhalten ausgeführt.

Oben beschriebene raumakustische Maßnahmen können natürlich nicht nur in Neubauten berücksichtigt werden, sondern lassen sich auch in bestehenden Gebäuden, zum Beispiel im Rahmen von Renovierungsarbeiten, vergleichsweise einfach durchführen. Es ist aber zu bedenken, dass sowohl bei Neubauten wie bei Sanierungen immer auch andere, nicht akustische Aspekte berücksichtigt werden müssen. Dies sind insbesondere:

- gestalterische Aspekte
- Brandschutz
- bauklimatische Aspekte
- mechanische Belastbarkeit (insbesondere im Wandbereich)
- Renovierbarkeit
- eventuell Vorbehalt gegenüber mineralischen Fasern
- Kosten

Im Übrigen wurde in dem in Abbildung 3 gezeigten Raum eine Akustikdecke ausgeführt, wodurch sich die Nachhallzeiten in einem weiten Frequenzbereich mehr als halbierten.

Computersimulationen

Für die rechnerische Prognose von Nachhallzeiten wird zumeist auf die statistische Nachhalltheorie zurückgegriffen. Heutzutage bieten aber auch Computersimulationen die Möglichkeit, die Akustik von noch nicht realisierten Räumen vorherzusagen. Für die raumakustische Planung von Klassenräumen ist dies in der Regel nicht erforderlich und zu aufwändig. Diese Verfahren werden eher für die Planung von Konzertsälen und Opernhäusern eingesetzt, jedoch soll nun anhand von Computersimulationen der Zusammenhang zwischen raumakustischen Maßnahmen, Störgeräuschpegel und Sprachverständlichkeit exemplarisch veranschaulicht werden.

Für die Simulation der Schallübertragung wird ein Computermodell des Raums erstellt. Die Genauigkeit der Modellierung rich-

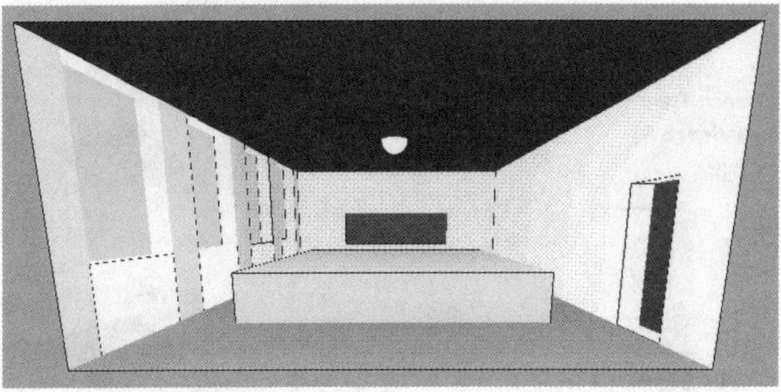

Abbildung 6: Computermodell eines exemplarischen Klassenraums

tet sich nach akustischen Gesichtspunkten und ist unter visuellen Aspekten meist stark vereinfacht (vgl. Abb. 6). Den einzelnen Oberflächen werden ihre akustischen Absorptions- und Streueigenschaften zugewiesen.

Als nächster Schritt wird unter bestimmten Modellannahmen die Schallübertragung berechnet. Aus den Ergebnissen lassen sich nahezu alle maßgeblichen objektiven raumakustischen Qualitätskriterien ermitteln. Dazu zählt neben der bereits besprochenen Nachhallzeit unter anderem auch der so genannte Sprachübertragungsindex (Speech Transmission Index, STI). Diese Kenngröße ist hinsichtlich der Beurteilung der Sprachverständlichkeit besonders aussagekräftig, da sowohl der Einfluss der Reflexionen und des Nachhalls wie auch die Beeinträchtigung durch störende Geräusche beurteilt werden kann.

Abbildung 7 zeigt insgesamt sechs Rechenergebnisse für den gezeigten Klassenraum. Bei den Simulationen wurden unterschiedliche Deckenverkleidungen derart modelliert, dass sich Nachhallzeiten von 0,5 Sek., 1,0 Sek. und 1,5 Sek. einstellen. Außerdem wurden unterschiedliche Störgeräuschpegel von 35 dB(A) beziehungsweise 55 dB(A) zugrunde gelegt.

Es ist zu erkennen, dass eine im Sinn des STI als gut oder sehr gut klassifizierte Sprachverständlichkeit nur aus der Kombination einer geringen Nachhallzeit und eines ausreichend niedrigen Störgeräuschpegels erreicht werden kann. Das verdeutlicht nochmals, dass die Halligkeit des Raums und der störende Geräuschpegel bei

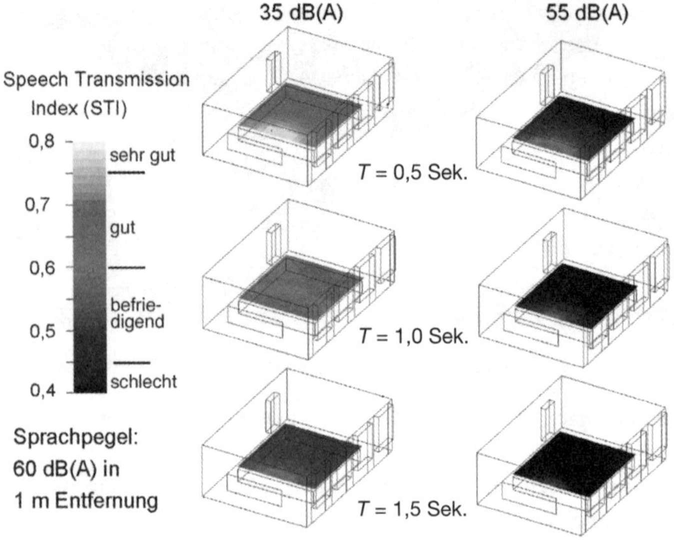

Abbildung 7: Simulationsergebnisse des Sprachübertragungsindex (STI) für verschiedene Raumzustände

der Beurteilung der akustischen Verhältnisse insbesondere im Hinblick auf die Verständlichkeit immer zusammen betrachtet werden müssen (Bradley et al. 1999).

Fazit

Ein niedriger Störgeräuschpegel und gute raumakustische Verhältnisse sind wichtige Voraussetzungen für eine ungehinderte Kommunikation im Klassenraum. Dies erfordert einen angemessenen

- Schallschutz gegen Außengeräusche,
- Schallschutz innerhalb des Gebäudes sowie
- günstige raumakustische Gegebenheiten.

Insbesondere geben die raumakustischen Gegebenheiten häufig Anlass zu Klagen. In Klassenräumen ohne gezielte schallabsorbierende Verkleidungen wird die Akustik oft als zu hallig, der Geräuschpegel als zu hoch und die Sprachverständlichkeit als schlecht empfunden. Durch raumakustische Maßnahmen, das heißt geeignet dimensionierte absorbierende Decken- und/ oder Wandverkleidungen, lässt sich dieser Zustand für die Beteiligten deutlich verbessern.

Wichtig ist, dass durch raumakustische Maßnahmen nicht nur die Halligkeit im Raum reduziert wird, sondern sich dies auch auf das Geräuschverhalten der Kinder auswirkt. Auch wenn die genauen quantitativen Zusammenhänge noch nicht ausreichend erforscht sind, ist die Aussage zulässig, dass

- eine schlechte Raumakustik das Verstehen erschwert;
- ein schlechtes Verstehen eine zunehmende Unruhe verursacht;
- eine größere Unruhe zu einem lauteren Sprechen zwingt (Lombard-Effekt), aber
- eine erhobene Stimme in einer halligen Umgebung nicht zwangsläufig zu einem besseren Verstehen führt.

Vor diesen geschilderten Hintergründen ist es sicherlich wünschenswert, das Bewusstsein für gute raumakustische Verhältnisse in Schulgebäuden, nicht nur in Klassenräumen, sondern auch Fluren, Pausen- und Turnhallen, weiter zu schärfen. Die in diesem Band dokumentierten interdisziplinären Sichtweisen und die zahlreichen derzeitigen internationalen Aktivitäten auf diesem Gebiet tragen sicherlich dazu bei.

Literatur

Bradley, J. S. (1996): Speech intelligibility studies in classrooms. J. Acoust. Soc. Am. 80: 846–854.

Bradley, J. S.; Reich, R. D.; Norcross S. G. (1999): On the combined effects of signal-to-noise ratio and room acoustics on speech intelligibility. J. Acoust. Soc. Am. 106: 1820–1828.

DIN 4109 (1989): Schallschutz im Hochbau. Berlin.

DIN 18041 (1968): Hörsamkeit in kleinen bis mittelgroßen Räumen. Berlin.

Essmann, H. (1973): Der Einfluß raumakustischer Verhältnisse in Unterrichtsräumen auf den Leistungserfolg bei Schülern. Wiss. Z. Techn. Univers. Dresden 22: 201–209.

Heckl, M.; Müller, H. A. (1994): Taschenbuch der Technischen Akustik. 2. Aufl. Berlin/Heidelberg.

MacKenzie, D. J.; Airey, S. (1999): Classroom Acoustics. A Research Project. Heriot-Watt University Edinburgh.

Ruhe, C. (2000): Kindertagesstätte – Zu hohe Schallpegel infolge zu geringer Schallabsorption. Bauschädensammlung 1/2000: 67–69.

Schick, A.; Klatte, M.; Meis, M. (1999): Die Lärmbelästigung von Lehrern und Schülern – ein Forschungsstandvericht. Zeitschrift für Lärmbekämpfung 46: 77–87.

VDI 2719 (1987): Schalldämmung von Fenstern und deren Zusatzeinrichtungen. Berlin.

Michael Vorländer

Raumakustik und Sprachverstehen

Akustisches Wissen für die Praxis

Die Akustik eines Raums kann das Sprachverstehen fördern oder behindern. Ein vollkommen schalltoter Raum wirkt unnatürlich und leise, zu starke Reflexionen stören durch Halleffekte oder durch Echos. Die Gestaltungsmöglichkeiten der Raumakustik basieren auf dem Wissen über die Wirkung von Schall, insbesondere in der zeitlichen Abfolge von Schallrückwürfen des Raums auf den Menschen. Eine vernünftige Planung besteht zum einen in der gezielten Lenkung und Dämpfung dieser Rückwürfe durch die architektonische Gestaltung und zum andern in der Auswahl von Materialien der Innengestaltung. Raumgröße und -form sind dabei genauso wichtig wie die Platzierung der Schallquellen (Redner, Lautsprecher) und Empfänger (Zuhörer, Publikum).

Im Prinzip kann man bei jeder Raumform mit mehr oder weniger aufwändigen Mitteln eine zufrieden stellende Sprachverständlichkeit erzielen. Eine frühzeitige Einbeziehung der akustischen Planung ist jedoch viel zu selten, sodass immer wieder elementare Fehler wie runde Grundrisse oder schallschluckende Deckenverkleidungen im Nachhinein mühsam und teuer korrigiert werden müssen. Neben der Anwendung zahlreicher und oft schon hinreichender Faustregeln, Normen und Richtlinien gibt es die Möglichkeit, Sprache im Raum im Voraus mithilfe von Computern zu berechnen, sich anzuhören und zu bewerten.

Akustik in Räumen

Es ist eine allgemeine Erfahrung, dass man in manchen Sälen einem Vortrag sprachlich mühelos folgen kann, in anderen dagegen nicht. Sieht man davon ab, wie deutlich der Redner spricht und wie hoch der Lärmpegel ist, so bleibt noch ein sehr erheblicher Einfluss des Raums auf die Sprachverständlichkeit aufgrund seiner akustischen Eigenschaften oder, wie man oft kurz sagt, aufgrund seiner Akustik. Ähnlich liegen die Dinge in einem Opernhaus oder in einem Konzertsaal. Auch hier gibt es Beispiele für gute oder schlechte Akustik, aber der Begriff der Verständlichkeit spielt hier nur eine untergeordnete Rolle. Stattdessen erwarten wir in einem Konzertsaal einen schönen, runden, räumlich wirkenden Orchesterklang als ein Ganzes, und es ist die Aufgabe der Raumakustik herauszufinden, was das eigentlich bedeutet und mit welchen greifbaren physikalischen Sachverhalten dies korreliert. Auch in einem Arbeitsraum, in einer Fabrikhalle oder einem Großraumbüro hängt der Lärmpegel von der Art und der Leistung der Schallquelle ab, zu einem erheblichen Teil aber auch davon, was der Raum aufgrund seiner akustischen Eigenschaften daraus macht (Kuttruff 2000).

Die Aufgabe der Raumakustik ist also zum einen physikalischer Art, nämlich aus den baulichen Daten, also aus den Abmessungen, den verwendeten Materialien oder der Anordnung des Publikums das Schallfeld im Raum zu ermitteln. Zum anderen hat sie zu quantifizieren, welche objektiven Schallfelddaten oder Schallfeldparameter für gute oder weniger gute Hörbedingungen an den einzelnen Zuhörerplätzen verantwortlich sind. Der zweite Teil der Aufgabe ist nur durch Befragungen von Zuhörern oder durch systematische Hörversuche zu lösen. Schließlich werden von dem Raumakustiker – gewissermaßen durch Rückverfolgung dieser Aufgabenkette – Auskünfte darüber erwartet, wie ein Raum baulich gestaltet werden muss, und welche Änderungen an einem geplanten oder existierenden Raum vorgenommen werden müssen, um die akustischen Erwartungen der Zuhörer zu erfüllen.

Speziell für Fragestellungen der Sprachverständlichkeit und insbesondere in Klassenräumen sind neben der Raumakustik auch Störgeräusche relevant. Die Störwirkung durch Geräusche in der

Klasse selbst oder aus benachbarten Räumen wird jedoch ebenfalls durch den Raum beeinflusst, ja es kann sogar der Raum das akustische Störverhalten von Schülern fördern oder mildern.

Eine für die raumakustische Praxis brauchbare Beschreibung geht im einfachsten Fall von einer Energiebilanz aus. Demzufolge ist die zeitliche Energieänderung in einem Raum mit bekanntem Volumen allein gegeben durch die Leistung der Schallquelle, vermindert um die Energie, die pro Zeit- und Flächeneinheit an den Raumwänden absorbiert wird. Diese Überlegungen gelten aber nur für den Fall des diffusen Schallfelds, in dem alle Raumrichtungen (im Mittel) gleichermaßen an der Schallausbreitung beteiligt sind. In der Praxis ist die Voraussetzung oft näherungsweise erfüllt, manchmal allerdings nur grob genähert.

Für die Raumakustik besonders wichtig ist die Dauer des Abklingvorgangs, das heißt des so genannten Nachhalls, der bei den verschiedenen Frequenzen die wichtigste akustische Kenngröße eines Raums darstellt. Man kennzeichnet sie durch die Nachhallzeit *T*. Das ist die Zeit, in der die Energiedichte auf das 10- bis 6fache ihres Anfangswerts (= um 60 dB) abgesunken ist; einfach ausgedrückt: die Zeit, bis der Schallpegel im Raum von »recht laut« bis »unhörbar« abgeklungen ist. Die Nachhallzeit kann man bei bekannten Raumdaten meist hinreichend genau berechnen.

Der Sprachverständlichkeit sind lange Nachhallzeiten grundsätzlich abträglich, da der Nachhall die Tendenz hat, die zeitliche und spektrale Struktur der Sprachlaute und der Silben zu verwischen. Da Räume mit völlig fehlendem Nachhall aber nur mit großem Kostenaufwand zu realisieren sind und auch andere Nachteile haben, gilt als Kompromiss eine Nachhallzeit von 0,6 Sek. bis 1 Sek. als optimal für Vortrags- oder Hörsäle, für Sitzungssäle und Ähnliches. Bei Sprechtheatern lässt man in der Regel Nachhallzeiten bis etwa 1,2 Sek. zu. Für die Sprachverständlichkeit ist weiterhin vorteilhaft, wenn die Nachhallzeit bei tiefen Frequenzen eher noch niedriger ist als im mittleren Frequenzbereich. Bei Klassenzimmern geht man von einer anzustrebenden Nachhallzeit von weniger als 0,8 Sek. aus (vgl. Tab. 1).

Tabelle 1: Günstige Bereiche der Nachhallzeit

Art der Darbietung	Nachhallzeit in Sek.
Hörsaal, Sitzungsraum	< 1
Sprechtheater	1,0–1,2
Konzertsaal	1,7–2,1
Oper	1,0–1,8

Wirkung von Schall in Räumen

Eine einigermaßen korrekte Nachhallzeit ist zwar ein notwendiges, nicht aber ein hinreichendes Kriterium für gute Akustik. Außerdem charakterisiert sie eine allgemeine akustische Eigenschaft des Raums, nicht aber die meist unterschiedlichen Hörbedingungen an verschiedenen Zuhörerplätzen. Weitere charakteristische Parameter lassen sich auf der Grundlage der sogenannten Raumimpulsantwort gewinnen. Hierunter versteht man das Signal, das an einem Empfangsort auftritt, wenn der Schallsender einen sehr kurzen Impuls aussendet. In dem Diagramm der Abbildung 1 kennzeichnet die erste Spitze den so genannten Direktschall; das ist der Schallanteil, der sich auf dem kürzesten Weg von dem Schallsender zum Empfänger ausbreitet. Alle anderen Spitzen kennzeichnen nach Lage und Höhe den Beitrag der Schallanteile, die an der Decke und den Wänden des Raums einmal, zweimal oder noch öfter reflektiert worden sind.

Dabei werden diese Anteile nach Maßgabe des Absorptionsgrads der betreffenden Wandteile abgeschwächt; eine weitere Abschwächung und zudem eine mehr oder weniger große Verzögerung gegenüber dem Direktschall ergibt sich daraus, dass diese reflektierten Schallanteile größere Wege zurückzulegen haben.

In ihrer subjektiven Wirkung kann man im Allgemeinen bei einer Raumimpulsantwort (siehe Abb. 1) drei Teile unterscheiden: zum einen den Direktschall (a), der nach dem Gesetz der ersten Wellenfront die Richtung bestimmt, aus dem das Schallereignis gehört wird. Der zweite Bereich (b) umfasst die wenig verzögerten, noch weitgehend getrennt eintreffenden frühen Reflexionen. Danach fol-

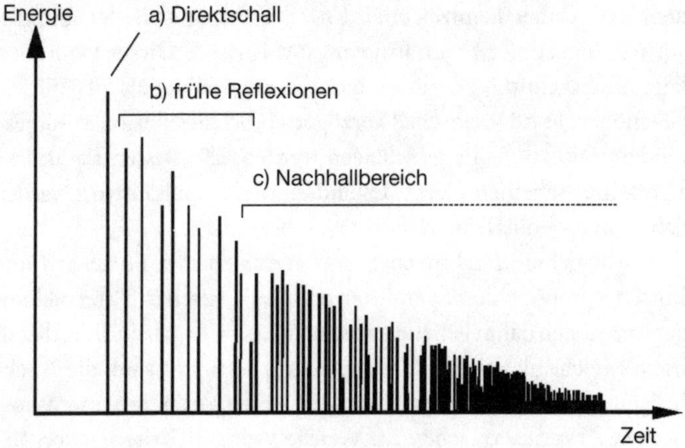

Abbildung 1: Schematische Raumimpulsantwort

gen in immer kürzeren Abständen die zahlreichen schwächeren und länger verzögerten Reflexionen, die den eigentlichen Nachhall ausmachen (c). Da der Letztere durch die Nachhallzeit meist ausreichend charakterisiert ist, sind die für eine bestimmte Hörposition im Raum maßgebenden und über die Nachhallzeit hinausgehenden akustischen Kennzeichen in dem zwischen 0 und 80 Millisek. liegenden Bereich zu suchen.

Die Bemühungen der Raumakustiker konzentrierten sich in der zurückliegenden Zeit darauf, aus solchen gemessenen oder auch vorausberechneten Impulsantworten Parameter abzuleiten, die – ergänzend zur Nachhallzeit – die akustische Qualität eines Saals oder auch nur bestimmter Plätze oder Platzgruppen in ihm kennzeichnen. Stellvertretend für viele andere sei hier die *Deutlichkeit* erwähnt, die als Maß für die Verständlichkeit von Sprache oder der Durchsichtigkeit von Musikdarbietungen dienen kann. Sie ist durch

$$D = \frac{\int_0^{50\,\mathrm{ms}} E(t)\,\mathrm{d}t}{\int_0^{\infty} E(t)\,\mathrm{d}t}$$

definiert. Dabei kennzeichnet E*(t)* die Energie in der Impulsantwort, die zur Zeit t am Empfangsort eintrifft. Dieser Definition liegt die Erkenntnis zugrunde, dass die um weniger als 50 Millisek. gegenüber dem Direktschall verzögerten Schallreflexionen subjektiv dem Direktschall zugeschlagen werden, also dessen Lautstärke zu erhöhen scheinen. Diese Bestandteile der Impulsantwort werden daher oft als »nützliche Reflexionen« bezeichnet.

Die Ergebnisse zahlreicher, von verschiedenen Forschern und Forschergruppen durchgeführter psychoakustischer Untersuchungen lassen sich dahin gehend zusammenfassen, dass bei Sälen, die für irgendwelche akustischen Darbietungen bestimmt sind, die Nachhallzeit nach wie vor an erster Stelle unter den objektiven raumakustischen Kriterien zu sehen ist. Welche weiteren Kriterien von Bedeutung sind, hängt in erster Linie von der Art der Darbietung (Sprache oder Musik) ab.

Der Stand der Technik

Für die Beratungspraxis in Planung und Sanierung von Schulbauten stehen Normen und Richtlinien zur Verfügung. In Deutschland hat sich schon seit 1968 die Anwendung der DIN 18041 bewährt. Die Vorgaben dieser Norm sind die Quintessenz aus Erfahrungswerten und Forschungsergebnissen aus früheren Jahren. Der Begriff der Hörsamkeit wird dort definiert im Zusammenhang mit Sprachverstehen, Nachhall, Schalldämmung und Störgeräuschen. Die DIN 18041 enthält Formeln und Grundregeln zur Konzeption von Räumen, in denen Sprache eine große Rolle spielt, teilweise demonstrieren auch Prinzipskizzen, wie es sein sollte oder wie es nicht sein sollte.

Dennoch darf man nicht davon ausgehen, dass diese Richtlinien und Empfehlungen im Regelfall bei der Planung von Schulbauten angewendet werden, da oft aus Kostengründen auf eine spezielle akustische Beratung verzichtet wird. Schalltechnische Fragen gehören natürlich (zu Recht) nicht zu den wichtigsten Fragen der Bautechnik. Manchmal stehen akustische Konzepte anderen Erforder-

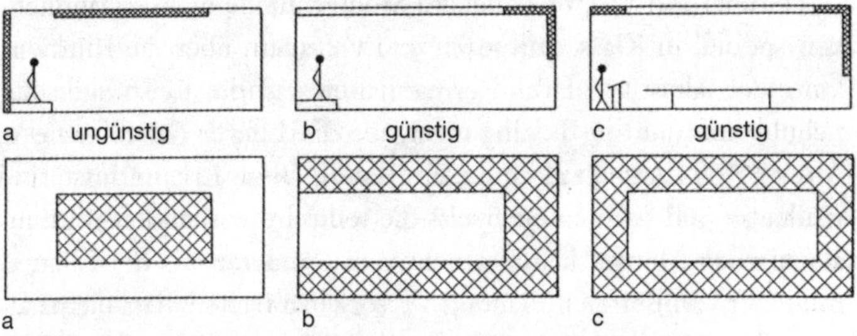

Abbildung 2: Beispiele aus DIN 18041: Platzierung von Absorbern

nissen, beispielsweise des Raumklimas oder der gewünschten Materialauswahl, entgegen, sodass Kompromisse zu Lasten der Sprachverständlichkeit gemacht werden müssen. Dennoch wäre bei einer Planung mit akustischem Augenmaß (Ohrenmaß) gewährleistet, dass ein Raum mit eindeutiger Nutzung zur Sprachkommunikation angemessen funktioniert, wahrscheinlich sogar ohne nennenswerte Mehrkosten, wohingegen eine Nachbesserung der Akustik meistens unverhältnismäßig teuer ist.

Problematisch ist ferner, dass die baurechtlichen Nachweise in den Bundesländern unterschiedlich gehandhabt werden, die Akustik in Schulbauten in Ausschreibungen oft nicht explizit und als separates Gewerk genannt wird und dass nach Fertigstellung der Bauten meistens keine Nachprüfung der akustischen Qualität erfolgt. Letztlich muss der Schulträger, die Eltern- und die Lehrerschaft auf Besserung drängen, wenn die akustischen Verhältnisse eindeutig zu wünschen übrig lassen.

Aktuelle Weiterentwicklungen

Sowohl zur Raumakustik, aber vor allem in Fragen der Sprachverständlichkeit gibt es zahlreiche neuere Erkenntnisse, die in den DIN-Normen noch nicht erfasst sind. Ein elementar wichtiges Kriterium zur Beurteilung der Sprachverständlichkeit in Räumen ist der *Speech Transmission Index* (STI; Houtgast u. Steeneken 1973; Kamps u. Oberdörster in diesem Band).

Darüber hinaus gibt es neuere Studien zur Sprachverständlichkeit speziell in Klassenzimmern und vor allem über die Rückwirkung der Akustik auf das Lernverhalten, auf die Leistungen der Schüler und auf die Bedingungen für die Lehrer (MacKenzie u. Airey 1999; Klatte et al. in diesem Band). Diese Erkenntnisse sind eindeutig und belegen einerseits die teilweise vorhandenen raumakustischen Mängel in Klassenzimmern, andererseits die Chance, mit einer vernünftigen Planung Vorsorge zu treffen, dass die pädagogischen Möglichkeiten nicht durch falsche Konzeptionen behindert werden.

Die Lösung der Probleme ist in anderen Ländern, besonders von der amerikanischen akustischen Gesellschaft ASA, aufgegriffen und in den letzten Jahren politisch sehr gefördert worden (vgl. Aktivitäten des Technical Committee »Architectural Acoustics«, Acoustical Society of America: www.asa.aip.org). Das liegt allerdings auch an einem großen Nachholbedarf an etablierten Regelwerken und Normen und zudem an den dort vorhandenen speziellen Problemen mit erheblichen Geräuschpegeln aus Klima- und Lüftungsanlagen.

Alle akustischen, psychologischen Studien und die ingenieurwissenschaftlich aufbereiteten Erkenntnisse können nun in die Revision der DIN 18041 einfließen (Stand 2001). Es bleibt zu hoffen, dass dieses Wissen bei der Planung von Schulbauten mehr Beachtung als in der Vergangenheit findet.

Man muss aber auch deutlich sehen, dass es Räume und vor allem Raumformen gibt, die nicht mit den einfachen Mitteln der DIN-Normen zu behandeln sind, zum Beispiel ungleichförmig proportionierte Formen (lang, flach) sowie runde oder elliptische Formen, wie sie hin und wieder auch in einer Aula anzutreffen sind. In solchen Fällen muss man mit größten Schwierigkeiten in Form von Fokussierung, Echos und extremem Nachhall rechnen. Aber selbst dann muss die Akustik nicht als aussichtslos inakzeptabel hingenommen werden, denn es gibt durchaus sehr mächtige Werkzeuge der raumakustischen Planung, die nicht in einfachen Regelwerken festgehalten sind. Und es gibt Möglichkeiten, Probleme durch schwierige Grundrisse mit raumakustischen Maßnahmen zu mildern. Im nächsten Abschnitt wird ein kleiner Einblick in dieses Gebiet gegeben.

Computergestütztes Planen

Die Berechnung der akustischen Verhältnisse in einem Raum beschränkt sich im Wesentlichen auf die Vorausberechnung der Nachhallzeit mit einfachen Formeln. Darüber hinausgehende Erkenntnisse werden seit langem durch Beobachtungen oder Messungen an Raummodellen gewonnen. Neuerdings werden diese hoch entwickelten Verfahren aber zunehmend durch Simulation mit einem Digitalrechner verdrängt (vgl. Mommertz in diesem Band). Dabei beschränkt man sich auf die Nachbildung der Energieausbreitung, was dadurch zu rechtfertigen ist, dass die sich am Ohr des Zuhörers überlagernden Sprach- und Musiksignale wegen ihrer im Allgemeinen großen Frequenzbandbreite als inkohärent angesehen werden können, man sich also, von Ausnahmefällen abgesehen, um Phasenbeziehungen nicht zu kümmern braucht. Damit verzichtet man allerdings auch auf die Nachbildung von Beugungserscheinungen.

Heute bedient man sich im Wesentlichen zweier Simulationsmethoden, die in unzähligen Varianten und auch in verschiedenen Kombinationen angewandt werden. Die eine davon ist das Schallteilchen- oder »Ray-tracing«-Verfahren (vgl. Abb. 3).

Bei ihm stellt man sich vor, dass die Schallquelle S zu einem gegebenen Zeitpunkt eine große Anzahl von Schallteilchen mit vor-

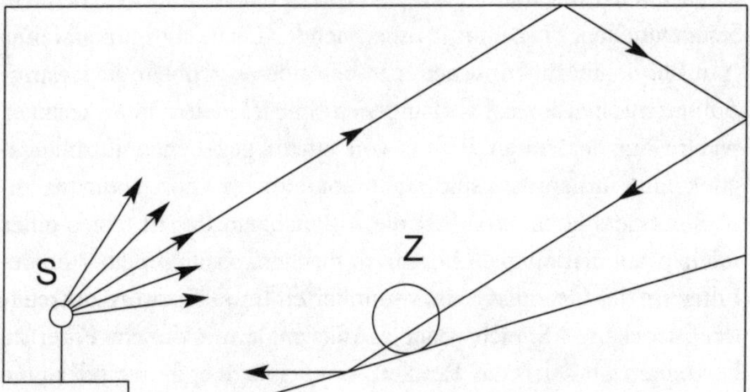

Abbildung 3: Verfolgung eines Schallstrahls vom Sender S zum Empfänger Z

gegebener Richtungsverteilung aussendet, deren Schicksale nacheinander rechnerisch verfolgt werden. Treffen sie auf eine Wand, dann werden sie unter Abschwächung entweder geometrisch reflektiert (gespiegelt) oder aber diffus gestreut. Diese Reflexionen eines Schallteilchens wiederholen sich, bis seine Energie unter eine gewisse Schwelle abgesunken ist. Dann und wann durchquert das Teilchen eines der vorher festgelegten Zählvolumina, zum Beispiel eine Zählkugel Z; dort wird seine Eintreffzeit, seine Energie und seine Herkunftsrichtung festgehalten und gespeichert. Nachdem alle Schallteilchen in dieser Weise abgearbeitet sind, kann man zum Beispiel ihre Ankunftszeiten in Zeitklassen einsortieren.

Das Ergebnis ist ein »Histogramm«, das der Energieimpulsantwort der Übertragungsstrecke umso näher kommt, je höher die gewählte Zeitauflösung ist. Aus dieser Verteilung können Maßzahlen zur objektiven akustischen Kennzeichnung des Saals oder einzelner Plätze in ihm ermittelt werden. Solche Ergebnisse sind von großem Wert für die akustische Planung eines neuen Saals oder auch für die akustische Fehlerdiagnose bei einem existierenden Saal.

Die andere Methode ist auf Räume mit ebenen und glatten Wänden beschränkt, bei denen man sich die aufeinander folgenden Reflexionen eines Schallstrahls oder Strahlenbündels durch das altbekannte Prinzip der fortlaufenden Spiegelung, das heißt durch Spiegelschallquellen erster, zweiter und so weiter Ordnung veranschaulichen kann. Durch diesen Prozess entsteht ein Muster von Spiegelquellen, die sich mit zunehmender Ordnung immer weiter vom Originalraum entfernen. Ein besonderes Problem liegt darin, daß die meisten formal vorhandenen Spiegelquellen eines weniger regelmäßig geformten Raums von einem gegebenen Empfangspunkt aus »unsichtbar« sind, was besondere Tests notwendig macht.

Besonders faszinierend ist die Möglichkeit, das Ergebnis einer solchen Simulation auch hörbar zu machen, das heißt ein digitales Filter auf der Grundlage einer simulierten Impulsantwort zu erstellen, »trockene« Sprach- oder Musiksignale mit diesem Filter zu bearbeiten und sich das Resultat, etwa über Kopfhörer oder eine spezielle Lautsprecheranordnung, anzuhören. Bei diesem als *Auralisation* bezeichneten Verfahren ist es wesentlich, dass die Impulsantworten binaural, das heißt für beide Ohren des Zuhörers vorlie-

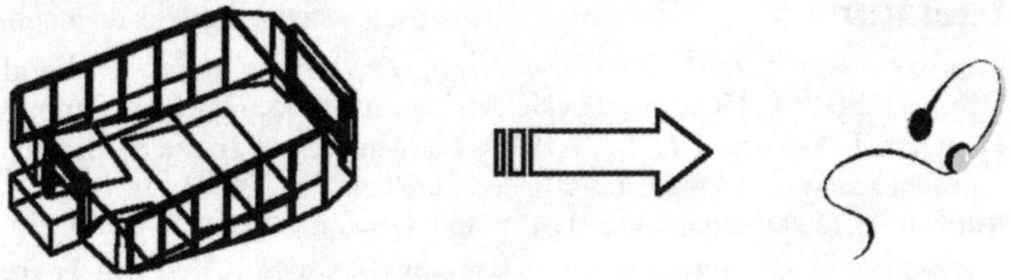

Abbildung 4: Vom CAD zur Auralisation: Hörbarmachung synthetischer Schallfelder

gen müssen, wobei auch die von der Einfallsrichtung abhängige Schallbeugung am Kopf und an den Ohrmuscheln einbezogen werden muss. Verfahren dieser Art sind neuerdings in vielen Varianten entwickelt worden, zum Teil mit ganz ausgezeichnetem Erfolg. Sie ermöglichen es dem Akustiker (auch seinem Auftraggeber), beizeiten in einen in der Planung befindlichen Saal »hineinzuhören«, beispielsweise um übersehene Fehlerquellen zu entdecken oder um die Notwendigkeit bestimmter akustischer Maßnahmen zu demonstrieren.

Fazit

Raumakustik und Sprachverstehen sind einigermaßen gut erforscht, sodass die Anwendung der Erkenntnisse durch den planenden Ingenieur auf einer guten Grundlage stehen. Dennoch sind die Richtlinien für die Praxis verbesserungswürdig, zumal die heutigen Werkzeuge der akustischen Planung sehr mächtig sind (Computersimulation und Auralisation).

Bezüglich eines besseren Verständnisses des Hörens in Räumen sind jedoch interdisziplinäre Anstrengungen notwendig, da in diesem Bereich die Raumakustik mit der Psychoakustik und der Lärmwirkungsforschung zusammentrifft.

Literatur

DIN 18041 (1968): Hörsamkeit in kleinen bis mittelgroßen Räumen. Berlin.
Houtgast, T.; Steeneken, H. J. M. (1973): The Modulation Transfer Function in room acoustics as a predictor of speech intelligibility. Acustica 28: 66–73.
Kuttruff, H. (2000): Room Acoustics. 4. Aufl. London.
MacKenzie, D. J.; Airey, S. (1999): Classroom Acoustics. A Research Project. Heriot-Watt University Edinburgh.

Hartmut Schottke

Hintergründe der Entstehung des Leitfadens zur Raumakustik in Unterrichtsräumen in Mecklenburg-Vorpommern

Nach dem Gesetz über den Öffentlichen Gesundheitsdienst Mecklenburg-Vorpommern sind die Gesundheitsämter zuständig für die hygienische Überwachung und Kontrolle von Schulen. In den letzten beiden Jahren häuften sich Beschwerden über mangelhafte Raumakustik, die sich in schlechter Sprachverständlichkeit, erhöhter Stimmbeanspruchung für die Lehrer, einem erhöhten Unruhepegel im Klassenraum und nachlassender Aufmerksamkeit der Schüler äußerte. Diese Beschwerden kamen von neu gebauten und sanierten Schulen, aber auch aus bestehenden, unveränderten Schulgebäuden. Das Landesgesundheitsamt Mecklenburg-Vorpommern wurde um Unterstützung gebeten. Zunächst ging es diesen Einzelbeschwerden nach, untersuchte deren Ursachen und erarbeitete individuelle Lösungsvorschläge.

Es handelte sich in der Regel um deutlich zu lange Nachhallzeiten in den unterschiedlich großen, akustisch vollkommen unbehandelten Unterrichtsräumen. Durch das gezielte Einbringen ausreichender und geeigneter Absorbermaterialien konnten die Nachhallzeiten deutlich reduziert und ein zufrieden stellender Zustand erreicht werden. (Die Handhabung und Effektivität von Absorbermaterialien wird von Mommertz in diesem Band ausführlich ausgeführt.)

Bei Rücksprachen mit Architekten und Planern stellte sich weitgehende Unkenntnis, aber auch Unverständnis der normativ geregelten Raumakustikanforderungen heraus, die eine Praxisumsetzung behindern. Das Einschalten eines speziellen Akustikbüros wurde meist aus Kostengründen unterlassen. Daraus ergab sich die Überlegung, dass mit einem möglichst anwenderfreundlich aufbereiteten Informations- und Anleitungsmaterial der überwiegende Teil der sich häufig gleichenden Probleme gelöst werden kann. Wichtig ist vor allem, dass diese Anforderungen vor oder während einer Planung bekannt sind und berücksichtigt werden. Eine nachträgliche Änderung ist immer mit sehr viel mehr Aufwand und Schuldzuweisungen verbunden.

Dem vorliegenden Leitfaden liegen verallgemeinerte Erkenntnisse aus eigenen Untersuchungen zugrunde sowie fachliche Rücksprachen mit der Fachgruppe des DIN (Deutsches Institut für Normung), die zurzeit mit der Überarbeitung der DIN 18041 befasst ist. Der Anfang 2001 vom Landesgesundheitsamt Mecklenburg-Vorpommern erarbeitete »Leitfaden Raumakustik in Unterrichtsräumen« (im Anschluss hier abgedruckt) soll ausdrücklich kein Material von Fachleuten für Fachleute sein, sondern möglichst auch ohne Fachkenntnisse praktikabel für den potenziellen Anwender. Nach wie vor erfordern spezielle Raumgeometrien in architektonisch aufwändig gestalteten Schulen eine individuelle und fachliche Begutachtung. (Der Leitfaden ersetzt ebenfalls nicht die normativen Grundlagen, wie sie in diesem Band von Mommertz im Abschnitt »Raumakustische Anforderungen«, S. 106 ff., dargestellt werden.) Der einführend kurz gehaltene Informationsteil im Leitfaden soll das nötige Problembewusstsein fördern.

An der landesweiten Einführung des Leitfadens waren das Sozial-, Bildungs- und Finanzministerium sowie das Ministerium für Arbeit und Bau beteiligt. Die Form eines abgestimmten Leitfadens wurde gewählt, weil verbindliche rechtliche Regelungen in überschaubaren Zeiträumen nicht durchsetzbar erschienen und dem momentanen Trend zur Deregulierung auch zuwiderliefen. Dessen ungeachtet handelt es sich um ein gemeinsam interministeriell abgestimmtes und zur Anwendung empfohlenes Material, das mit einer gewissen Autorität ausgestattet ist. Seine Akzeptanz und Umsetzung liegt damit in jedem Fall deutlich über dem bisherigen Zustand. Es wurde vereinbart, dass die genannten Ministerien jeweils im eigenen Zuständigkeitsbereich mit einem empfehlenden Anschreiben die zügige Verteilung des Leitfadens übernehmen und damit eine rasche und effektive Einführung gewährleistet wird. Die Verteilung in hoher Auflagenzahl erfolgte im Frühjahr 2001 durch die vier Ministerien an alle mit der Planung, Genehmigung, Bauausführung und mit dem Betreiben von Schulen befassten Firmen, Einrichtungen und Ämter, wie zum Beispiel Industrie- und Handelskammer, Ingenieur- und Architektenkammer, Schulämter, freie Schulträger, Gesundheitsämter, Bauämter (Bauaufsicht), Städte- und Gemeindetag, Schulleiter.

Schon in der Endphase der Erarbeitung des Leitfadens kamen diverse Anfragen von Ämtern, Architekturbüros, Schulträgern, Beratungsbüros, Herstellern von Absorbermaterialien und anderen. Wegen des hohen Verbreitungsgrads in Mecklenburg-Vorpommern kann nunmehr zumindest ein deutlich verbesserter Kenntnisstand bei allen Beteiligten erwartet werden. Bei einigen Schulplanungen wird bereits mit dem Material gearbeitet. Die Kooperation aller beteiligten Institutionen eines Bundeslandes scheint ein Erfolg versprechender Weg bei der Verbesserung der Raumakustik in Schulen.

SOZIALMINISTERIUM MECKLENBURG-VORPOMMERN

Leitfaden Raumakustik in Unterrichtsräumen
– ein aktuelles Thema der Schulhygiene –
(Auswirkungen auf Sprachverständlichkeit und Stimmbelastung)

Vorbemerkung
Dieser Leitfaden wendet sich an alle mit der Planung, Genehmigung, Bauausführung und mit dem Betreiben von Schulen befassten Firmen, Einrichtungen und Ämter. Neben Sachinformationen sollen im Ergebnis von Untersuchungen leicht verständliche Umsetzungsvorschläge normativ geregelter Raumakustikanforderungen für Unterrichtsräume gemacht werden, die zum Verständnis keine besonderen Fachkenntnisse voraussetzen.

1. Problem

Sowohl nach der Inbetriebnahme neuer als auch bei bestehenden Schulen wurde in letzter Zeit von Lehrern und Schülern über mangelhafte Raumakustik in den Unterrichtsräumen geklagt.

Schlechte Sprachverständlichkeit auf der Lehrerposition und auf den Schülerplätzen wirkt sich elementar auf die Nutzung dieser Zweckräume aus.

Ein hoher Störgeräuschpegel auch bei relativ geringer Unruhe der Schüler beeinträchtigt den Unterrichtsablauf erheblich, was sich negativ auf die Konzentration auswirkt und häufige Ursache für vorzeitige Ermüdung und Kopfschmerz ist. Aus pädagogischer Sicht ist die Beeinträchtigung der Aufnahme und Wiedergabe schulischen Wissens von besonderer Bedeutung.

Beklagt wurde in Gesprächen zudem eine hohe Stimmbeanspruchung besonders für die Lehrer, was dauerhaft zu Stimmproblemen durch Überforderung der Stimmbänder führen kann.

Bei Vorortbesichtigungen wurde in der Regel Folgendes festgestellt:
subjektiv: Die Räume wirken sehr hallig, verbunden mit einer

wahrzunehmenden Verschiebung des Geräuschspektrums in den tieffrequenten Bereich (Klangfarbenänderung). Mehrfachreflexionen an den schallharten Raumbegrenzungsflächen führen zur Beeinträchtigung der Sprachverständlichkeit und Erhöhung des Störschallpegels.

Daraus ergab sich die Aufgabenstellung:
objektiv: Durch Messungen der Nachhallzeit [1] in den Klassenräumen ist dieser Eindruck zu verifizieren, bei Abweichungen zu geltenden Vorgaben sind Sanierungsmaßnahmen vorzuschlagen und wenn möglich deren Wirkung abzuschätzen.
Letztlich stellte sich nach der Bearbeitung von Einzelfällen die Frage nach verallgemeinerungsfähigen Ergebnissen und praxisnahen Empfehlungen zur Lösung dieses schulhygienischen Problems.

Auf Besonderheiten der akustischen Gestaltung von Musikräumen, Aulen, Pausenhallen, Sporthallen, Treppenhäusern, Fluren usw. wird in diesem Leitfaden nicht eingegangen. Hier sind vergleichbare Probleme zu lösen bzw. steht die Lärmminderung im Vordergrund.

2. Beurteilungskriterien

Zur Gewährleistung einer guten Hörbarkeit von Sprache und Musik in Unterrichtsräumen sind bestimmte raumakustische Voraussetzungen zu schaffen. In Räumen mit einem Volumen bis 1000 m^3 sollte nach [2] im Frequenzbereich zwischen 250 Hz und 2000 Hz eine Nachhallzeit T nach Tabelle 1 entsprechend der überwiegenden Nutzung erreicht werden.

Bei größeren Räumen ist eine auf das Spektrum der möglichen Nutzungsfälle zugeschnittene genaue Einzelbemessung notwendig.

Die Sprachverständlichkeit hängt neben der Nachhallzeit als dem ältesten bekannten raumakustischen Beurteilungskriterium auch vom Störschallpegel im Raum und von den Reflexionen ab. Sie kann entsprechend der Raumnutzung durch das gezielte *Einbringen von Absorbern mit definierten Eigenschaften* und die Erhaltung erwünschter Reflexflächen zur Schall-Lenkung verbessert werden.

Die Nachhallzeit eines Raumes ist diejenige Zeit in Sekunden, die vom Zeitpunkt des Ausschaltens einer Quelle im Raum vergeht, bis der Schalldruckpegel um 60 dB (Abklingkurve linear) abgefallen ist.

Neben raumakustischen Wirkungen lassen sich mit dem Einbringen von Absorbermaterialien auch begrenzte Schallpegelminderungen im diffusen Schallfeld erzielen.

Tabelle 1: Einzuhaltende Nachhallzeiten nach [2]

Überwiegende Nutzung	Nachhallzeit	Nachhallklassen
Bibliotheken, Freizeitbereiche, stark gedämpft	T < 0,75 s	I
Unterricht und Gruppenarbeit mit vorwiegend sprachlicher Kommunikation	T = 0,75 s bis 1,0 s	II
darstellendes Spiel (vorwiegend Sprache) Probe, Aufführung	T = 1,0 s bis 1,25 s	III III
Musikunterricht, Musizieren, Probe, Aufführung	T = 1,25 s bis 1,5 s	IV

Die Tendenz der in Überarbeitung befindlichen DIN 18041 [4] weist auf noch strengere Sollwerte für die Nachhallzeit in Unterrichtsräumen hin, die hier jedoch nicht verwendet werden konnten, da der Veröffentlichungstermin der Norm nicht absehbar ist.

Anmerkung:

Schick [3] berichtet u. a. in einem Forschungsstandsbericht zur »Lärmbelastung von Lehrern und Schülern« über den Zusammenhang von Nachhallzeiten in Klassenräumen und der daraus resultierenden Sprachverständlichkeit mit alarmierenden Zahlenbeispielen:

	T = 0,4 s	T = 1,2 s
Sprachverständlichkeit normal hörender Schüler	93 %	77 %
Sprachverständlichkeit schwerhöriger Schüler	74 %	45 %

Es wird dabei entsprechend WHO-Bericht auch auf den niederfrequenten Bereich um 125 Hz verwiesen, der sich besonders auf Kinder mit bereits geringen Hörstörungen erheblich auswirkt (Forderung hier nach noch kürzeren Nachhallzeiten $T \leq 0{,}6$ s).

Mehr als 30 % aller Kinder und Jugendlichen haben einen zeitweiligen oder bereits beginnenden dauernden Hörschaden!

3. Prüfung der Raumakustik durch Messungen

Die raumakustische Prüfung der beanstandeten Unterrichtsräume, Fachunterrichtsräume und Gruppenräume in Kindertagesstätten mit sehr unterschiedlichen Raumgrößen erfolgte durch Messungen der Nachhallzeit T.

Messverfahren
Messablauf und Geräteeinsatz orientierten sich an den Vorgaben der DIN 52216 [1]. Da die Nachhallzeit eine Funktion der Frequenz ist, wurde spektral gesendet und gemessen.

Messbedingungen
Die Messungen wurden mit und ohne Schüler durchgeführt. Hohe Anregungspegel um 100 dB je Terz zwischen 100 Hz und 4000 Hz sollten die notwendigen Störabstände bei Anwesenheit der Kinder gewährleisten. Die Räume wiesen im Übrigen keine Besonderheiten auf. Decken, Wände und Fußböden waren glatt ohne Absorber, das spärliche Mobiliar (Regale, Tische und Stühle) hatte durchweg schallharte Oberflächen.

Ergebnisbeispiel
Ein typisches Beispiel (Klassenraum ca. 56 m^2) der Nachhallzeitmessungen unter den verschiedenen beschriebenen Randbedingungen ist nachstehend grafisch dargestellt und tabellarisch in Oktavschritten zusammengefasst.

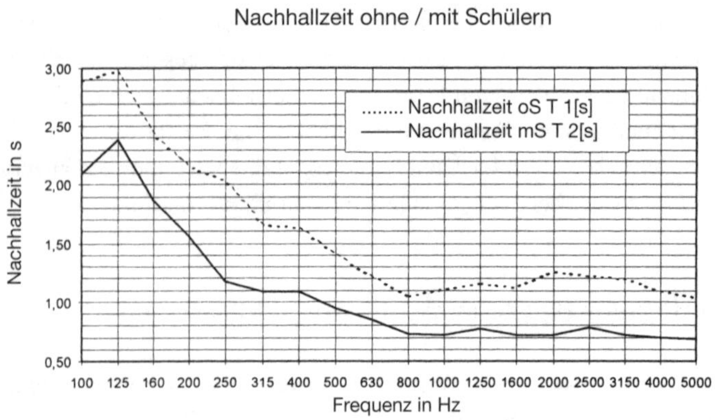

Abbildung 1: Typischer Nachhallzeitverlauf in einem Klassenraum

Tabelle 2: Wertetabelle in Oktaven ohne (T_1) / mit (T_2) Schülern

f in Hz	**125**	**250**	**500**	**1000**	**2000**	**4000**	**mittel**
T_1 in s	2,98	2,04	1,41	1,11	1,26	1,10	1,59
T_2 in s	2,38	1,17	0,95	0,71	0,72	0,70	1,09

Es ist ersichtlich, dass im voll besetzten Klassenraum im Vergleich zum leeren Raum eine mittlere Differenz von etwa 0,5 s auftritt. Hier wirken demnach die Schüler in ihrer Sitzordnung als Absorber.

Der charakteristische Abfall der Nachhallzeit im oberen Frequenzbereich resultiert u. a. aus dem Absorptionsvermögen feiner Strukturen für kurze Schallwellenlängen.

4. Bewertung, Schlussfolgerungen

Die Messungen haben ergeben, dass in akustisch unbehandelten Räumen die Nachhallzeiten im sprachbedeutsamen Frequenzbereich 250–2000 Hz zum Teil sehr **deutlich über den geforderten Werten** liegen mit den beschriebenen beanstandeten Auswirkungen.

Nachstehend wird in Tabelle 3 ein *anwendungsfreundlicher abgestufter Vorschlag* zur Umsetzung der raumakustischen Anforderungen in Unterrichtsräumen vorgestellt und kurz erläutert.

Festgelegte Randbedingungen
Die erforderliche Nachhallzeit für Klassenräume mit vorwiegend sprachlicher Kommunikation wird in Anlehnung an DIN 18031 »Hygiene im Schulbau« mit 0,75 Sekunden angesetzt. Als Bemessungskriterium wird der unbesetzte Klassenraum und die mittlere Nachhallzeit über die Frequenzen 250–2000 Hz ausgewählt (bei 125 Hz waren z. T. extreme Einflüsse von Nischen/Ausbuchtungen der Räume zu verzeichnen).

Dem Vorschlag liegt die Korrelation zwischen Raumvolumen (Einfluss auf die Nachhallzeit) und schulhygienisch notwendiger nach vorgenannten Kriterien einzubauender äquivalenter Absorberfläche in den Klassenräumen zugrunde.

Die notwendigen Absorberflächen werden raumgrößenabhängig und vereinfacht in Stufen ausgewiesen, alle Werte sind auf ganze Zahlen aufgerundet.

Die Zahlenangaben in äquivalenter Schall-Absorptionsfläche bedeuten, dass die praktisch einzubauenden Flächen immer größer sind (der reale Absorptionsgrad α ist immer kleiner als 1).

Die notwendigen Absorber sind möglichst im hinteren (bei Frontalunterricht dem Lehrerpult gegenüberliegenden) oberen Wandbereich des Klassenraumes sowie im hinteren und seitlichen Deckenbereich anzubringen (U-förmig nach vorn geöffnet).

Die Wirksamkeit der einzusetzenden Absorber muss besonders für den sprachrelevanten Frequenzbereich 250–2000 Hz nachgewiesen sein.

Daher sollten nur Produkte mit Baumusterprüfung nach DIN 52212 (neu EN 20354) verwendet werden mit Angaben zum frequenzabhängigen Schallabsorptionsgrad α und/oder zum bewerteten Schallabsorptionsgrad α_w (ISO 11654).

Tabelle 3 enthält in den Spalten 3 und 4 Beispielangaben für die zu ermittelnden tatsächlich notwendigen Absorberflächen bei Werten von $\alpha_w = 0{,}5 \ldots 0{,}6$ bzw. $\alpha_w = 0{,}7 \ldots 0{,}8$.

Tabelle 3: Notwendige einzubauende Absorberflächen in Unterrichtsräumen mit sprachlicher Kommunikation

Spalte Zeile	1 **Raum- volumen**	2 **notw. äq. Absorberfl.**	3 **Absorberfl. α_w = 0,5...0,6**	4 **Absorberfl. α_w = 0,7...0,8**
1	90–120 m^3	6 m^2	11 m^2	8 m^2
2	121–150 m^3	10 m^2	19 m^2	14 m^2
3	151–180 m^3	15 m^2	28 m^2	20 m^2
4*	**181–210 m^3**	**19 m^2**	**35 m^2**	**26 m^2**
5**	**211–240 m^3**	**23 m^2**	**42 m^2**	**31 m^2**
6	241–270 m^3	27 m^2	50 m^2	36 m^2
7	271–300 m^3	31 m^2	57 m^2	42 m^2
8	301–330 m^3	36 m^2	66 m^2	48 m^2
9	331–360 m^3	40 m^2	73 m^2	54 m^2
10	361–390 m^3	44 m^2	80 m^2	59 m^2

* üblicher Klassenraum

** Fachunterrichtsraum

Praxisumsetzung

Sinnvollster Zeitpunkt zur Umsetzung der beschriebenen Anforderungen ist der Neubau oder die Sanierung einer Schule. Analog zur Luft- und Trittschalldämmung sollte im Hochbauprojekt der Nachweis einer ausreichenden Raumakustik geführt werden. Als ausreichend kann der Einsatz der in Tabelle 3 genannten Absorberflächen gelten. Eigenschaften und Anordnung der Absorbermaterialien sollten kurz beschrieben werden.

5. Sachbezogene Unterlagen

[1] DIN 52 216, Bauakustische Prüfungen, Messung der Nachhallzeit in Zuhörerräumen, August 1965 (neu ISO 3382)

[2] DIN 18 031, Hygiene im Schulbau, Umgebungsbedingungen in Schulräumen, Grundlagen für die Bewertung, 2., überarbeitete Auflage 1983 Herausgegeben als Fachbericht vom DIN, Deutsches Institut für Normung e. V.

[3] A. Schick et al.: Die Lärmbelastung von Lehrern und Schülern

– ein Forschungsstandsbericht, Z. Lärmbekämpfung 46 (1999) 3, S. 77–87

[4] DIN 18 041, Hörsamkeit in kleinen bis mittelgroßen Räumen, Oktober 1968 (zurzeit in Überarbeitung)

[5] Schulbaurichtlinie des Landes Mecklenburg-Vorpommern (SchBauRL M-V) vom 17. März 1997 (AmtsBl. M-V Nr.15)

[6] Technische Richtlinien für den Schulbau (TR - Schulbau), Teil 2, Kostenrichtwerte und Planungshinweise für Schulen und Sporthallen vom 15. März 1993 (AmtsBl. M-V Nr.16) und 2. Änd. (AmtsBl. M-V Nr.13, 1995)

Dieser Leitfaden wurde mit dem Bildungs-, Finanz- und Ministerium für Arbeit und Bau des Landes abgestimmt.

Anfragen:

Landeshygieneinstitut M-V, Außenstelle Schwerin
19055 Schwerin, Bornhövedstraße 78
Dipl.-Phys. Hartmut Schottke
Tel. 03 85-5 00 11 59, Fax 03 85-5 00 11 18
E-Mail: schottke@lhi.sn.shuttle.de

Schwerin, März 2001

Manfred Krause, Robert Bösnecker

Welche Antworten liefert akustisches Design?

Akustisches Design versucht das Beziehungsfeld zwischen den Schallquellen, dem Raum und den Hörern so günstig wie möglich zu gestalten. Zwischen diesen Elementen, wie sie in Abbildung 1 skizziert sind, können wir je nach den Gegebenheiten mehr oder weniger zufrieden stellende Verknüpfungen finden. Der Raum mit seinen akustischen Eigenschaften ist naturgemäß das erste Ziel akustischen Designs.

Wie eine optimale Hörsamkeit erreicht werden kann, wird in diesem Band an anderer Stelle ausführlich behandelt (vgl. u. a.

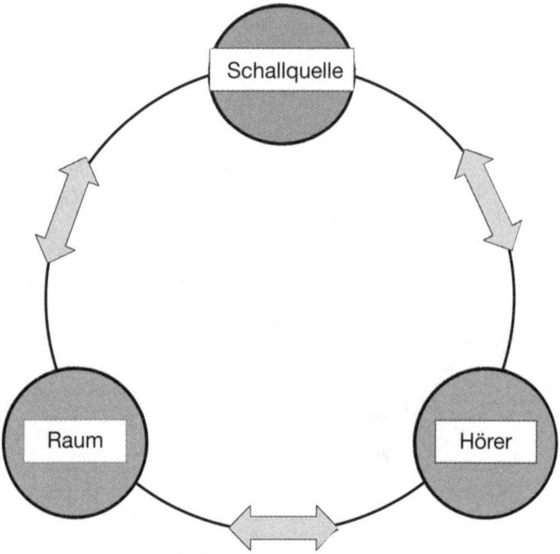

Abbildung 1: Die Beziehungen Schallquelle – Raum – Hörer

Mommertz, Vorländer). Jedoch werden oft genug bereits beim Bau wichtige Maßnahmen unterlassen, und nachträglich lässt sich mit bekannten Mitteln nicht immer eine Verbesserung erzielen, vor allem, wenn die finanziellen Möglichkeiten fehlen. In dieser Situation auf die Elektroakustik zu hoffen, ist leider oft ein Schritt, der nur mäßige Ergebnisse bringt und der nur bei sorgfältigster Planung wirklich hilft. Hier liegt eine Aufgabe des akustischen Designs. In der Regel werden durch eine falsche Beschallung die idealen Beziehungen gestört: Auch eine »gute« Schallquelle – ein Sprecher, ein Instrument – regt durch die meist zu laut eingestellte Anlage und falsch ausgerichtete Lautsprecher den Raum viel zu stark an und wirkt so zu stark auf die Hörer ein, die direkte Beziehung der Hörer zur Schallquelle ist reduziert und auch die Schallquelle hat eine unzureichende Kontrolle über ihre eigene Schallproduktion. Abbildung 2 veranschaulicht das symbolisch.

Eine ausgewogene Beschallung mit einer gut bemessenen und natürlich auch sachkundig betriebenen Anlage stützt die dreiseiti-

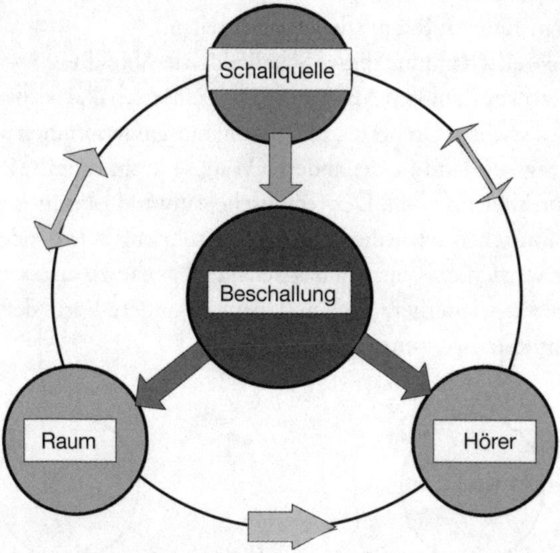

Abbildung 2: Die Beziehungen Quelle – Raum – Hörer bei ungünstiger Beschallung

gen Beziehungen fast unmerklich und führt dazu, dass die Anstrengung beim Hören gering ist. Manches akustische Design hat dieses Ziel noch nicht erreicht.

Akustisches Design und virtueller akustischer Raum

Mit seinen beiden Ohren kann der Mensch seine akustische Umwelt räumlich wahrnehmen. Diese Fähigkeit verdankt er nicht nur der Tatsache, dass seine Ohren vom Kopf voneinander abgeschirmt werden, sondern dass vor allem durch richtungsabhängige Beugungseffekte an der komplexen Form der Ohrmuscheln beide Ohren verschiedene Signale erhalten.

Die Versuche, die räumlichen Schallereignisse naturgetreu in einen Wiedergaberaum zu projizieren, wurden seit den Anfängen der elektroakustischen Übertragung unternommen. Das Problem ist, das Originalschallfeld, das beispielsweise ein Orchester erzeugt, in einem anderen Raum wiederherzustellen.

Theoretisch könnte dieses Schallfeld, wie Abbildung 3 zeigt, mit einer großen Zahl von Mikrofonen vor einer schallabsorbierenden Wand zwischen Orchester und Publikum aufgenommen werden, deren Signale dann auf der anderen Wandseite eine gleiche Zahl von Lautsprechern speisen. Der technische Aufwand ist sehr groß, weil Mikrofone ebenso wie die Lautsprecher sehr eng beieinander angeordnet werden müssen, um das Schallfeld genau zu erfassen beziehungsweise wiederherzustellen. Über eine andere Form der Schallfeldsynthese wird weiter unten berichtet.

Stereofonie

Die zweikanalige Stereofonie wurde als eine mögliche Methode der räumlichen Abbildung von Schallfeldern seit den zwanziger Jahren des 20. Jahrhunderts diskutiert und kam in den sechziger Jahren zur

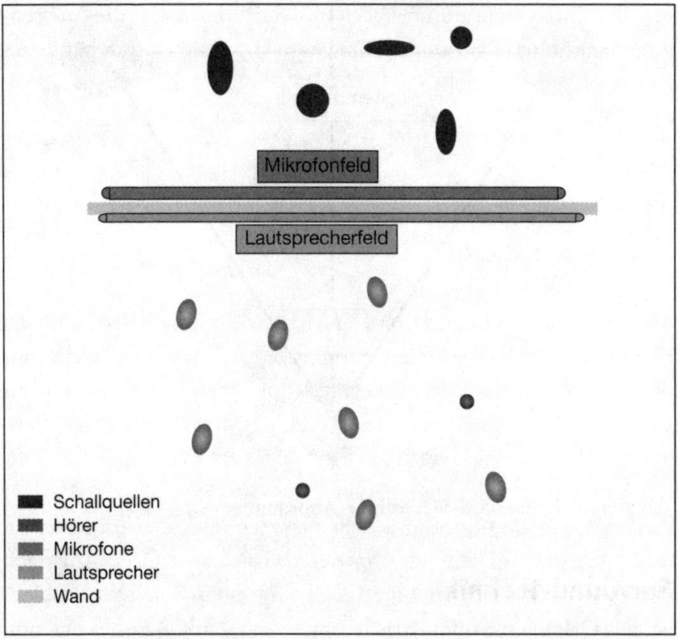

Abbildung 3: Schallquellen und Hörer durch Wand getrennt. Mikrofone übertragen Signale zu den ihnen zugeordneten Lautsprechern

technischen Reife. Der noch heute gültige Standard ist in Abbildung 4 skizziert.

Für diese Lautsprecheranordnung (vgl. Abb. 4) werden alle stereofonen Aufnahmen produziert und eigentlich ist nur für diese das intendierte Klangpanorama richtig. Diese Intention verfolgt der Tonmeister, indem er durch Manipulation der Mikrofonsignale im Mischpult die Schallquellen auf die zwischen den Lautsprechern gegebene Basis verteilt. Es ist klar, dass mit diesem Verfahren eine Umhüllung mit Klang, wie sie durch den aus allen Raumrichtungen einfallenden natürlichen Schall normalerweise gegeben ist, nicht eintreten kann. Mit Zusatzlautsprechern und elektronischen Trick kann eine stärkere Raumwirkung zustande kommen, jedoch ist dies bestenfalls eine am subjektiven Geschmack orientierte Nachbehandlung durch den Hörer und nicht eine dem originalen Schall innewohnende Qualität.

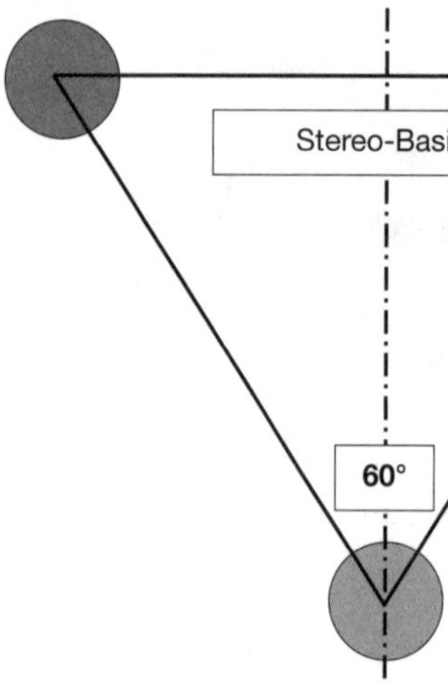

Abbildung 4: Standard-Stereofonie-Anordnung

Surround-Technik

Mit der Weiterentwicklung zur Quadrofonie wurde versucht, auch von rückwärts einfallenden Schall besser in den Griff zu bekommen, jedoch scheiterte das Verfahren zunächst an der Nichtverfügbarkeit von Übertragungskanälen sowohl bei der Schallplatte als auch beim Rundfunk. Die Versuche in Studios mit ihren technischen Möglichkeiten zeigten, dass mit vier Kanälen die Bewegung von Schallquellen im Raum nicht gelang, sondern dass mindestens sechs nötig seien.

Im Film hatten sich mit der Breitwandtechnik schon in den fünfziger Jahren fünf- und sechskanalige Verfahren als sehr effektvoll erwiesen. Der in den letzten zehn Jahren ausgehandelte Standard der Surround-Technik, deren Anordnung in Abbildung 5 skizziert ist, hat inzwischen mit der Entwicklung der optischen DVD (Digital Versatile Disk) auch eine für die Wiedergabe von Musik geeignete Basis gefunden. Wie schon beim Film werden die rückwärtigen Lautsprecher mehr für Effekte genutzt als für die wirkliche Abbildung der Raumakustik.

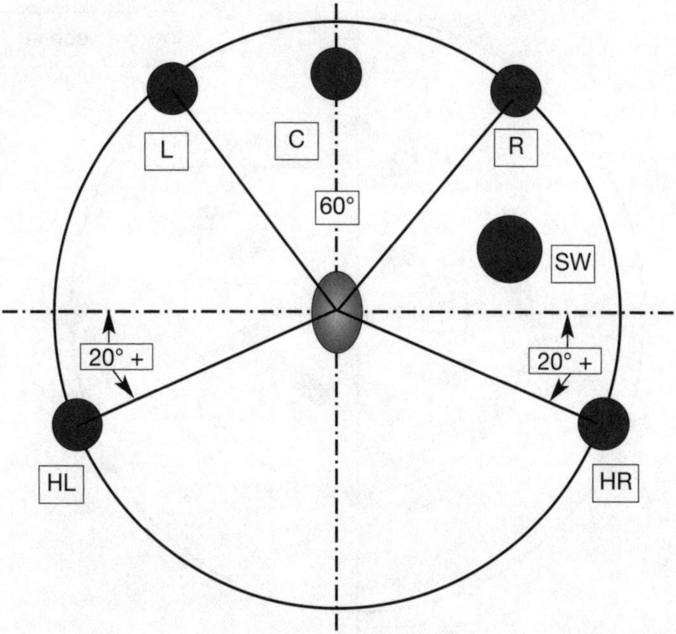

Abbildung 5: Standard-Surround-Anordnung 5/1
V = vorn, H = hinten, R = rechts, C = Center, SW = Subwoofer

Orthofonie

Das Ziel, das ursprüngliche Schallfeld an einem anderen Ort hinreichend genau wiederherzustellen, kann erreicht werden, wenn im Originalraum ein Mikrofon aufgestellt wird, das den von allen Seiten eintreffenden Schall entsprechend seinen Richtungen in getrennte Kanäle aufspaltet. Da es Mikrofone gibt, deren Richteigenschaften sich mathematisch genau beschreiben lassen, kann mit nur wenigen Mikrofonen die Auftrennung in eine größere Anzahl von Lautsprecherkanälen durch mathematische Umrechnung erfolgen. So genügen für eine erste Näherung bereits vier Mikrofone, um damit zwanzig und mehr Lautsprecher so mit Signalen zu speisen, dass für einen begrenzten Bereich um den Mittelpunkt der auf einer Ku-

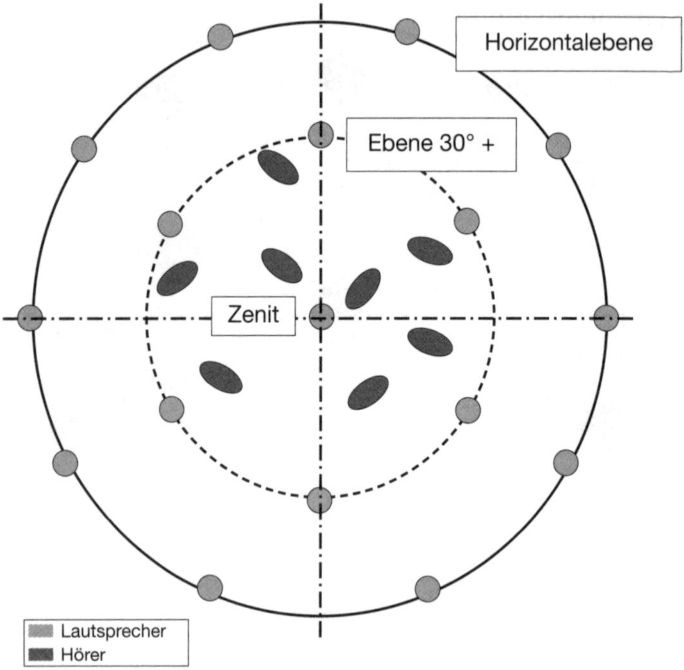

Abbildung 6: 3-D-Ortofonie (Scherer 1977; Feiten et al. 1983)

gelfläche angeordneten Lautsprecher eine hinreichend gute räumliche Wiedergabe und damit ein virtueller akustischer Raum entsteht. In Abbildung 6 ist eine mögliche Anordnung gezeigt, die nicht nur die Wiedergabe in der besonders wichtigen Horizontalebene gewährleistet, sondern die für die Umhüllung mit Schall auch nötigen höher liegenden Ebenen einschließt. Innerhalb dieses Bereichs kann der Hörer sich selbst bewegen und die sich im Originalraum ebenfalls bewegenden Schallquellen auf sich wirken lassen.

Schallfeldsynthese

Wie bereits in Abbildung 3 gezeigt, kann das Schallfeld mit einer großen Zahl von Mikrofonen aufgenommen werden, um dann mit den ihnen zugeordneten Lautsprechern wiedergegeben zu werden. Dieses Prinzip lässt sich verallgemeinern, indem die mathemati-

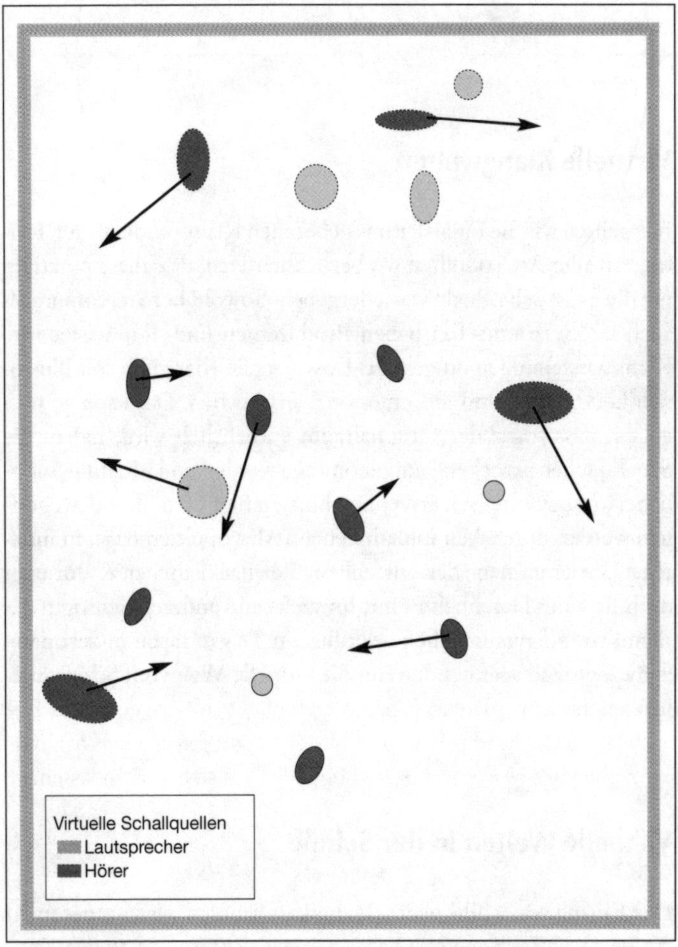

Abbildung 7: Schallfeldsynthese (Berkhout et al. 1993)

schen Beziehungen zwischen den Koordinaten der Schallquellen, den Mikrofonen und der Lautsprecher benutzt werden. Daneben müssen die akustischen Eigenschaften des Originalraums berücksichtigt werden. Es ist klar, dass der notwendige Rechenaufwand beträchtlich ist und nur von Spezialrechnern, digitalen Signalprozessoren (DSPs), zu leisten ist. Als Ergebnis ist eine in jeder Hinsicht vollkommene Wiedergabe zu erwarten. Bisher sind allerdings nur Schallfeldsynthesen für die Horizontalebene realisiert worden, wie sie in Abbildung 7 skizziert sind.

Virtuelle Klangwelten

Betrachten wir die Fülle der uns gebotenen Klangprodukte auf Tonträgern aller Art, so sollten wir berücksichtigen, dass diese praktisch nie die akustische Realität wiedergeben. Sowohl bei Stereofonie als auch bei Surround-Ton haben Produzenten und Tonmeister ihre Klangvorstellungen umgesetzt. Das virtuelle Klangbild soll Illusionen hervorrufen und uns emotional ansprechen. Das kann so weit gehen, dass sogar der Originalraum entbehrlich wird, indem die Schallquellen »trocken« aufgenommen werden und »Raum«, möglicherweise synthetisch errechnet, hinzugefügt wird. Ihre Bewegungen werden durch Manipulationen am Mischpult erzeugt. In manchen Programmen der virtuellen Realität kann der Benutzer mithilfe eines Datenhelms, mit Joysticks und anderen Sensoren das räumliche Klanggeschehen beeinflussen. Das ist insbesondere dann aufregend und spannend, wenn die virtuelle Welt vom Bildgeschehen bestimmt wird.

Virtuelle Welten in der Schule

Der Einzug von Multimedia-Technik in Schulen wird immer mehr die Lernwelt bestimmen. Dies wird aber nicht nur im bloßen Konsum multimedialer Produkte bestehen, sondern, wie die Erfahrung zeigt, in der Erstellung von eigenen Lehr- und Lernprogrammen. Hierbei wird beim »Lernen durch Handeln« (Learning by Doing) das erforschende Lernen und der Umgang sowie die sinnvolle Nutzung von Multimedia gepflegt. Multimedia wird die Beziehungen zwischen Lehrern und Schülern auf eine neue Grundlage stellen, die ihre partnerschaftlichen Beziehungen noch viel stärker betonen wird als bisher.

Die Kombination von Bild und Ton wird daher auch die Suche nach dem guten Ton verstärken. Dabei wird zwar die stereofone Wiedergabe noch eine gewisse Zeit den Vorzug haben, aber in höheren Klassen werden außerschulische Erfahrungen auch vielkanaliger Tonübertragungen bereits zu Experimenten Anlass geben.

Die zunehmende Verbreitung von PCs zu Hause und in den Schulen wird Multimedia alltäglich werden lassen. Nötig für die Schulen scheint dafür eine technische Infrastruktur zu sein, die die heutige Ausstattung mit unhandlichen Abspielgeräten und Lautsprechern sowie den scheinbar unvermeidlichen »Kabelsalat« durch modernere Methoden ersetzt. Erst eine auf die Bedienung allein reduzierte, fast unsichtbare Geräteausstattung wird Bild und Ton zu der »wirklichen« Virtualität verhelfen. In dieser Hinsicht sind die im Folgenden beschriebenen, in die Umwelt der Klassenräume integrierbaren Lautsprecher ein bedeutsamer Schritt.

Flächenlautsprecher für den guten Ton

Neue Möglichkeiten für Raumgestaltung und Akustik

Lautsprecherboxen als Beschallungshilfsmittel sind nicht unbedingt Schmuckstücke. Durch ihr schachtelartiges Aussehen verhindert der optische Eindruck schon das Aufkommen von Virtualität und Natürlichkeit. Doch gibt es seit geraumer Zeit eine echte Alternative zu konventionellen Lautsprecherboxen: die Flächenlautsprecher. Sie sind dünn und leicht wie Karton, sie können auf Vorder- und

Rückseite mit Bildern oder Grafiken bedruckt oder auch bemalt werden, und aus einer Rechteckform kann eine andere Form heraus- oder zugeschnitten werden.

Das heißt: Der Lautsprecher mutiert vom klobigen Fremdkörper zum dekorativen, raumgestaltenden Element, dessen Oberfläche mit einfachen Mitteln künstlerisch genutzt werden kann.

Die Klangqualität und das Klangvolumen eines solchen Siesonic®-Flächenlautsprechers stehen einer Kubikmeter-Lautsprecherbox in nichts nach – vielmehr bringt er noch den Vorzug mit sich, dass die Schallabstrahlung im nahezu 180°-Winkel nach vorn und hinten erfolgt. Somit erfüllt sich der Raum vollständig mit Klang.

Im Gegensatz zur Lautsprecherbox beruht die Technik der Schallerzeugung beim Flächenlautsprecher auf der Erzeugung von Biegewellen auf einer planen Oberfläche. Während sich die Lautsprecherbox wie eine Punktschallquelle verhält, ist der Flächenlautsprecher ein Flächenschwinger (siehe auch www.siesonic.de).

Als Material dient in der Regel eine Leichtstoffplatte. Daraus resultieren eine überaus geringe Einbautiefe (6 bis11 Millimeter) und ein verschwindend geringes Gewicht.

Das Plattenmaterial wird durch eine digitale Elektronik zu Schwingungen angeregt.

Ein weiterer Vorteil von Flächenlautsprechern gegenüber Boxen ist ihre geschlossene Oberfläche. Werden Edelstahl- oder Karbonoberflächen als schwingende Fläche eingesetzt, so können Flächenlautsprecher auch in äußerst rauer Umgebung betrieben werden, weil sie wasserfest und vandalismussicher sind.

Der Nutzen

Durch die vielen Möglichkeiten der optischen Gestaltung lassen sich Flächenlautsprecher vollständig unsichtbar machen. Durch einen geeigneten Wand- oder Deckeneinbau oder durch die Nutzung von Flächenlautsprechern als Bilder können virtuelle Akustiken erst entstehen – da die dazu notwendige Technik vom Auge nicht erkannt wird. Die Flächenlautsprecher eignen sich nicht nur als unterstützendes Element in schwierigen Akustiken, sondern auch als solide Grundlage für Mehrkanal-Tonübertragung.

Conclusio

Welche Antworten liefert akustisches Design? So lautete die eingangs gestellte Frage. Wir haben im Verlauf dieser Abhandlung die verschiedenen Möglichkeiten der akustischen Gestaltung diskutiert und im Bereich der Elektroakustik einige Antworten gegeben. Doch alle Fragen und Antworten helfen nichts, wenn nicht alle Beteiligten an der kreativen Umsetzung Anteil nehmen. Es ist nicht nur notwendig auf akustische Probleme in unserer Umgebung hinzuweisen, sondern diese Probleme auch mit konkreten Lösungen anzupacken.

Literatur

Berkhout, A. J.; deVries, D.; Vogel, P. (1993): Acoustic control by wave field synthesis. Journal of the Acoustical Society of America. Vol. 93: 2764ff.

Feiten, B.; Krause, M.; Schaller, W. (1983): Vereinfachung des Eidophonie-Verfahrens. Fernseh- und Kinotechnik, Jg. 37, H. 9.

Scherer, P. (1977): Ein neues Verfahren der raumbezogenen Stereophonie mit verbesserter Übertragung der Rauminformation. Rundfunktechnische Mitteilungen, Nr. 5: 196ff.

Schulgestaltung und Zuhörförderung

Volker Bernius

Zuhörförderung

Ein buntes Mosaik der Konzepte

Eine Szene mit Luisa, meiner Tochter, 9 Jahre alt, am Frühstückstisch: Wir erzählten uns gegenseitig, was wir heute so vorhaben: »Ich gehe heute auch in eine Grundschule, ich treffe mich mit Lehrerinnen und Lehrern und rede mit ihnen über das Zuhören: zum Beispiel, wie man das am besten lernt.« Sie rief spontan: »Aber das ist doch ganz *einfach!*«, so als wollte sie mir sagen, das müsse man doch nicht extra lernen. Ich fragte etwas verblüfft zurück: »Wie meinst du das: *einfach?*«, und sie: »Ja, ist doch klar: Man *macht* es halt einfach.«

Ich war etwas verwundert aufgrund des schlichten Konzepts, aber dahinter steckt natürlich schon ein Teil dessen, was man als Konzept der Zuhörförderung verstehen muss, nämlich das Machen und das Tun. Zuhören ist etwas *Produktives*, auch wenn nicht unbedingt etwas Sichtbares dabei herauskommt.

Meine Erkundungen in Sachen Zuhörförderung habe ich in vier Arbeitsfelder aufgeteilt, um zu einer Übersicht zu kommen:

- akustisches Wissen (Akustikkunde)
- Umwelt und Wahrnehmungsschulung, Gesundheitsprophylaxe
- Kommunikation und soziale Kompetenz
- kulturelle Bildung und kulturelle Praxis

In diesen vier Feldern wird Hören und Zuhören unterrichtet, erfahren, gelehrt oder gefördert. Es werden jeweils Beispiele der Hörkompetenz aufgeführt, die es zum Teil heute schon gibt, und es werden solche genannt, die noch entstehen könnten. Ein kleiner Ideenüberblick und ein buntes Mosaik, bei dem die einzelnen Teile miteinander zusammenhängen können.

Akustisches Wissen

Was sollten wir Erwachsene über die Akustik wissen? Was wissen wir rudimentär? Reagieren wir auf akustische Erscheinungen mehr oder weniger unbewusst? Wie können wir uns akustische Erfahrungen erklären? Was sollten wir anderen erklären können? Zum Beispiel ein Echo oder gar ein Flatterecho? Zum Beispiel die Erfahrungen, dass unsere Stimme auf Band aufgenommen anders klingt, als wir sie selbst hören? Zum Beispiel dass ein Erkennungspfiff in einer Menschenmenge in einem großen Bahnhof besser zu hören ist und besser durchdringt als ein lautes Rufen?

Der normale Erwachsene, der so genannte Laie, muss diese akustischen Beispiele nicht genau erklären können, aber er sollte sie erfahren oder trainiert haben. Der Erwachsene sollte bei sich selbst eine Vorstellung über diese Sachverhalte entwickelt haben. Schreie ich in einer Gruppe nur noch lauter, um die anderen zu übertönen und den Lärm zu durchdringen, oder ist mir von vornherein klar, dass ich sowieso nicht durchdringen werde und andere Möglichkeiten benutzen sollte, um die Aufmerksamkeit herzustellen, die ich brauche?

Welche Grunderfahrungen und welches Wissen also brauchen wir über akustische Vorgänge? Viele Berufe benötigen ein ganz spezifisches akustisches Wissen. Der angehende Mediziner lernt die Innengeräusche des Herzens zu unterscheiden. Der Automechaniker erkennt an den Geräuschen des Autos, welcher Fehler vorliegt. Der Psychotherapeut lernt Gefühlsäußerungen zu hören und zu interpretieren. Das sind keine genuin akustischen Berufe wie ein Toningenieur, Orgelstimmer, Musiker, Schallschutzexperte oder Gehörlosenlehrer. Jeder muss die Geräusche und Klänge interpretieren lernen, die für seinen Beruf typisch sind.

Aber nach meiner Beobachtung gibt es keine verbindliche Verabredung darüber, was an akustischem Wissen in der Gesellschaft vorhanden sein sollte. Zu konstatieren ist lediglich die Feststellung, dass dieses Thema oft zu wenig beachtet wird.

So klagt Jutta Wermke (2000, S. 124) über den geringen Stellenwert des Hörens in den Studienordnungen der Lehramtsstudiengänge und im Deutschunterricht. Aber es gibt in letzter Zeit einige

Anzeichen, die auf eine Verbesserung dieser Situation hindeuten, beispielsweise im neuen bayerischen Grundschullehrplan. Im Lernbereich Deutsch/Mündlicher Sprachgebrauch findet sich als pädagogisches Leitthema »Zuhören«. Das Lernziel »Einander erzählen und einander zuhören« in der 1. und 2. Jahrgangsstufe wurde um den Aspekt »Zuhören lernen« erweitert, in der 3. und 4. Jahrgangsstufe wird neu der Bereich des »aktiven Zuhörens« aufgeführt. Auch Begriffe wie Hörbilder, Hörspaziergänge tauchen auf. Im hessischen Lehrplan wurde der Bereich »Akustik« im Physikunterricht wieder aufgenommen. In der Hauptschule sind acht Stunden dafür vorgesehen. Es ist zu wünschen, dass dieses Thema von den Lehrkräften sehr lebenspraktisch dargestellt wird, nicht etwa nur theoretisch: Was ist Schall? Wie sehen Schallwellen aus?, sondern auch so, wie es zum Beispiel eine Schule in Niedersachsen mit einem Betrieb der Firma Sennheiser unter der Obhut des Bildungswerks der Wirtschaft gemacht hat. Das Projekt wurde auf der Bildungsmesse (didacta) in Hannover im Februar 2001 vorgestellt. Hier erfuhren Schülerinnen und Schüler, wie man Mikrofone herstellt und wie sie wirken. Dabei haben die Schüler vor allem eigene Versuche gemacht. Ein Lernen, das die Neugier der Jugendlichen herausfordert.

Im Kindergarten und in der Grundschule müssten Kinder ebenfalls als Forscher und Erfinder angesprochen werden, eine elementare akustische Sachkunde ist hier gefragt, die die vorhandene Neugier befriedigt.

Eine ganz andere, höhere Stufe des akustischen Wissens bietet ein Zuhörkurs der besonderen Art mit einer »hohen Schule des Hörens«. Die überregionale Tageszeitung »Frankfurter Allgemeine Zeitung« richtet für Interessierte regelmäßig eine Hörwerkstatt ein. Die Teilnehmer werden über die neueste Entwicklung von Stereoanlagen informiert; sie hören einen Tag lang bewusst, vergleichen Beispiele und entdecken, was akustische Technik an Hör- und Höchstgenüssen heute zu bieten hat. Dieses Tagesseminar ist so begehrt, dass viele Interessenten auf einen späteren Termin vertröstet werden müssen. Das Wissen über akustische Zusammenhänge und die akustische Wahrnehmung gehören zusammen. Das eine geht nicht ohne das andere.

Umwelt und akustische Wahrnehmung, Gesundheitsprophylaxe

Was ist eine Schulung des Hörens? Welche Basiskompetenzen gehören dazu? Welche fortgeschrittenen Erfahrungen? Und schließlich: Was ist die hohe Kunst des Hörens?

In der auditiven Wahrnehmung und in der ersten Stufe einer Grundschule des Hörens ist zunächst gefragt:

- Erkennen von Hörbarem
- Unterscheiden
- Voneinander abgrenzen
- die Richtung der Tonquelle: Wo kommt etwas her?
- die Entfernung der Tonquelle: Wie weit ist etwas weg?
- Das Hörgedächtnis und die Merkfähigkeit werden gefördert.
- Der Einsatz und die Wirkung der eigenen Stimme sollen erfahren werden.

Diese Parameter sind abgeleitet aus Zielvorgaben im Bereich der Sonderpädagogik. Sie sind grundlegende Erfahrungen für alle Altersstufen, nicht nur für Kinder, sondern auch für Erwachsene. Die Beantwortung der Fragen: »Wo kommt ein Geräusch her und wie weit ist es weg?«, ist für den Lebensalltag unbedingt notwendig. Geräusche werden in der Regel unbewusst wahrgenommen. Der bewusste Umgang wird im (allgemein bildenden) pädagogischen Alltag heute noch nicht ausdrücklich erlernt.

In der Hörtherapie mit Tinnituspatienten wird beispielsweise mit aktiven Hörübungen das Richtungshören (wieder) gelernt oder das Fokussieren. Hierbei wird die Höraufmerksamkeit auf bestimmte Hörereignisse der Umwelt gelenkt. Ein bestimmter Klang soll aus einer Menge von Geräuschen und Klängen herausgehört, herausgefiltert werden – eine Hör-Arbeit, die man als bewusste Zuhörerfahrung bezeichnen kann. Wer diese Übungen schon einmal durchgeführt hat, wird wissen, wie bereichernd, aber auch wie anstrengend sie sein können.

Hören als Sinnesschulung

Im Bereich der Pädagogik und der schulischen Arbeit gibt es viele Lernziele zum Hören und Zuhören (siehe oben) und eine ganze Reihe von Unterrichtsmaterialien, durch die Hörerfahrungen gemacht werden können. Sie reichen vom Kennenlernen von Geräuschen bis hin zu Stilleübungen. Die Angebote richten sich vor allem an Kindergärten und Grundschulen. Die Schulung der Sinne – als Voraussetzung für den Erwerb von kulturellen Grundqualifikationen und für das soziale Miteinander sowie für einen kompetenten Umgang mit (neuen) Medien – kann und könnte hier überall stattfinden. Es scheint daher eine wichtige Aufgabe, die nötige Aufmerksamkeit der Erzieher und Pädagoginnen für das Thema Hören und Zuhören zu wecken.

Unter dem Motto »Zuhören macht Spaß« haben der Verein Zuhören e. V. (www.zuhoeren.de), der Hessische und der Bayerische Rundfunk Grundschulen zu wöchentlichen *Hörclubs* in der Freizeit angeregt. In zirka 50 Schulen in den drei Bundesländern Hessen, Bayern und Thüringen treffen sich einmal in der Woche vor oder nach der Schule Kinder mit den Hörclubbetreuerinnen und -betreuern zum aktiven Hören. Sie machen Spiele zum Thema Hören, Hörspaziergänge, hören Erzählungen und qualitativ hochwertige Hörspiele oder nehmen selbst Geräusche auf. Im Hörclub wird Hören und Zuhören immer verbunden mit spielerischen Aktivitäten und mit Produktionen. Zweimal im Jahr erhalten die Hörclubs vom Verein Zuhören e. V. kostenlose Materialpakete mit ausgewählten Hörkassetten, Spiel- und Sprechanregungen, Übungen zur akustischen Wahrnehmung und interessante Klang-CDs. Die Schulen verpflichten sich dazu, ein regelmäßiges Angebot durchzuführen. Eine Ausweitung auf weitere Schulen und andere Bundesländer ist geplant (Bernius et al. 1999; Bernius u. Gilles 2002).

Es gibt weitere Konzepte, um das Hören zu schulen. So bietet zum Beispiel der Projektkreis »Schule des Hörens e. V.« in Köln (vgl. www.sdh.de) entsprechende Programme an, wie eine monatliche Veranstaltungsreihe mit dem Titel: *Hear.ing*, ein Forum für Klangkunst, Soundscapeaufnahmen und für Themen zwischen Geräusch, Klang, Text und Musik.

Im Zusammenhang von Tagungen und Fortbildungskursen verschiedener Bildungseinrichtungen werden immer wieder intensive Hörschulungen angeboten: Der *Soundwalk*, der Hörspaziergang, ist eine grundlegende Schulung, das Gehirn zu öffnen für akustische Vorgänge. Man kann diese Schulung immer wieder neu anwenden und fortschreitend erweitern. Der Kanadier R. Murray Schafer (1988) hat den Hörspaziergang als Vorstufe für die Gestaltung von Klängen und Geräuschen der Umwelt wie auch für das Sounddesign bezeichnet. Wer einmal mit verbundenen Augen an einer belebten Straße entlanggeführt wird, erlebt hautnah die Bedrohung durch den Verkehr und wird sich der unterschiedlichen Funktionen von Auge und Ohr bewusst.

Ein anderes Zuhörkonzept heißt *Deep Listening*. Es stammt von der amerikanischen Komponistin Pauline Oliveros. Mit verschiedenen Übungen führt sie in innere Vorgänge beim Hören ein. Auf einer hohen Stufe der Wahrnehmung und des Hörens werden neue Perspektiven für eigene Gestaltungen eröffnet (Gilles 1997).

Hören als Sinnesschulung pendelt hin und her zwischen dem Bewusstwerden der eigenen Hörwahrnehmung und dem aktiven Gestalten, dem Hören-Machen. Alles ist zunächst auf die Umwelt bezogen, auf das, was ich höre an Ruhe und an Lärm als zwei Pole, die in diesem Zusammenhang auftauchen: Lärm als Verursacher von Krankheiten und Ruhe als Möglichkeit, Gesundheit zu erhalten als ein wichtiges gesellschaftliches Ziel. Und so gehört in die Konzepte der Zuhörförderung ein innovatives Beispiel: In Hattersheim, einer Stadt in der Nähe des Flughafens Rhein-Main, wurde im Jahr 2000 eine *Ruhebeauftragte* ernannt. Üblicherweise gibt es Lärmschutzbeauftragte. Hier wurde umgedacht: Die Ruhe wird geschützt, nicht der Lärm. Hier wird nach Ruhezonen gesucht und die Frage beantwortet, wie man Ruhe herstellen kann und sie als gesundheitserhaltende Ressource fördern kann. Ein Beispiel, das Schule machen sollte.

Im Zusammenhang von Hören und Gesundheitsförderung ist ein weiteres Projekt erwähnenswert, das in Zusammenarbeit von HNO-Ärzten, Hörakustikern und Musiklehrern entstand und vom Deutschen Grünen Kreuz verbreitet wird: *Take care of your ears*. In dieser Schulkampagne gibt es Unterrichtsbausteine von der 5. bis 7. Klasse. Es wird gesungen, gedichtet, gelauscht, gefühlt, mit Klängen experimentiert. So lernen Kinder in spielerischer Weise ihren Hörsinn, den Wert des Gehörs und seine Rolle im Leben neu kennen. Auf Wunsch wird außerdem ein Hörakustiker oder ein HNO-Arzt vermittelt, der den Schülern in einfacher Form die Welt des Hörens erläutert und bei ihnen einen Hörtest durchführt (Deutsches Grünes Kreuz). Einen ähnlichen Ansatz verfolgen die Materialhefte der Bundeszentrale für gesundheitliche Aufklärung zum Thema »Lärm und Gesundheit«.

Bereits 1996 machte *Earsinn*, ein Wettbewerb für Jugendliche, der vom Hessischen Rundfunk in Zusammenarbeit mit einer Krankenkasse (DAK), durchgeführt wurde, auf eine kreative Art der Gesundheitsvorsorge aufmerksam. Hier waren Schülerinnen und Schuler eingeladen als Geräuschedetektive, Lärmsucher, Geschichtenerfinder und Hörspielmacher spielerisch ihre Hörwahrnehmung zu sensibilisieren und durch Produktionen auf die akustische Umwelt bewusst zu reagieren.

Zuhören als Erlebnis

Karl Karst, der Gründer des Projektkreises »Schule des Hörens«, tritt in Vorträgen dafür ein, dass bei der Vermittlung von Zuhörerlebnissen immer auch die Faszination am Hören geweckt werden soll (vgl. auch Karst 1998). Zuhören als Erlebnis: Eine Grundlage für ein lebenslanges Lernen, bei dem immer wieder Neues, noch nicht Bekanntes, wahrgenommen werden kann. Kinder und Erwachsene als neugierige Entdecker der hörbaren Umwelt – ein zutiefst ökologischer Gedanke.

Aber was müsste noch getan werden?

Zuhören mit einem Erlebnis verknüpfen. Dazu gibt es schon einiges:

- Ausstellungen, bei denen man praktische Hörerfahrungen machen kann
- Jedes Jahr im April gibt es den internationalen Noise Awareness Day (vgl. www.tag-gegen-laerm.de)
- Krimis, die man an ungewohnten Orten gemeinsam hört, zum

Beispiel nachts bei klarem Himmel in einer Sternenwarte, in Kirchen oder in alten Gemäuern
- Radiotage, von 6 Uhr bis 24 Uhr zu einem bestimmten Thema
- Vogelstimmenwanderungen um fünf Uhr morgens
- Hörclubs als Freizeitangebot in Schulen
- Vorlese- und Erzählnächte

Was gibt es noch nicht?
- Bibliotheken, die sich ausschließlich auf das Hören und aufs Hörenspielen spezialisieren
- das Spiel Monopoly oder ein anderes interessantes Gemeinschaftsspiel, das aufs Hören und Zuhören umgearbeitet ist
- Noch fehlt der mutige Kulturreferent einer Stadt in Deutschland, der einen Tongestalter einstellt oder einen Hörexperten, einen Psychoakustiker oder einen Sounddesigner, der das Ziel verfolgt, eine gewisse Zeit die Stadt akustisch zu erkunden und Vorschläge und Ideen zur akustischen Veränderung zu entwickeln.

Es könnte viele positive Beispiele für eine Schulung des Hörens geben, so, wie es sie für eine Schule des Sehens oder Schule des Schreibens gibt. Man muss sie nur machen und bezahlen.

Kommunikation und soziale Kompetenz

Zuhörenkönnen ist als positiver Wert immer mehr und überall gefragt. Schlagworte wie die folgenden sind überall zu finden, vor allem auch in Stellenanzeigen: »Chefs sollen zuhören können, dann sind sie beliebt und anerkannt« oder »Teamarbeit setzt qualifiziertes Zuhören und Nachfragen voraus«.

Mediatoren, Vermittler bei Konflikten, betonen: Eine Voraussetzung für das Wahrnehmen von Konflikten und Spannungen ist eine Schulung des Hörens. Wer »seinen Kopf zu« hat, kann den anderen und seine Meinung nicht wahrnehmen. Das aktive Zuhören als kommunikative Fähigkeit setzt das Wahrnehmenkönnen voraus.

Es ist eine eigene Methode und wird derzeit in drei verschiedenen Bereichen angeboten und vermittelt:
- im kommerziellen Bereich
- im kommunikativen/therapeutischen Bereich
- im pädagogischen Bereich

Das *aktive Zuhören* wird als Gesprächstechnik verstanden. Bei Thomas Gordon (1989), der das Konzept entwickelt hat, erscheint dieser Begriff im Zusammenhang mit Strategien der Kommunikation und Konfliktbewältigung in Familie, Schule und Wirtschaft. Nach Gordon beginnt ein Gespräch, das gelingen soll, mit dem Herstellen eines guten Gesprächsklimas und mit Zuhörsignalen. Das Spiegeln des Gesagten signalisiert Interesse am Gesprächspartner und zeigt, dass eine Auseinandersetzung mit den anstehenden Themen stattfinden kann. Beim Spiegeln wird wiederholt, was das Gegenüber sagt. Das Gesagte wird mit eigenen Worten wiedergegeben, die Gefühle werden dabei wahrgenommen, es wird nachgefragt, geklärt, weitergeführt und abgewogen. Zuhören heißt hier Anteilnehmen im wörtlichen Sinn: Ich nehme die Teile, die hier mitgeteilt sind, an. Ein echtes Interesse muss entstehen. Es werden zwei Varianten des aktiven Zuhörens unterschieden (vgl. Stierlin u. Schulz von Thun 2000, S. 31): Durch Paraphrasieren wird das Gehörte noch einmal mit eigenen Worten wiedergegeben. Beim Verbalisieren wird vor allem der aufgenommene Gefühlston mit in Worte gefasst. Aktives Zuhören heißt somit nicht, den Mund zu halten und still zu sein, sondern die Ohren als Antennen für einen Dialog zu öffnen.

Eine Einschränkung von Thomas Gordon sollte hier erwähnt werden, auf die im deutschen Bereich auch Larissa Stierlin und Friedemann Schulz von Thun (2000, S. 31) hinweisen: Man kann, soll und braucht nicht überall im Alltag die Technik des aktiven Zuhörens anzuwenden. In vielen Gesprächsituationen würde das zu absurden Gesprächen führen. Die Prinzipien aber, die Erfahrungen und die Kenntnis über diese Art, Gespräche zu führen und zuzuhören, sind grundlegend wichtig, um die innere Fähigkeit zur Einfühlung und Perspektivenübernahme zu entwickeln. Nicht nur in Konfliktsituationen sollte die Methode des aktiven Zuhörens im Hinterkopf vorhanden sein.

Das *Vier-Ohren-Modell von Friedemann Schulz von Thun* (1981) geht auf die verschiedenen Kommunikationsebenen und ihre Bedeutungen ein. Hier werden vier Ebenen unterschieden, nach denen Informationen mitgeteilt und gehört werden. Nach dem Modell sind in jeder Äußerung, die uns erreicht, vier Aspekte gleichzeitig und prinzipiell gleichwertig enthalten, auf die der Empfänger sein »Ohrenmerk« richten kann: ein Sachinhalt, eine Selbstkundgabe, eine Beziehungsbotschaft und ein Appell. Demnach hören wir also Informationen mit verschiedenen »Ohren«: mit dem Sachohr, dem Beziehungsohr, dem Selbstkundgabeohr und dem Appellohr. Alle Aussagen und Informationen sollten mit diesen vier Bedeutungsebenen erfasst werden, um sich partnerorientiert und situationsgemäß zu verhalten.

In der *Kunst des Zuhörens* nach Rebecca Z. Shafir (2001) wird zunächst Wert gelegt auf eine Selbstbeobachtung beim Zuhören, auf den eigenen Zuhörstil. Ein Katalog prüft das Zuhörverhalten und gibt eine Anleitung zum aufmerksamen Zuhören. Das achtsame Zuhören verteilt Shafir auf verschiedene Formen des Zuhörens:

- wie Informationen verarbeitet werden
- wie Informationen gesucht werden (z. B. in Dikussionen)
- das kritische oder bewertende Zuhören
- das therapeutische Zuhören
- Zuhören im sozialen Zusammenhang, emphatisches Zuhören, das beiläufige Zuhören
- Achtsames Zuhören setzt aber nicht nur Einfühlung oder Interesse voraus, sondern auch eine Zeitgebung. Zuhörförderung heißt hier: Zeit voraussetzen, bewusst einplanen und geben.

Kommerzieller Bereich

Im Kurs »Aktives Zuhören – Der *Tell-me-more-Effekt* im erfolgreichen Verkauf« lernen Teilnehmer ihre kommunikative Kompetenz zu erhöhen, um quantitativ und qualitativ bessere Verkaufsergebnisse zu erzielen. Sie lernen, wie sie das Verkaufsgespräch personenbezogen strukturieren können, um wichtige Kundeninformationen zu eruieren. Dadurch werden die Teilnehmer befähigt, souveräner, zielgerichteter und überzeugender zu verkaufen und zu verhandeln. Sie lernen zuzuhören, auf die Fragen des Käufers einzugehen und ihn mit verschiedenen Fragestellungen zum Kauf eines bestimmten Produkts zu bewegen (Kartmann 2001). Das Internet und die Weiterbildungsbranche sind voll von Angeboten an derartigen Zuhörkursen.

Kommunikativer Bereich

Im kommunikativen Bereich geht es darum, Gespräche zu führen (unter Umständen mit den oben erwähnten Methoden), um in Konfliktsituationen zu beraten, aber auch um Verständigung herzustellen in Unternehmen, zwischen Betriebsleitung und Mitarbeitern. Etliche Stellenanzeigen in überregionalen Zeitungen dokumentieren den Wunsch nach Mitarbeitern, die auch »gut zuhören können«. Die sozialen Kompetenzen (u. a. Teamfähigkeit) sind im Arbeitsleben von heute nicht mehr wegzudenken. Für jede betriebliche Neueinstellung sind sie ein wichtiges Kriterium. Gewerkschaften, Unternehmen, Banken und Kirchen bilden mittlerweile ihre Mitarbeiter in Gesprächsführung und im aktiven Zuhören aus. In einigen Volkshochschulen haben Kurse zum aktiven Zuhören und zur Verbesserung der kommunikativen Kompetenz einen festen Platz (Verbesserung der Selbst- und Fremdwahrnehmung, der Umgang mit den eigenen und mit fremden Emotionen, das Erkennen eigener und fremder Reaktionsweisen, die Fähigkeit, Menschen und Probleme getrennt sehen zu können, die Entwicklung von Einfühlungsvermögen, das Respektieren des Gegners).

Pädagogischer Bereich

Auch im pädagogischen Zusammenhang gibt es bereits Angebote zum aktiven Zuhören, vor allem bei der Streitschlichtung und beim Kommunikationstraining, in der Mediation und der Gewaltprävention.

Das Lehrerfortbildungsinstitut in Soest, Nordrhein-Westfalen, hat beispielsweise hierzu ein ausführliches und sehr fundiertes Modell veröffentlicht, das im Bereich der Konfliktbearbeitung in den einzelnen Schritten des Mediationsverfahrens aktives Zuhören vorsieht (www.learn-line.nrw.de/angebote/umweltgesundheit/medio/hinter/in_konflikt.htm).

Es gibt sogar ein evaluiertes und curricular formuliertes »Sozialkompetenztrainig für Grundschulen« für die Jahrgangsstufen 1, 2 und 4 mit Stundenzahl und didaktischen Entwürfen. Hier spielen auch die Übungen zum aktiven Zuhören im Rahmen einer Stundenzahleinheit eine Rolle. Sie umfassen darüber hinaus die eigene Wahrnehmung, das Erkennen und Benennen von Gefühlen, Ich-Botschaften und Problemlösungsstrategien (Spießbach 2000).

Inwieweit und in welcher Form Gesprächsführung und Zuhören in die Lehrpläne eingegangen ist, ließe sich nur mit einer systematischen Analyse feststellen. Am Beispiel von Hessen lässt sich festhalten, dass im Lehrplan Deutsch 5. bis 10. Klasse jeweils ein Baustein zur Gesprächsführung ausführlich verankert ist. Zuhören als eine zu bildende Fähigkeit ist ausdrücklich formuliert. Auch im neuen Lehrplan für die bayerischen Grundschulen wurde – wie bereits ausgeführt – in einigen Bereichen die Zuhörfähigkeit als Lernziel aufgenommen.

Kulturelle Bildung und kulturelle Praxis

Hören und Zuhören ist auf das Hörenmachen angewiesen, Hören und Zuhören hat einen Produktionsaspekt. Das Projekt »GanzOhrSein« (www.ganzohrsein.de) des Lehrstuhls für Grundschulpädagogik und -didaktik an der Ludwig-Maximilians-Universität München und vieler Kooperationspartner hat das *Hörenfördern durch Hörenmachen* in den Mittelpunkt seines Modellversuchs gestellt, der im Rahmen des Projekts »Kulturelle Bildung im Medienzeitalter« der Bund-Länder-Kommission durchgeführt wird.

Kulturelle Praxis wird hierbei immer mit und nicht gegen die traditionellen und neuen Medien gedacht. Im Unterschied zum überwiegenden Teil der Medienpädagogik, die zurzeit ihren Arbeitsschwerpunkt vor allem bei den neuen Medien setzt, verweist das Projekt auch auf die Förderung der Sinneskompetenz, auf die Schulung der Sinne als eine Voraussetzung für einen kompetenten Umgang mit Medien.

Hören und Zuhören stehen nicht nur für sich, sondern sind eingebunden und vernetzt in andere kulturelle Bereiche, die sich gegenseitig fördern und beeinflussen. An dieser Stelle folgt nur eine kurze und exemplarische Aufzählung von kulturellen Bereichen, in denen Hören und Zuhören nicht nur implizit vorkommen und als Fähigkeit vorhanden sein müssen, sondern auch indirekt gelernt und gefördert werden.

Musik

Beim Musikmachen wird Zuhören und Unterscheiden von Anfang an gelernt. Dabei geht es nicht nur darum, der Musik zuzuhören oder einzelne Unterschiede im Rhythmus, bei Tonfolgen und Melodien wahrzunehmen. Beim Zusammenspielen wird auch einander zugehört, beim traditionellen Musizieren im Orchester und beim Singen im Chor genauso wie bei Projekten der neuen Musik: »Response – neue Musik macht Schule« heißt ein Projekt in Hessen, in Bremen und in Nordrhein-Westfalen, bei dem Komponisten und Instrumentalisten mit Schülerinnen und Schülern in der Schule für einen längeren Zeitraum zusammentreffen. Hierbei werden nicht einfach Musikstücke erarbeitet, sondern es entstehen Stücke der Schülerinnen und Schüler im Dialog, wobei nur die Strukturen von Kompositionen eingebracht werden. Es entstehen Hörerfahrungen mit Geräuschen und Klängen von bisher unbekannten Materialien: »Response« ist die kompositorische Antwort auf den Dialog mit Komponisten in einem neuen Hörfeld.

Seit dem Jahr 2000 hat der Deutsche Musikrat im Rahmen seines Projekts »Initiative Konzerte für Kinder« unter Federführung von »Jeunesses Musicales Deutschland« begonnen »neue Wege für junge Ohren« zu eröffnen. Musik als Zuhör- und Mitmacherlebnis steht dabei im Vordergrund. Musik soll hautnah erfahren werden. Es werden neue Formen entwickelt, mit Veränderungen experimentiert, damit Kinder Lust bekommen, Musik live zu hören. In Zusammenarbeit mit zahlreichen Kooperationspartnern werden kindgerechte Konzertformen entwickelt in Schulen, Kindergärten, Jugendhäusern, soziokulturellen Zentren. Kindern aus allen Gesellschaftsschichten soll der Besuch von Konzerten für Kinder ermöglicht werden (www.konzerte-fuer-kinder.de und www.musikzumanfassen. de).

Rund 1000 Musikschulen sind im Verband der Musikschulen organisiert. Vielfältig wird in Musikschulen Musikmachen gelernt und musiziert. Hörkurse sind hier, wenn es sie gibt, ausschließlich auf Musik bezogen. In Musikschulen wird das Zuhören vor allem durch den Instrumentalunterricht gefördert. Welche Chancen bestünden, wenn Musikschulen ihr Angebot erweiterten mit Kursen, die – als Vorstufe – das »Hören erfahren«, das »Hören lernen« lehren?

Sprache und Literatur

Die Deutschdidaktik geht heute vermehrt auf Hörerziehung als einen Bestandteil der Sprecherziehung ein. Hören, Zuhören und medienvermitteltes Hören spielen dabei eine Rolle. Hörerziehung wird mit ästhetischer Sensibilisierung verknüpft, die sinnliche Wahrnehmung von Literatur wird anhand von Hörproduktionen überprüft und erfahren, ebenso wie praktische Rhetorik im Rahmen der mündlichen Kommunikation und Sprech- und Stimmbildung. Gerade der Hörbuchboom lässt hier viele neue Spiel- und Erfahrungsfelder des Literaturerlebens zu (Wermke 1998; Bergmann 2000).

Auch am Beispiel der Rhetorik lässt sich der Zusammenhang von Sprechen und Hören besonders gut herstellen. Die gemeinnützige Hertie-Stiftung hat im Jahr 2000 eine Initiative begonnen mit dem Ziel, rhetorische Kurse und Übungen in Schule und Hochschule einzuführen. Zum Reden und Debattieren gehört auch die Überlegung dazu, wie Hören und Zuhören funktionieren. Denn der Redner muss sich vor allem auch die Frage stellen: Wie erreiche ich meine Hörer am besten, wie muss ich Sätze und Zusammenhänge formulieren, damit das, was ich sagen will, auch dort ankommt? In einem ausführlichen und sehr qualifizierten Gutachten von Ansgar Kemmann (Universität Tübingen), das der Initiative vorausging und den Bedarf an rhetorischen Kursen begründete, war vom Hören und Zuhören zwar die Rede, aber nur am Rande. Zuhören wurde nicht weiter thematisiert, weil es als gegeben vorausgesetzt wurde (www.gemeinnuetzige-hertie-stiftung.de).

Neue Medien

Auch die neuen Medien spielen eine immer stärkere Rolle für das Hören und Zuhören. Das zunächst textlastige Internet hat in den letzten Jahren zunehmend die akustische Seite entdeckt als eine Möglichkeit, die Nutzer zur Aufmerksamkeit zu bewegen.

Das Gleiche gilt für Multimediangebote wie CD-ROMs. Ein ausgefeiltes visuelles Design stand zu Beginn des Mediums oft einem eher dürftigen akustischen Design gegenüber. Die Kompromisse, die Verlage und PC-Firmen hier eingehen, stehen zuweilen in einem krassen Gegensatz zur erreichbaren akustischen Qualität. Gerade hier bräuchte es eine weitere akustische Qualifikation auf Seiten der Hersteller, damit die Hörer sie annehmen und als Grunderfahrung schätzen lernten.

Ein traditionelles Medium: Das Radio

Radiomachen und Radiokurse sind gerade für Jugendliche eine exzellente Schulung des Hörens; eine Schulung, die man sogar manchem gestandenen Journalisten wieder einmal wünschen sollte. Am selbst erstellten Hörprodukt lernen Jugendliche gezielt fragen und kritisch zuhören, akustische Unterschiede zu differenzieren und vor allem auch die eigene Rolle als aufmerksamer Hörer zu entdecken.

Schlussbemerkung

Zuhören muss man machen: vielfältig, ideenreich, lustvoll. Man kann es nicht verordnen. In diesem Zusammenhang muss eine Frage besonders verunsichern oder zu neuen Aktivitäten anregen: die Frage nach dem Image des Hörens und Zuhörens: Nach meinen Beobachtungen haftet dem Zuhören sowohl ein positives als auch ein negatives Image an.

Auf der einen Seite wird der Fähigkeit des Zuhörens ein positiver Wert zugesprochen, und zwar durch die besondere Anerkennung derjenigen, die gut zuhören können, zum Beispiel Manager, die ihre Stelle neu antreten, oder Führungskräfte, die entscheidungsbefugt sind. Auch wenn über einen Bundespräsidenten gesagt wird, dass er gut zuhören könne, dann ist Zuhören mit einem positiven Wert verknüpft.

Auf der anderen Seite entsteht bei vielen ein Bild im Kopf, das Zuhören mit »müssen« in Verbindung bringt; ein eher zwanghaftes Bild, das Passivität auslöst. Zuhören erscheint als Forderung. Zuhören ist hier negativ besetzt. Etliche Journalisten empfinden Zuhören beispielsweise als ein »sperriges Thema«.

So bleibt die Aufgabe, dem Zuhören und der Zuhörförderung mittelfristig das ihnen zukommende positive Image zu verleihen und darüber nachzudenken, wie und in welche Bereiche hinein mit welchen (spielerischen und kreativen) Projekten wir positive und angenehme Bilder des Zuhörens vermitteln können.

Literatur

Bergmann, K. (2000): Hör-Gänge, Konzeption einer Hörerziehung für den Deutschunterricht. Oberhausen.

Bernius, V.; Ehlers, R.; Gilles, M. (1999): Was hören wir denn heute?! Hörclubs an Grundschulen. In: Rogge, J. U.; Rogge, R. Zuhören macht Spaß. Reinbek.

Bernius, V.; Gilles, M. (2002): Hörspaß. Hörclubs an Grundschulen. Göttingen.

Deutsches Grünes Kreuz: Schulkampagne »Take care of your ears«, Dr. Karin Uphoff, Schuhmarkt 4, 35037 Marburg, Tel.: 06421-293161, Fax: 06421-22910.

Gilles, M. (1997): Anleitungen zum Zuhören: »Deep Listening – Tiefes Zuhören«. Ein Workshop mit der Komponistin Pauline Oliveros. Tagebuchnotizen, Sendung hr2 vom 25.12.1997 (im Rahmen des Symposiums Ganz Ohr 1997, www.zuhoeren.de).

Gordon, T. (1989): Managerkonferenz. München.

Kartmann, S. W. (2001): Wie wir fragen und zuhören könnten. 5. Auflage. Würzburg.

Karst, K. (1998): Sinneskompetenz als Voraussetzung für Medienkompetenz. medien praktisch 1: 4–7.

Schafer, M. (1988): Klang und Krach. Eine Kulturgeschichte des Hörens. Frankfurt a. M.

Schulz von Thun, F. (1981): Miteinander reden: Störungen und Klärungen. Reinbek, 1998.

Shafir, R. Z. (2001): Zen in der Kunst des Zuhörens. Verstehen und Verstanden werden. München.

Spießbach, B. (2000): Soziales Kompetenztraining und seine Evaluation an Grundschulen. Unveröffentlichte Diplomarbeit, Universität Düsseldorf. (Download eines Auszugs: www.schulleitung.de/konflikte2430.htm)

Stierlin, L.; Schulz von Thun, F. (2000): Zur Psychologie des guten Zuhörens. In: Huber, L.; Odersky, E. (Hg.) Zuhören – Lernen – Verstehen. Braunschweig. S. 26–38.

Wermke, J. (1998): Hör-Ästhetik. Ein Beispiel integrierter Medienerziehung im Deutschunterricht. medien praktisch 1: 15–18.

Wermke, J. (2000): Hörästhetik als Aufgabe der Medienerziehung im Deutschunterricht. In: Huber, L.; Odersky, E. (Hg.), Zuhören – Lernen – Verstehen. Braunschweig, S. 123–136.

Ulrike Roos

Akustisch gestaltete Schule

Ein Projekt zur Schulentwicklung in der Deutschen Schule Mailand

Schule verlangt von allen ein feines Ohr. Das gilt vor allem für eine deutsche Auslandsschule wie die Deutsche Schule Mailand (DSM). Sie ist eine so genannte Begegnungsschule, die auch italienische Schüler aufnimmt, sofern sie bereits den deutschen Kindergarten besucht haben. Als Halbtagsschule mit Unterricht an sechs Wochentagen führt sie sowohl zum deutschen als auch zum italienischen Abitur. Deutsche Haupt- und Realschüler müssen in den Unterricht integriert werden, ihre Zahl ist jedoch gering.

Der Anteil italienischer Schüler beträgt 70 Prozent. Die Schüler müssen nicht nur dem Unterricht abwechselnd in Deutsch und Italienisch folgen und zudem zwei weitere Pflichtfremdsprachen lernen, sondern auch Dialektfärbungen der Lehrer, zum Beispiel aus Sachsen, Bayern, Österreich, tolerieren. Die Lehrer selbst sollen im Kollegen- und Elterngespräch zwischen Italienisch und Deutsch wechseln können, die Fremdsprachenlehrer müssen mit den Hör- und Aussprachegewohnheiten italienischer und deutscher Kinder umgehen und Missverständnisse vermeiden lernen. Alle Maßnahmen, die das Zuhören fördern, sind daher an einer solchen Schule besonders sinnvoll.

Der Beitrag informiert darüber, wie solche Maßnahmen an der Deutschen Schule Mailand als Projekt zur Schulentwicklung aufeinander abgestimmt worden sind. In Zusammenarbeit mit Architekten, Innenarchitekten und Akustikern gingen wir der leitenden Frage nach, inwieweit die räumlichen akustischen Gegebenheiten das Lernen, speziell die Sprachlernprozesse, fördern oder behindern. Einbezogen wurden dabei das akustische Umfeld »Stadtteil«, das akustische Umfeld »Schule« und die Gestaltung des Unterrichts.

Das akustische Umfeld im innerstädtischen Altstadtviertel »Brera«

Die Stadt Mailand führte im Schuljahr 2000/2001 das Projekt »Suoni e rumori della città« (Klänge und Geräusche der Stadt) durch, an dem sich die DSM beteiligte. Ein hoch empfindliches Messgerät, das uns von der Stadt zur Verfügung gestellt wurde, ermöglichte exakte Messungen. Angeleitet durch den Bauakustiker Carlo Pompa führten die Schüler Schallpegelmessungen nicht nur im Schulgebäude, sondern auch in den angrenzenden Straßen durch (Abb. 1). Sie notierten in Gruppen Zeit, Ort und Lärmquellen. Aus diesen Angaben erstellte eine Schülerarbeitsgruppe unter Leitung einer Informatiklehrerin Tabellen und eine Umgebungskarte mit den eingetragenen Messergebnissen. Da die Stadt das Projekt für alle Mailänder Schulen ausgeschrieben hatte, entstand eine Stadtkarte als »Soundscape«.

Das akustische Umfeld Schule: Bestandsaufnahme und Verbesserungsmaßnahmen im Schulgebäude

Als ersten Arbeitsschritt auf dem Weg zur akustisch gestalteten Schule stellte die Innenarchitektin Susanne Thun den Schülern anhand von Kisten voller Proben Materialien vor, zum Beispiel Profilbleche, Hölzer, Keramik, Kunststoffe, und informierte sie über Farb- und Formwirkungen.

So vorbereitet, nahmen an zwei Projekttagen vier Schülergruppen eine Bestandsaufnahme in der Schule vor und fotografierten Details im und um das Schulgebäude. Themenschwerpunkte waren: Wände, Böden, Ausstattung, technische Einrichtungen.

Bei der Auswertung fiel unter anderem auf, dass es unnötig viele metallene Einrichtungsgegenstände gibt, die eine störende oder unangenehme Geräuschkulisse produzieren wie etwa mehrere Mülleimer aus Blech an einem Ort. Unschön und lärmverstärkend sind die kahlen Wände mit glattem Schutzfarbanstrich, dazu viel Glas, nicht

Abbildung 1

nur in der Außenfassade, sondern auch in den Oberlichten zum Mittelflur. Das riesige zentrale Treppenhaus mit Glasfront führt über vier Stockwerke.

Um die akustischen Besonderheiten in der Schule zu messen, wurden mehrere Methoden angewandt. Mit Albert Mayr (vgl. Beitrag in diesem Band), Musikhochschule Florenz, maßen die Schüler der 9. Klasse mit der Stoppuhr die Nachhallzeiten, die beim Anschlagen eines Klangholzes in den einzelnen Räumen festzustellen waren. Exaktere Messungen führten die Schüler gemeinsam mit dem Bauakustiker Carlo Pompa durch. Sie maßen die Schallpegelwerte im Eingangsbereich, in der Turnhalle (bis 107 dB), im Treppenhaus und in ihrem Klassenzimmer zu festgelegten Zeiten im Verlauf eines Schulvormittags und legten in Gruppenarbeit Tabellen an. Die Lärmentwicklung innerhalb einer Schulstunde wurde als Schaubild festgehalten.

Gemessen wurde auch die Lautstärke eines Walkmans, den ein Schüler auf die von ihm üblicherweise gehörte Stärke eingestellt hatte (105 dB). Mehr auf die subjektiven Eindrücke der Schüler zielten vergleichende Tonbandaufnahmen, zum Beispiel vom Nachhall eines Gongs im eigenen oder benachbarten kleineren Klassenzimmer, vor oder nach Unterrichtsbeginn, mit wenigen oder vielen Schülern, mit oder ohne Mäntel und Jacken im Zimmer.

Im Eingangsbereich und in einzelnen Klassen wurde fünf Wochen lang das »SoundEar« aufgestellt, das ab einer (vom Benutzer einstellbaren) Lautstärke von 80 dB aufleuchtet und mit rotem »Achtung«-Schriftzug vor der Lautstärke über 85 dB warnt – ein Wert, der bei Schulschluss leicht erreicht wird. Besonders bei Gruppenarbeit in den Klassen zeigte die Warnung eine Wirkung: Die Schüler ermahnten sich untereinander zur Ruhe, die danach mit dem Blick auf das »SoundEar« auch eingehalten wurde.

Die Sensibilität für den Geräuschpegel in der Klasse wuchs deutlich dadurch, dass die Schüler direkt mit den Messergebnissen konfrontiert wurden. Ein geliehenes Messgerät, das von diesem Zeitpunkt an sporadisch in verschiedenen Klassen eingesetzt wird, erinnert immer wieder an diese grundlegende Erfahrung.

Mit Schuljahresanfang 2000/01 begann die Gestaltung der Klassen- und Schulräume. Einige – relativ kostengünstige – Arbeiten wurden durchgeführt, bei denen die Eigenleistungen der Schüler im Vordergrund standen. Mit folgenden Maßnahmen wurde die Akustik im Klassenzimmer verbessert:

Türen: Türfalz und -rahmen wurden mit klebbaren, handelsüblichen Schaumgummistreifen abgedichtet.

Fenster: Die Dekoration der großen Fensterflächen zur Straße und zum Flur erfolgte mit Bildern aus geknülltem Seidenpapier. Kleinere Bilder und Buchstaben lassen sich aus Glasmalfarben in Plastikkonsistenz herstellen; inzwischen sind viele Fenster so beklebt, das heißt strukturiert, weil Vertretungsstunden für solche Arbeiten genutzt werden. Der Schallschutzeffekt solcher Maßnahmen ist relativ gering (vgl. Mommertz in diesem Band), die Schüler werden jedoch mit diesen Eigenleistungen für die Bedingungen der Lärmentstehung und -vermeidung und für die akustische Umwelt sensibilisiert.

Tische: Die Schüler wählten sich zu Beginn des Schuljahrs eine große Moosgummiplatte in ihrer Lieblingsfarbe aus. So haben sie einen persönlich gestalteten Tisch vor sich und können die Unterlage auf einer Seite bemalen und beschreiben. Die zweite Seite bleibt unbeschrieben, weil sie bei Klassenarbeiten zum Einsatz kommt, wenn auf Einzelblätter geschrieben wird und jedes Geräusch störend wirkt. Die Schüler werden so verantwortlich für die Geräusche, die von ihrem Schreibgerät ausgehen.

Wände in Klassenzimmern: Stoffdekorationen sind nur möglich, wenn sie mit Brandschutzmittel eingesprüht werden, das über den Theaterbedarf zu erhalten ist. Einwände von Seiten der Verwaltung, an asthmagefährdete Kinder zu denken, ließen uns sparsam damit umgehen. Am oberen Rand der Wände wurden in Art eines Frieses Stoffrechtecke befestigt, da nach Auskunft eines Akustikers diese Wandbereiche besonders den Nachhall dämpfen können. Dabei genügt es, die drei dem Lehrerpult gegenüberliegenden Wände zu verändern, das heißt die Rück- und Seitenwände. Anregungen dazu gaben Werke von Bauhauskünstlern.

Schwer entflammbare Stoffe werden von Firmen angeboten, die Dekorationen für Theater und Konzertsäle herstellen. Wir erhielten von diesen Firmen Muster- und Farbkarten. Die Schüler verwendeten die Muster bei der Ausgestaltung ihrer Klassenmodelle, die sie aus Pappkarton hergestellt hatten.

Hängt man die Stoffe in Falten von etwa 10 bis 15 cm Tiefe so auf, dass zur Wand der gleiche Abstand (ca. 15 bis 20 cm) gewahrt bleibt, verbessert sich die Raumakustik nachhaltig: Durch die unterschiedliche Faltentiefe werden hohe und tiefe Frequenzen absorbiert. Um solche Stoffe aufhängen zu können, wurden Drahtschnüre an Seiten- und Rückwand angebracht. Daran befestigten wir Bühnenmolton zur Probe in wechselnden Farben und Längen. Auch ein Paravent aus Holzrahmen, über den Stoff gefaltet wird, erfüllt den gleichen Dienst, vor allem vor der Fensterwand, wenn keine Vorhänge aufgehängt werden können. Ein anderer Hinweis eines Fachmanns veranlasste uns zum Ausfüllen der Zimmerecken im hinteren Bereich des Klassenraums. Dort stellten wir unterschiedlich lange Papphröhren auf, die kostenlos im Teppichhandel erhältlich sind und die mit dickflüssiger, porös auftrocknender Farbe gestrichen und mit gefaltetem Molton dekoriert wurden. Die bunten Stoffstücke werden mit Wollfäden oder Gummi zusammengehalten.

Wände in Fluren: Um eine Wand vor der Aula zu beleben, haben wir die einfachen tanzenden Figuren von Keith Haring gewählt und aus Moosgummi ausgeschnitten (Abb. 2).

Ein weiteres Wandbild wurde als Abwandlung zu Mondrians »Broadway-Boogie-Woogie« gestaltet und, dem Viertel entspre-

Abbildung 2

chend, »Brera-Blues« getauft. Das Bild setzt sich aus verschiedenfarbigen Streifen, Rechtecken und Quadraten aus Molton zusammen und soll das Pulsieren im Viertel spiegeln.

Treppenhaus: Große Fahnen erlauben eine wirkungsvolle Dekoration im Treppenhaus. Um nicht die hohen Kosten für Stoffbahnen tragen zu müssen, arbeiteten wir mit Chinapapierrollen »Wenzhou«. Dieses Material lässt sich wie Stoff in Falten legen oder wellt sich von allein im Luftzug. Es kann mit Aquarellfarben bemalt werden, welche die Poren nicht verschließen. Zusätzlich lassen sich mit Nadeln Muster lochen und somit Luftdurchlässigkeit erreichen. Ein ideales Dekorationsmaterial sind Markenfiltertüten, deren Perforation von 0,1–0,2 mm Durchmesser im Abstand von etwa 1 cm schalldämpfend wirkt. Mit Batikfarben gefärbt bildeten die Tüten die Basis für lange Blumengirlanden.

Aus Molton wurden Rechtecke wie Taschen genäht, in die Schallschutzplatten eingefügt werden können. Aneinander genäht ergeben sich Streifenmuster in verschiedenen Farben.

Das hohe Treppenhaus eignet sich ebenfalls gut für das Aufhängen von Klangelementen, die entweder in Stofftaschen auf einer weißen transparenten Fahne untergebracht waren oder frei an Schnüren oder Seidenbändern hingen. Raschelndes Papier machte auf einen Film aufmerksam, in dem es um Lärm und Hektik in der Schule ging. Dieses Architektenpapier hing am Ende einer Schnur, auf der in unregelmäßigen Abständen drehende, mit Farbspiralen bedruckte Kreise aufgezogen waren. Knoten und eingefügte Glöckchen verhindern, dass die Pappscheiben rutschen.

Die erste Arbeit, die aufgehängt wurde, um die Schüler und Lehrer auf das Thema »Hören, Zuhören« aufmerksam zu machen, war eine lange Papierfahne, auf die eine Praktikantin bunte Ohren aus Papier und Glöckchen verschiedener Größe sowie schülereigene Texte aufgenäht hatte. Die Schüler hatten bei der Vorbereitung das Ohr ihres Banknachbarn zunächst abgezeichnet, dann in Gips modelliert und schließlich aus farbigem Papier ausgeschnitten (Abb. 3).

Zurzeit findet ein Wettbewerb statt, um Ideen zu sammeln, wie mit langen Stoffbahnen in verschiedenen Farben der Nachhall reduziert werden kann. Dieser Wettbewerb bezieht alle Schüler ein

Abbildung 3

und macht sie somit auf das Problem des Lärms in der Schule aufmerksam.

Klangparcours im Schulgebäude: Ein großes Instrument mit acht Metallröhren wurde in einem Holzrahmen an einer Wandabteilung im Keller aufgeschraubt. Der daneben hängende Klöppel aus Textilmaterial wird vor allem in den Regenpausen betätigt; dabei ergibt sich ein sehr sanfter Klang. Beim Sommerkonzert schraubten die Musiklehrer das Instrument ab, um es als eigenwillige Klangfarbe im Orchester einzusetzen (Abb. 4).

Die angrenzende Wand ist mit einer Drahtschnur mit Spannvorrichtung versehen, an der Gegenstände zur Klangerzeugung hängen, wie Rasseln, Triangeln, Regenholz. Der Durchgang zu diesem Keller wird zurzeit zu einer klingenden Passage ausgestaltet: An langen farbigen Gummifäden und Drahtschnüren sind Metallstäbe, Glöckchen und farbige Glasperlen befestigt, die beim Hindurchschreiten zarte Klänge hören lassen. Alle diese Angebote sind für die Schüler sehr attraktiv.

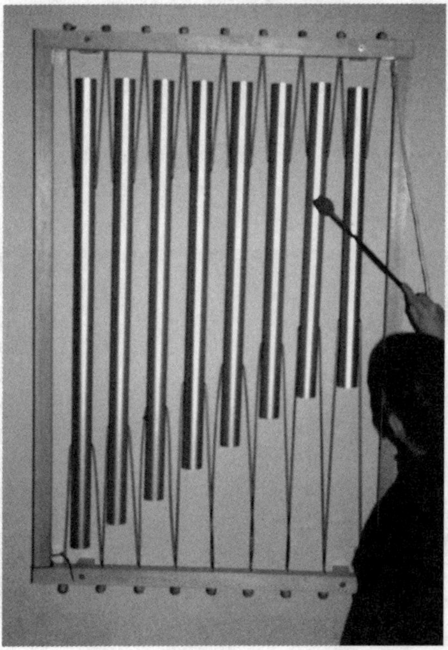

Abbildung 4

Neben einer Klangwand im Keller gibt es auch bewegliche Klangkörper, die an verschiedenen Orten in der Schule und auf dem Schulhof eingesetzt werden können, zum Beispiel Klangrätseltaschen. Objekte, die in Stofftaschen versteckt sind, sollen durch Hören erraten werden. In der DSM stand im Foyer der Aula ein unbenutztes Regal zur Verfügung, um dessen Einlegeböden die Taschen geknüpft wurden. Daneben stand die Nummer des Rätsels, Teilnahmebögen zum Ausfüllen lagen für alle Schüler bereit. Als Rätselobjekte dienten zum Beispiel ein Filzball mit Glöckchen in der Mitte, eine Puppenrassel, exotische Früchte oder Münzen in einem Metallei.

Schulhofgestaltung: Am Fahnenmast wurden große Streifen aus Stoff mit aufgetackerten Metallplättchen aufgehängt. An einigen aufeinander folgenden Tagen konnten wir bunte Fahnen aus dünnem Kunststoffmaterial, die von der Künstlerin Beate Oehmann zur Verfügung gestellt worden waren, an den hohen Laubbäumen aufhängen (Abb. 5).

Als Hörerfahrung interessant war es für Schüler und Lehrer, dass das Rascheln des Stoffes im Wind nur kurze Zeit erträglich ist. Hängt man dagegen kleine Metallspiralen, in denen Glöckchen befestigt sind, in die großen Bäume, verharren die Schüler immer wieder gern zum Lauschen unter den Ästen.

Beate Oehmann hatte auch den Bau eines Klangwagens angeregt, das ist ein Kleiderständer aus Metall, an den Metallobjekte gehängt

Abbildung 5

werden. Als geeignet erwiesen sich Röhren aus dem Baumarkt oder ausgeschnittene Metallstücke, die aus großen Aluminiumplatten aus einer Druckerei stammten. Wir erhielten sie kostenlos.

Diese großen Platten eignen sich außerdem für die Erzeugung von Donnergeräuschen durch Biegen. Dazu müssen sie jedoch in einen Rahmen, zum Beispiel aus Isolierband, gefasst werden, um eine Verletzung an den scharfen Kanten zu vermeiden.

Nicht nur die Idee der Klangwand stammt von Alex Resch, sondern auch der Vorschlag zum Bau eines Erdloch-Xylophons (vgl. www.klangart.de). Hierfür werden über ein Loch von 20 bis 30 cm Tiefe zwei Längsbalken gelegt und darauf Klangzungen quer befestigt. Die Kinder können darauf gehen, hüpfen, tanzen oder auch mit Schlägeln spielen. Alex Resch schlug auch vor, mit einem Hörrohr aus einer abgesägten Friedhofsvase dem Leben auf der Wiese zu lauschen.

Der akustisch gestaltete Unterricht

Weitere Schritte zur Entwicklung der DSM zu einer akustisch gestalteten Schule betreffen den Unterricht, also den unmittelbaren Umgang von Lehrern und Schülern miteinander. Es werden zunächst allgemein einsetzbare Maßnahmen zur Strukturierung/Rhythmisierung des Unterrichts und anschließend fachbezogene und fächerverbindende Vorschläge vorgestellt.

Strukturierung des Unterrichts/Rhythmisierung

Anfangs- und Endsignale: Auf Wunsch der Schüler kann zu Beginn jeder Stunde eine bestimmte Melodie stehen, auch eine Satzmelodie im Sprachunterricht. Im Musikunterricht stimmte über einen bestimmten Zeitraum hinweg ein Lied oder ein Ausschnitt aus einem längeren Musikstück die Schülergruppe ein. Am Ende des Unterrichts erwies sich ein kurzes Signal vor Erteilung der Hausaufgabe als sehr sinnvoll, weil die Aufgaben dann bewusster notiert und auftauchende Rückfragen gleich geklärt werden konnten. Insgesamt empfinden die Schüler eine klare Strukturierung der Unterrichtsstunde als hilfreich und wohltuend. Die Signale können dabei auch Hinweise auf die Art der Arbeitsaufträge und auf das erforderliche Maß an Konzentration enthalten. Wir einigten uns auf eine Skala mit zehn Stufen.

Die Klasse als Klangkörper: Auch die Klasse selbst kann sich als Klang-Körper, als Instrument wahrnehmen, wie Albert Mayr den Schülern der 9. Klassen zeigte. Jede Klasse hat ihre spezifische Lautstärke und -färbung, die über eine Tonbandaufnahme bewusst gemacht werden kann. Gibt man nun bestimmte Zeiten für Stille- und Redephasen an und benennt die Sprecher in festgelegter Reihenfolge, so ergibt sich ein Konzert aus Stimmen. Eine solche Übung ist kunst- und anspruchsvoll und wirkt zunächst künstlich auf die Schüler. Allerdings sensibilisiert diese Erfahrung die Schüler für die eigene Gruppe und deren Klanggestalt. Auch die einzelnen Stimmen werden dabei viel bewusster wahrgenommen.

In unserer Schule waren Schüler anschließend in der Lage, besonders angenehme Stimmen zu beschreiben und ebenso die Unterschiede, die sich ergeben, wenn der gleiche Sprecher die italienische oder deutsche Sprache wählt. Rollenerwartungen an einen weiblichen oder männlichen Sprecher unterscheiden sich erheblich in beiden Sprachräumen.

Wahrnehmungsübungen und Thematisierung des Hörens/Zuhörens in den einzelnen Unterrichtsfächern

Die Klasse als Zuhörgemeinschaft: Die Schüler verschiedener Klassenstufen wurden aufgefordert, erstens den Begriff »Zuhören« zu definieren und zweitens aufzuschreiben, was für jeden Einzelnen wichtig ist, um gut zuhören zu können. Es war verblüffend zu sehen, wie sehr sich die Schüler für dieses Thema interessieren und wie genau sie die gemeinsam entwickelten Regeln danach einhalten.

Fremdsprachenunterricht: Vom Bayerischen Rundfunk, Abteilung Schulfunk, wurde eine Sendereihe mit dem Titel »ritmimots« ausgestrahlt. Hierin erläuterte eine französische Lehrerin, wie Sprachenlernen über das Bewusstmachen von typischen Rhythmen geschehen kann, nach denen die unterschiedlichen Satzarten, zum Beispiel der Imperativ oder der Fragesatz, geäußert werden. Bei den Schülern löste diese Arbeitsweise zunächst Befremden aus, in der Folge verlangten sie dann von sich aus nach einer erneuten Sequenz mit »ritmimots« und waren selbst erstaunt, wie gut sie die Beispiele gespeichert hatten. Günstig sind kleine Schülergruppen.

Zurzeit versuchen die in einer Klasse mit 19 Schülern gemeinsam unterrichtenden Sprachlehrer und der Musiklehrer, das Prinzip der »ritmimots« auf den Deutschunterricht zu übertragen. Diktate, die nicht vom Lehrer, sondern von Schülern abwechselnd Satz für Satz präsentiert werden, verlangen eine erhöhte Aufmerksamkeit, weil sie ungewohnter klingen. Sprechende und Schreibende bemerkten unter diesen Bedingungen stärker, welche Textelemente besondere Schwierigkeiten bereiten. Sie notierten sich diese, bearbeiteten sie gezielt und erkannten dabei, dass ihre Aussprachedefizite oft mit ihren Rechtschreibschwierigkeiten gekoppelt waren.

Deutschunterricht in Verbindung mit Kunst und Musik

»Klingende« Texte bieten sich als Unterrichtsgegenstand an, beispielsweise eine Sammlung von Zaubersprüchen: von »Merseburger Zaubersprüche« (in: Echtermeyer u. Wiese 1955) über Goethes »Zauberlehrling« bis zu solchen aus Michael Endes »Wunschpunsch« oder aus »Harry Potter«. Gedichte, die mit Klängen spielen, dienten als Vorlage für eigene Schöpfungen wie etwa Brentanos »Wiegenlied« oder »Abendständchen«. In den Parallelversionen sollte anstelle der Flöte ein anderes Instrument oder eine andere Klangquelle wie Wind oder Wasser gewählt werden.

Zum Instrument »Flöte« wurden weitere Texte gesammelt. Ein Gedicht von Paula Ludwig »Ich kann nur die Flöte spielen« (in: Andresen 1986) oder zwei Texte von Indianern (Recheis u. Bydlinski 1996) über die Bedeutung der Flöte als heiliges Instrument, das »der

Schönheit des Landes ihre Stimme leiht« wurden mit Brentanos Gedicht verglichen und so Verwandtschaften festgestellt, die über Zeiten und Kulturräume hinweg bestehen.

Da die meisten Schüler das Flötenspiel gelernt haben, war es anschließend ihre Aufgabe, einen der fremden Texte oder das eigene Gedicht in Bild und Ton umzusetzen. Anregungen für die bildnerische Gestaltung boten die grafischen Notationen aus der Sparte der neuen Musik und die Zeichnungen von Paul Klee zur Musik (Cslovjecsek u. Spychiger 1998). Ziel ist es, den Klassenraum mit diesen grafischen Darstellungen der eigenen Musik zu bemalen.

Zum Thema »Stille« gibt es wiederum viele lohnende Indianertexte (Recheis u. Bydlinski 1996), die Eugen Gomringers »Schweigen« oder Gerhard Rühms »Stille« (in: Conrady 1997) gegenübergestellt werden können. Texte aus der Dada-Bewegung (Riha u. Schäfer 1994) oder Beispiele der Konkreten Poesie (Arnold 1971) eignen sich ebenfalls.

Prosatexte, die ganz auf Höreindrücken aufbauen und sich für den Unterricht als geeignet erwiesen, sind zum Beispiel »Der Sandmann« von E. T. A. Hoffmann oder Auszüge aus Virginia Woolfs »Zum Leuchtturm« (1927). Die Beschreibung des quietschenden Gartentors in Prousts »In Swanns Welt« (1913), die für den Erzähler fest in der Erinnerung verknüpft ist mit dem Erscheinen des Nachbarn, war Ausgangspunkt für Schülerarbeiten. Sie sollten eine Biografie als Kette von Hörerlebnissen schreiben.

Diese Aufgabe wurde von italienischen und deutschen Schülern mit großem Engagement bearbeitet, was schließlich auch zu interessanten Vergleichen der beiden Lebenswelten führte.

In der Unterstufe eignet sich der lustige Text »Preisvorschlag« von Rafik Schami aus »Die Farbe der Worte« (2000), in der er ein seidenes oder samtenes Ohr als Preis für den besten Zuhörer empfiehlt.

Im Aufsatzunterricht übten wir die Beschreibung des Klassenzimmers so, wie wir es übernommen hatten, und so, wie es jeder zur Verbesserung der Akustik umzugestalten wünschte. Sachbeschreibungen wurden in Form eines Hörrätsels verfasst. Gegenstände, die Geräusche erzeugen und die ertastet und »erlauscht« werden konnten, mussten danach erraten werden. Vorgangsbeschreibungen bezogen sich auf Bastelarbeiten, die bei der Gestaltung der Klasse anfielen, zum Beispiel das Raummodell aus Karton.

Die Bildbeschreibung wurde erweitert: Zu dem gewählten Bild sollten nicht nur die passenden Worte, sondern auch die passenden Klänge gefunden werden. Als interessante Grundlage erwiesen sich die Bilder von Quint Buchholz in »Der Sammler der Augenblicke« (1997). Ihre surrealistischen Elemente provozieren Fragen. Oft spielen Musikinstrumente eine Rolle, wie ein Blasinstrument, das durch die Luft fliegt. Die Schüler »vertonten« diese Bilder.

Das Bild »Mädchen mit Taube« von Pablo Picasso war Grundlage für eine Personenbeschreibung und ein Selbstporträt, bei dem Kleidung, Tier und Ball nach eigener Wahl ausgetauscht wurden. Auch zu diesem Selbstporträt wurde Musik ausgesucht und die vollständige Arbeit der Partnerklasse in Deutschland zum Lesen, Betrachten und Hören geschickt.

Der »Sachliche Brief« wurde geübt anhand von Schreiben an die Verwaltung, in denen es beispielsweise um die Genehmigung von Raumausstattungswünschen ging.

Grammatikunterricht lässt sich im Deutsch- wie Französischunterricht unter starker Betonung von rhythmischen Mustern und Satzmelodien üben.

Eine Reihe von Autorenlesungen stellte das Zuhören in den Mittelpunkt. Dabei ragte vor allem eine deutsch-italienische Veranstaltung heraus, in welcher der Autor Roberto Piumini Lautgedichte vortrug, zum Beispiel ein Gedicht voller »f«, bei Sommerhitze zu sprechen oder zu blasen: »Quando fa caldo fate ...«

Musikunterricht

Der Unterricht beginnt jeweils mit dem *Musikstück des Monat*s.

Der Klassenraum wird zum *Klangraum*, indem die Schüler Wände oder Boden mit Händen und Füßen zum Klingen bringen. Auch hier kann sich die Klasse als Klangkörper erleben und das gemeinsam produzierte Klangbild auf Kassette festhalten. Wird dies mehrfach im Schuljahr aufgezeichnet, lassen sich die Unterschiede feststellen, benennen und deuten.

Die Flötistin Birgit Nolte gab mit einem befreundeten Gitarristen ein *Konzert mit neuer Musik*. Es war bereits das dritte an der DSM. Dadurch werden Hörgewohnheiten erweitert.

Eine Darbietung neuer Musik wurde mit *assoziativem Malen* auf großformatigen Blättern verbunden. Mit der Umsetzung in eine Filmsequenz wurde in zwei Klassen begonnen.

Deutsch-, Kunst- und Musikunterricht können gemeinsam die Tendenzen zu Beginn des zwanzigsten Jahrhunderts aufgreifen – mit Schönberg, Strawinsky, Kandinsky und anderen – mit dem Versuch, die *Grenzen zwischen den Künsten aufzuheben* (Maur 1999).

Mit einer 5. Klasse nahm Birgit Nolte ein *Klanghörspiel* auf, in dem Geschichten mithilfe von Geräuschen erzählt werden, ohne Musikinstrumente einzusetzen.

In einer 8. Klasse werden *eigene Kompositionen* entwickelt. Als Vorbereitung dienen Improvisation und die Auseinandersetzung mit grafischen Partituren zum Beispiel von Earle Brown.

Naturwissenschaft und Technik

Im Informatikunterricht wurden die *Messwerte in Tabellen* übertragen und für die Homepage zur Verfügung gestellt. Das Schneiden der Aufnahmen für die Rundfunksendung erfolgte im Informatikraum.

In der 8. Klasse ist in Physik Akustik Unterrichtsstoff. Zusätzlich machte der Physiklehrer die Schwingungen der menschlichen Stimme im Vergleich zu den Tönen der Geige mithilfe des Oszillografen sichtbar.

Im Biologieunterricht gab ein deutscher Ohrenarzt im Rahmen der *Kampagne »Take care of your ears«* sein Expertenwissen weiter.

Weitere fächerübergreifende Kooperationen

Videoarbeit »Ke Kaos«: Im Deutsch- und Italienischunterricht, vornehmlich aber in der Video-AG von Gisella Cateni, entstand ein ironisch überzeichneter Beitrag zum Thema »Die ideale akustisch gestaltete Schule«. Träume von Schule wurden einer chaotischen, extrem lauten Situation in einer Detektivgeschichte gegenübergestellt.

Rundfunkarbeit: An zwei Projekttagen erarbeiteten Schüler der 8. Klasse mit Elke Dillmann vom Bayerischen Rundfunk akustische Postkarten zu den Themen: Sehenswürdigkeiten, Mode, Essen, Comicproduktion in Mailand sowie eine anspruchsvolle Klangcollage. Zur Sendung reisten zehn Schüler nach München.

Zusammenarbeit mit den Salzburger Festspielen – Verdi-Projekt: Im Musik-, Kunst-, Deutsch- und Englischunterricht der 9. und 10. Klasse entstanden eine Vielzahl sehr unterschiedlicher Arbeiten zu »Falstaff«. Die Schüler brachten sie nach Salzburg, wo ihnen an drei Tagen von Elfi Schweiger, der Organisatorin von »Junge Freunde Salzburg«, ein intensiver Einblick in Musik- und Theaterleben gegeben wurde. Einige Arbeiten wurden während der Festspiele im großen Foyer des Festspielhauses ausgestellt.

»Tonspuren – Voce – Voix – Voice – Stimme«: An der DSM werden Lesung, Werkstattgespräch und Klangkonzert mit Texten von Thomas Bernhard und Christoph Ransmayr vorbereitet. An die Lesung des Dramaturgen Hermann Beil (Wiener Burgtheater/Berliner Ensemble), der sich beider Autoren intensiv angenommen hat, schließen sich Rezitationen in verschiedenen Sprachen und dazu Kompositionen mit Instrumenteneinsatz wie zum »Stimmenimitator« durch die Schüler an. So wächst ein Klangbild mit Texten, die durch die Übersetzungen sowohl vertraut gemacht als auch verfremdet werden.

Projekttag »GanzOhrSein«: Ein Wettbewerb zur Schulgestaltung. Jede Klasse erhielt ein Moltonquatrat im Format 130 x 130 cm in der Farbe ihrer Wahl. Dieses Quadrat musste im Lauf eines Schulvormittags gestaltet werden, dabei sollte ein Text oder Bild zum Thema »Hören – Zuhören« die Grundlage des Entwurfs sein. Bei der Ausführung der Arbeit sollte Gelegenheit zum Zuhören geboten werden (Lesungen, Hörbeispiele aus Hörbüchern oder aus Materialien des Hörclubs).

Die Dokumentation des Arbeitsprozesses durch eine Schülergruppe war Teil des Wettbewerbsbeitrags jeder Klasse, ebenso die Stellungnahme des Klassenlehrers. Die gestalteten Quadrate wur-

Abbildung 6

den in der Eingangshalle ausgestellt, sodass auch die Eltern die Arbeiten sehen konnten. Die Stoffe wurden anschließend zu einer Fahne zusammengenäht und im Treppenhaus als »Schallschlucker« aufgehängt (Abb. 6). Vorschläge über die Anordnung entwickelten die Schüler zuvor im Fach Kunst. Grundlage vieler Arbeiten waren Anregungen aus Maurs Buch »Vom Klang der Bilder« (1999).

Schlussbemerkung

Die akustische Gestaltung von Schule als Beitrag zur Schulentwicklung setzt zunächst die Zusammenarbeit des Kollegiums voraus, kann sie aber später auch fördern. Erfolge stellen sich auf unterschiedlichen Ebenen ein: Der Zusammenhalt der Schule wächst, weil Lehrerinnen und Lehrer, Schülerinnen und Schüler durch die gemeinsame Orientierung auf hör- und zuhörfördernde Maßnahmen Verantwortung für das Schulklima übernehmen. Die akustische Umwelt in der Schule wird angenehmer, der Unterricht abwechslungsreicher. Und mitunter stellen sich Ergebnisse ganz unerwartet ein. Das an der DSM geplante Schulradio zum Beispiel ist nur mithilfe von Informatik- und Deutschlehrern möglich, die die Beiträge so aufbereiten helfen, dass sie über Internet an den Ausbildungssender der Universität München übermittelt werden können. Damit öffnet sich die Schule auch für Wege, die in Beruf und Studium führen können.

Literatur

Andresen, U. (1986): Gedichte für Kinder: Begleitmaterial zur 8-teiligen Sendereihe. München.

Arnold, H. L. (1971): Konkrete Poesie I, II. Text und Kritik. München.

Buchholz, Q. (1997): Der Sammler der Augenblicke. München.

Conrady, K. O. (Hg.) (1997): Das Buch der Gedichte. Deutsche Lyrik von den Anfängen bis zur Gegenwart. Eine Sammlung für die Schule. Berlin.

Cslovjecsek, M.; Spychiger, M. (1998): Musik oder Musik nicht? Musik als Unterrichtsprinzip. Hölstein.

Echtermeyer, T.; Wiese, B. (1955): Deutsche Gedichte. Von den Anfängen bis zur Gegenwart. Düsseldorf.

Maur, K. v. (1999): Vom Klang der Bilder. München u. a.

Proust, M. (1999): In Swanns Welt. In: Auf der Suche nach der verlorenen Zeit. Bd 1. München.

Recheis, K.; Bydlinski, G. (1996): Kreisender Adler, Singender Stern. Alltag und Spiritualität der Indianer. München/Wien.

Riha, K.; Schäfer, J. (Hg.) (1994): DADA total. Manifeste, Aktionen, Texte, Bilder. Stuttgart.

Schami, R. (2000): Die Farbe der Worte. 2 Audio-CDs. München.

Woolf, V. (1927): Zum Leuchtturm. Frankfurt a. M., 1991.

Andres Bosshard

Klanglandschaft Schule

Vom Rasselklang zum interaktiven Pausengong

»Autsch!«, ruft Aischa und bedeckt beide Ohren mit ihren Händen. Das tut sie jedes Mal, wenn sie zufällig gerade unter der Schulschelle steht, die über der Eingangstür zu ihrem Klassenzimmer an der Wand hängt. Anlässlich eines Workshops am Hansa-Gymnasium in Köln erklärten mir dann die Schüler und Schülerinnen der 2. Klasse, sie würden jeweils kleine Pappschnitzel in die Metallglocke stecken, damit der grelle Rasselklang etwas erträglicher sei. Doch der Hausmeister würde beim Reinigen die Schnitzel immer wieder entfernen. Diese Selbsthilfemaßnahmen gegen den Alltagslärm zeigen uns, wo wir auf der Suche nach »guten« Klängen stehen.

Wenn die Luft schlecht ist, können wir die Fenster öffnen. Was können wir aber tun, wenn wir unser Schulhaus »Klang-lüften« wollen? Es ist fast unerklärlich, warum in unserer städtischen Umgebung die Hörsphäre dermaßen darniederliegt. Der Hintergrundlärm der Stadt durchdringt noch dicke Wände und belastet uns selbst in unseren innersten Räumen, und dass in einem Gymnasium eine Schulschelle physischen Schmerz hervorruft, ist schlicht unerträglich. Den Lärm, den wir selbst erzeugen, müssen wir regelrecht bekämpfen. Wenn wir aber einzelne Klangsignale isoliert betrachten, dann hören wir zwar hin, aber gleichzeitig auch weg. Das Weghören haben wir automatisiert. Daher können wir uns nicht vorstellen, dass wir selbst im Klang »schwimmen« oder »schweben«. Der Klangstrom des Alltags umgibt uns nicht nur ständig, er durchdringt uns körperlich.

Die Klangqualität von Alltagsklangzeichen zeigt deutlich, wie wir uns hörend orientieren und uns gegenseitig wahrnehmen. Deshalb nützt es natürlich nicht allzu viel, wenn man das Klangsignal der Schelle einfach besser einstellt. Die Schelle selber kann aber als Katalysator einen Prozess in Gang setzen. Als kleiner alltäglicher Klangbaustein kann die Schulschelle zu einem vielschichtigen Klangspiel werden, das immer noch die ursprüngliche Funktion der Zeitmarkierung aufrechterhält und gleichzeitig ganz neue Klangebenen einbezieht. Alle Inhalte und Bedeutungen der Schule werden gemessen am realen Zustand vor Ort. Wenn das Schulhaus nicht stimmt und wenn es nicht gestimmt werden kann, dann gehe ich nicht wirklich innerlich da hinein. Mit wenig Aufwand kann die Schulschelle aus ihrer erstarrten Funktion gelöst werden und als Instrument des Schulhauses ganz neue Klangwege öffnen.

Im weiteren Verlauf des Workshops am Hansa-Gymnasium, der als Teil eines Unesco-Kunstprojekts 1998 in Köln stattfand, versuchten wir gemeinsam den Klangraum des Schulhauses zu erfahren. Von der hinteren Ecke des Klassenzimmers über den langen halligen Gang ins Treppenhaus bis hinunter zum Kellergeschoss entdeckten wir unglaubliche Klangraumqualitäten. Eine leere Getränkedose ließen wir die Treppenstufen hinuntersausen wie auf einem großen Xylophon. Die aufgezeichneten Treppenstufenmelodien entpuppten sich bei etwa achtfacher Wiedergabe als zusammenhängende Klangspur. Im Zeitraffer begannen die Hallräume der einzelnen Abschnitte des Schulhausgangs scheinbar zu flüstern und zu sprechen. Der Schulhausgang mit den Treppenhäusern war plötzlich ein zusammenhängendes Luftröhrensystem.

Jeder Ruf, jedes Lachen, alle Schritte, alle zugeworfenen Türen und alle Stadtgeräusche, die durch die Fenster und Wände dringen, spiegeln sich an den Wänden der Schulhausgänge, wirbeln die Treppen hinunter und sammeln sich unten im Kellergewölbe. Um die richtigen Positionen für Schulschellen zu erhören, müsste man diesen Klangspiegelgang genau kennen. Überall gibt es Klangnischen und Flüsterlinsen.

Auch außerhalb des Schulgebäudes auf dem Pausenhof und vor dem Haupteingang ging unsere Hörabenteuerreise weiter. Diesmal nicht nur mit der Absicht, die Wahrnehmung und die Sensibilität für die eigene tägliche Umgebung zu entwickeln, sondern mit der Aufgabe, eine neue Schulschelle zu komponieren, die innerhalb und außerhalb zu hören ist und die allen auch mitteilt, wie diejenigen hören, die diese Schulschelle gestaltet haben.

Der dreitägige Workshop war als Anstoß gedacht, um eine definitive Gestaltung einer neuen Schulschelle zu initiieren. Da aber der Etat für Schulrenovierung, für neue Schulbänke und die seit langem überfällige Wandrenovierung mehrfach ausgelastet war, konnten keinerlei Schulmittel für die akustische Gestaltung freigemacht werden. Eine Selbsthilfegruppe aus Schülern und Schülerinnen, Lehrkräften und Eltern konnte trotz Synergievorschlägen von privaten Firmen die Schulleitung nicht dazu bewegen, ernsthaft in das Klangprojekt einzutreten. Die Klangfarbe der Schulschelle gibt offenbar sehr genau die Grundstimmung derjenigen wieder, die in diesem Gebäude ein und aus gehen.

Klanggestaltung als gemeinsamer Prozess schließt viele verschiedene Bereiche ein. Das Ziel ist klar: Die Schüler und Schülerinnen sind als ernst zu nehmende Partner im gesamten Prozess einzubeziehen und ihnen ist die Verantwortung für die Schulschelle zu übergeben. In Zusammenarbeit mit Musik-, Medien- oder Mathematikunterricht soll die dauerhafte Betreuung gewährleistet werden. Von »Klangökologie« oder vom »Wissen um das Hören in vernetzten Zusammenhängen« zu sprechen macht hier Sinn, vor allem auch deshalb, weil es um ein konkretes Stück aktiver Gestaltung des eigenen Klangalltags geht. Anstatt 80 Sekunden gellendes Dauergerassel aus einer Industrieklingel, die mit möglichst geringem energetischen Aufwand ein möglichst effizientes und lautes Signal erzeugt, wollen wir ein Klangsignal, das uns dazu bewegt, diese »Homepage« anzuklicken beziehungsweise diese Schule zu betreten. Von »Komponieren« oder von »Sounddesign« zu sprechen wirkt für mich gleichenteils irreführend. Wie müsste man also das gemeinsame Klangspiel nennen, das musikalische, akustische und technische Fertigkeiten gemeinsam fördert und entwickelt?

Im Mehrstufenschulhaus Feldheim in Steinhausen (Kanton Zug) wurde im Zusammenhang eines Erweiterungsbaus 1995 ein umfassendes Gestaltungskonzept entwickelt, das visuelle Kommunikation, Interaktion, künstlerische Inszenierung und einen interaktiven Pausengong umfasst. Das Kunst-Ereignis »Kommunikation und Erlebnis« beinhaltet die gesamte visuelle Gestaltung aller Farben und Möbel, die wandtafelbeschichteten Wände der Schulhausgänge, eine große elektronische Spielwand in der Eingangshalle, die über eine Himmel-und-Hölle-Tastatur im Fußboden bespielt werden kann, und den interaktiven Pausengong.

Das Pausenzeichen im Feldheim 3 ist stündlich ein neues: Immer wieder andere Tonfolgen, vom Computer generiert und transformiert, rufen zum Unterricht oder beenden ihn. Der sich ändernde Klang, einmal afrikanisch, ein andermal wie ein Jodel tönend, überrascht alle Anwesenden innerhalb und außerhalb der Schule gleichermaßen.

Das Klangspiel »Pausengong« basiert auf einem Musikprogramm, das aus verschiedenen Klangbibliotheken jedes Pausenzeichen neu zusammenwürfelt. Die Klänge und Geräusche wurden von den Schülern und Schülerinnen selbst aufgezeichnet, die eigentlichen Zeitzeichen wurden im Musikunterricht aufgenommen und auf den schuleigenen Computern geschnitten und bearbeitet. Eine Schulhausgong-Arbeitsgruppe erneuert die Spielklänge monatlich und betreut sie laufend. Soundgraffiti sind ebenso möglich wie kurze akustische Geburtstags-Jingles. Der Pausengong erweitert seine Funktion, es wurden schon Playbacktracks für Schulhauskonzerte komponiert und spezielle Minihörspiele erklingen in den großen Pausen.

Die Klangbibliothek des Schulhausgongs von Steinhausen wächst ständig. Sprachklänge von ganz seltenen Sprachen werden gesammelt, und laufend kommen neue Geräusche des Schulhauses selbst dazu. Kurze Sätze und Sprüche der Kinder tauchen nicht nur immer wieder im Gongspiel auf, sondern bilden ein Klanggedächtnis der Schule. Wie klang meine Stimme vor fünf Jahren?

Was einmal als schrilles Zeitzeichen noch in den Alpträumen herumgeisterte, entwickelt sich unversehens zu einem äußerst vielfältigen Spiel. Dabei entsteht nicht einfach »der gute Ton«, sondern es erklingt immer der Ton, der den Zustand des Schulhauses trifft. Dass das auch wirklich so ist, hängt davon ab, wie gut diejenigen das Klangspiel beherrschen, die momentan für den Pausengong verantwortlich sind. Jeder Pausengong ist eine eigene kleine Geschichte und hinterlässt über die Jahre eine Gedächtnisspur, die als unverwechselbares Klangbild in der Erinnerung haften bleiben wird.

Albert Mayr

Die komponierte Schule

Als Einstimmung sei auf die Aufforderung von R. Murray Schafer verwiesen, die gesamte klangliche Umwelt als eine große, von uns zu gestaltende Komposition zu betrachten (Schafer 1988). Eine solche Aufforderung mag utopisch anmuten. Doch sie liefert einen wesentlichen Anstoß, unser Verhältnis zu den Umweltklängen und unseren Umgang mit ihnen grundsätzlich zu überdenken. In unserem Fall würde das bedeuten, sich auf das klangliche Geschehen in Schulen als solches zu konzentrieren, also die verschiedenen Klangereignisse, ihre Verläufe, räumlichen und zeitlichen Verteilungen, Überlagerungen, Verdichtungen im Tages-, Wochen-, Jahreszyklus nicht nur nach funktionalen, sondern auch nach formalen Kriterien zu erleben und zu beurteilen. Außerdem geht es darum, diese Parameter zu gestalten.

Im ersten Teil des Beitrags werde ich einige Aspekte einer solchen, an Schafer ausgerichteten Betrachtungsweise erörtern. Sie mögen vom Schulalltag etwas weggerückt erscheinen, doch glaube ich, dass das utopische Potenzial des Themas »Akustische Schulgestaltung« nicht ganz unter den Tisch fallen sollte. Außerdem gibt diese Betrachtungsweise den notwendigen Hintergrund für die weiteren Ausführungen ab, mit denen ich einige Anregungen geben möchte für Tätigkeiten, die man vielleicht bereits im Schulalltag, so wie er heute ist, einsetzen kann. Dabei spare ich die Beschäftigung mit extrem negativen Aspekten der Bau- und Raumakustik aus, wie zu hohe Halligkeit, zu unregelmäßiger Frequenzgang der Schulräume oder zu stark eindringender Straßenlärm. Damit beschäftigen sich viele andere Beiträge in diesem Band. In den Vordergrund werde ich die akustische Kommunikation stellen.

Schule als raumzeitlich-gesellschaftliches und als klangliches Gefüge

Während etwa das raumzeitliche Gefüge von Arbeit seit Jahren immer heterogener wird, erscheint Schule in ihrem raumzeitlichen Gefüge erstaunlich konstant. Die dem institutionalisierten Lernen zugewiesenen zeitlichen und räumlichen Felder sind eher monofunktional eingerichtet und von Feldern, die anderen Zwecken dienen, meistens deutlich getrennt. Die Größe der räumlichen Felder (Klassenzimmer) und die zeitliche Artikulation der Lernvorgänge erscheinen selbstbezogen, das heißt von der institutionellen Logik als solcher geprägt. Im Rahmen dieses Beitrags würde es zu weit führen, die geschichtlichen Ursachen für das Entstehen dieses Gefüges und sein – von gegenläufigen Ansätzen relativ unbeschadetes – Weiterbestehen zu behandeln.

Festzuhalten ist, dass die raumzeitlichen Möglichkeiten zur Gestaltung von Schule sich auf einige wenige Muster beschränken, die schematisch wiederkehren. Für unser Thema ist daran relevant, dass diese Reduzierung Hand in Hand geht mit der Reduzierung der denkbaren klanglichen Gestaltungsmöglichkeiten auf einige wenige, die als wünschenswert oder adäquat erachtetet werden. Mit anderen Worten: Wäre das raumzeitliche Gefüge von Schule ein anderes, gäbe es andere akustische Prioritäten. Zugespitzt gesagt: Das augenblickliche raumzeitliche Gefüge von Schule scheint geradezu lärmfördernd zu sein.

So wie Schule jetzt organisiert und eingerichtet ist, steht folgende Situation im Vordergrund. Die mono- oder bidirektionale (zuweilen multidirektionale) Übermittlung von Informationen durch eindeutig formulierte – und als solche zu empfangende – verbale Aussagen innerhalb der dafür vorgesehenen räumlichen und zeitlichen Felder. Nichtverbale oder mehrdeutige verbale Äußerungen werden als weniger wichtig oder als störend betrachtet (außer sie erfolgen in gelenkten Bahnen, wie etwa beim gemeinsamen Singen). Natürlich bietet sich die verbal-semantische Kommunikation als das geeignete Instrument für die Wissensvermittlung an. Ob sie es auch immer ist, müssen pädagogische Experten beurteilen.

Die frühere Monopolstellung der Schule als Institution der Wissensvermittlung wird heute immer stärker durch andere Informationsverteiler relativiert. Die Rolle der Schule als polyvalenter Ort der Sozialisation erscheint jedoch unverzichtbar. Wäre es da nicht folgerichtig, wenn die akustische Gestalt von Schule den verschiedenen, sozialisationsfördernden Kommunikationsformen mehr Raum gäbe? So äußerte zum Beispiel in einem Gespräch über die Klänge in einem schulischen Kontext die junge Kindergartenleiterin E. Mutschlechner, Meran: »Kinder drücken Emotionen durch Laute und den Körper aus, bevor sie andere Kulturtechniken erlernen ... Es gibt Tage, wo Klang harmonisch belebt, wo durch den Klang viel Energie kommt.«

Versuchen wir das Gedankenexperiment, uns vorzustellen, wie Schule klingen könnte, wenn die verschiedenen Formen akustischer Kommunikation mehr oder weniger gleichberechtigt nebeneinander stünden. Ein Vergleichsbeispiel bietet die katholische Liturgie vor der Reform. Die meisten eindeutig formulierten verbalen Äußerungen waren damals lateinisch, also für den Großteil der Teilnehmer an den Gottesdiensten nicht oder nur in Bruchstücken verständlich. Doch akustische Kommunikation fand sicherlich statt, wenn auch vornehmlich in paraverbaler Form. In vielen Religionen manifestiert sich das Numinose, also die unbegreifliche göttliche Macht, durch nichtverbale Klänge (Rowell 1995). Es ist hauptsächlich der jüdisch-christliche Gott, der zu seinem Volk in klaren Sätzen spricht. Im vergangenen Jahrhundert wuchs denn auch das Misstrauen gegenüber jener Form klanglicher Mitteilung, man setzte auf »Verständlichkeit« und die Liturgie in der Landessprache wurde eingeführt.

Akustische Kommunikation ist stärker vom Kontext abhängig und wirkt auf diesen stärker ein als andere Kommunikationsformen. Ohren lassen sich bekanntlich nicht verschließen, Schall dringt durch Wände. Klangliches Geschehen kann dadurch, dass es den Raum füllt, in benachbarte Räume dringt, Kommunikation erschweren oder gar unmöglich machen. Es kann aber auch in Situationen, in denen Kommunikation erstorben ist oder – aus welchen Gründen auch immer – unterdrückt wird, diese wieder aufleben lassen und Dynamiken der Kontaktaufnahme, der Interaktion, der Opposition, der Kooperation in Gang setzen.

Hier möchte ich ein Beispiel anführen, das zwar mit Schule nicht direkt zu tun hat, aber die dynamisierende Wirkung von Klang im Raum eindringlich vorführt. Vor Jahren ergab sich durch einen meiner Studenten die Möglichkeit, in der damalig berüchtigten psychiatrischen Klinik von Volterra klangliche Gruppenaktionen mit den Patienten durchzuführen. Es wurde uns ziemlich früh klar, dass dort mit dem herkömmlichen musiktherapeutischen Instrumentarium nicht viel auszurichten war. Daher setzten wir auf die klangliche Aktivierung der ganzen jeweiligen Abteilung. Wir zogen mit den tragbaren Instrumenten umher, forderten mal die eine, mal den anderen auf, mitzuspielen. Bald belebte sich die Abteilung, in der sonst Krankenhausstille herrschte, unterbrochen von isolierten Lautäußerungen. Patienten, die sonst nur im Zimmer hockten, kamen, um irgendwie mitzumachen. Wer nicht gehen konnte, ließ sich im Rollstuhl zum Ort des jeweiligen Geschehens fahren, Patienten, die sonst jahrelang voneinander keine Notiz genommen hatten, spielten auf einmal miteinander oder gegeneinander an (Mayr 1977).

Das Beispiel kann nicht direkt auf das Schulleben übertragen werden. Aber es skizziert den Überlegungs- und Erlebenshintergrund, der vielleicht etwas vom gesellschaftlichen Potenzial und zugleich von der Mehrdeutigkeit von Klängen zutage treten lässt. Denn einen Aspekt können wir festhalten: Klangliche Ereignisse und Situationen, die bei Interaktionen von Menschen auftreten, haben im Allgemeinen keine A-priori-Wertigkeit. Ein und dasselbe klangliche Verhalten mag einmal als Zuwendung, ein anderes Mal als Abweisung, als offensiv oder als defensiv eingesetzt, wahrgenommen oder aber missverstanden werden.

Modelle zur Klangbeurteilung

Barry Truax (1998), Komponist, Theoretiker und langjähriger Mitarbeiter von Schafer, unterscheidet drei Modelle für die Untersuchung und Beurteilung der Klänge um uns herum.

– Das *Modell der akustischen Umwelt* ist von der technischen Akustik geprägt und stellt die apparativen Messungen in den Vordergrund, die sich unabhängig vom betroffenen Hörer durchführen lassen und die klare, quantitative Werte liefern. Hier geht es also in erster Linie um die Bestandsaufnahme der sonologischen Eigenschaften der auftretenden Klänge (Tonhöhe, Dauer, Spektrum, Hüllkurven, usw.)

- Das *Modell der Klanglandschaft* geht auf Schafer und das »World Soundscape Project« zurück und weist dem individuellen Hörer mit seinen subjektiven Reaktionen und Verarbeitungsmodi die zentrale Rolle zu. Wer diesem Modell folgt, wird hauptsächlich darauf achten, wie sich der Einzelne in einem Stück Umwelt über die dort wahrgenommenen Klänge einrichtet und orientiert.
- Das *Modell der akustischen Kommunikation* stammt aus Truax' eigener Werkstatt und stellt die kommunikative Funktion (im weitesten Sinn) von klanglichen Ereignissen und Situationen, also deren gesellschaftliche Rolle, in den Mittelpunkt.

Wenn wir Truax folgen, ergibt sich, dass eine adäquate sozioakustische Beurteilung von Klängen eigentlich erst über die Kenntnis der individuellen Lebensgeschichten von Klangsendern und -empfängern und der jeweiligen Verflechtungen zwischen beiden möglich wird.

Bei einer kleinen Umfrage an der Deutschen Schule in Mailand (vgl. auch den Beitrag Roos in diesem Band) konnte ich unter anderem feststellen, dass einige Schüler bestimmte klangliche Ereignisse oder Situationen verschieden bewerteten als andere. Die Bewertungskategorien waren zwar recht grob: »angenehm« oder »unangenehm«. (Die Umfrage erhebt auch keinen Anspruch auf Wissenschaftlichkeit.) Aber trotz aller bei solchen Unternehmungen gebotenen Vorsicht stellt sich die Frage, aus welchen Gründen etwa einige Schüler den Lärm in der Klasse vor Beginn des Unterrichts als angenehm bewerteten und andere denselben Lärm als unangenehm. Ohne das jetzt weiter zu verfolgen, kann man zumindest sagen, dass die Vorstellung von der Möglichkeit einer allgemein verbindlichen, quantitativ festschreibbaren, optimalen akustischen Schulgestaltung zu relativieren ist.

Eine als wünschenswert und adäquat erachtete klangliche Situation in der Schule ist die »produktive« Stille. Wenn wir vom Modell der akustischen Umwelt (nach Truax) ausgehen, lässt sich leicht quantitativ feststellen, wann und wo Stille herrscht. Schwieriger wird es, wenn wir das Modell der Klanglandschaft oder das der akustischen Kommunikation heranziehen.

Es gibt etwa das Schweigen, das den Äußerungen des oder der Anderen Raum geben oder gemeinsame Sammlung ermöglichen will. Ebenso gibt es das Schweigen, das Ablehnung, Isolierung signalisiert. Als Pendant dazu haben wir den Lärm, den man gleichsam als Wall um sich errichtet, um andere auszuschließen, und den Lärm, den man einfach aus Überschwang produziert. Wir kennen den Lärm, mit dem man andere mundtot macht, und den, den man aus bloßer Gleichgültigkeit, Rücksichtslosigkeit, Dummheit entstehen lässt oder nicht verhindert. Und dann gibt auch den (kleinen) Lärm, der einfach von behaglichem Zusammensein zeugt.

Rein akustisch lassen sich diese verschiedenen Arten von Schweigen und Lärm schwer voneinander unterscheiden.

Sich hörbar machen

Die direkte akustische Kommunikation, die also zwischen Personen in einem gemeinsamen akustischen Raum ohne technische Übertragung oder Verstärkung stattfindet, gerät zusehends ins Hintertreffen gegenüber den immer zahlreicheren Formen elektroakustischer Kommunikation. Wir alle kennen die Situation, dass eine Gruppe von Leuten zusammen um einen Tisch sitzt und zwei Drittel davon aufgeregt in ihr Handy reden, während die andern etwas verloren vor sich hin schauen.

Die zunehmende Verlärmung erzwingt den Rückzug direkter akustischer Kommunikation in eigens dafür geschaffene Räume, da sie im öffentlichen Raum nur mehr bruchstückhaft zustande kommt. Doch selbst in Orten, in denen akustische Kommunikation im Vordergrund stehen sollte, tritt sie zugunsten anderer Kommunikationsformen in den Hintergrund. Denken wir an das Theater, das, jedenfalls in der europäischen Tradition, eigentlich eine eminent akustische Veranstaltung ist. Heute ergießt sich der schöpferische Impetus der Regisseure vornehmlich in die Gestaltung des Visuellen.

Es gab einmal eine Zeit, in der Gedichte häufiger vorgetragen als im stillen Kämmerlein gelesen wurden. Die Wiederbelebungsversuche dieser Praxis, die auch zur Entstehung der neuen Kunstform der Laut-Poesie führte, hatten allerdings bisher keinen durchschlagenden Erfolg. Volker Bernius spricht in seinem Beitrag (in diesem Band) von dem zu beackernden Feld der kulturellen Bildung. Die Verdrängung der direkten akustischen Kommunikation aus ihrer früheren zentralen Rolle gehört zu diesem Thema.

Die Schule ist einer der wenigen Orte, in denen direkte akustische Kommunikation noch im Vordergrund steht. Die These, die ich hier beitragen möchte ist deshalb: Neben der Arbeit an den akustischen Rahmenbedingungen für die schulische Tätigkeit sollte das Instrument der akustischen Kommunikation in seiner Vielschichtigkeit bedacht und bewusst eingesetzt werden.

Es werden nun einige Aspekte der akustischen verbalen Kommunikation behandelt.

Stimme und Identität

Wir alle werden, von einer blühenden Bekleidungs- und Kosmetikindustrie und von einschlägigen Magazinen, dazu angehalten, anderen unsere Persönlichkeit über unser Aussehen zu vermitteln. Der Aufwand, den Jung und Alt mit der visuell-räumlichen Seite ihres Ich betreiben, steht in keinem Verhältnis zur kargen Aufmerksamkeit, die wir unserer akustischen Erscheinungsform, also unserer Stimme und unserem Umgang mit ihr widmen. Ein erster Schritt zur Erreichung eines »guten Tons« besteht darin, Menschen – in diesem Fall Schüler – anzuleiten, ein positives, bewusstes Verhältnis zur eigenen Stimme zu entwickeln.

Es handelt sich nicht darum, Stimmbildung im engeren Sinn zu betreiben, also eine wohlklingende und gut modulierte Stimme zu entwickeln (obwohl dies nicht zu verachten wäre), sondern Menschen dahin zu bringen, dass sie sagen können: »Ja, so wie meine Stimme klingt, das bin ich, so wie ich hier und jetzt bin.«

Mutschlechner formuliert es beispielsweise so: »Bei Zufriedenheit und Kraft hat meine Stimme einen tiefen Klang ... Die Liebe zu den Kindern verändert den Klang der Stimme.«

Um sich in konstruktiver Weise hörbar zu machen, mit der Umwelt akustisch in Kontakt zu treten, braucht man ein Instrument, mit dem man vertraut ist, das man beherrscht. Dann wird man auch hellhöriger für die Klänge um uns herum und motivierter, sie zu verbessern.

Die Stimme im Raum

In verschiedenen Räumen klingt unsere Stimme anders. Von extremen Fällen abgesehen gibt es eigentlich gar keine »schlechte« Akustik. So finden sich in der experimentellen Musik verschiedene Beispiele für die Einbeziehung der akustischen Eigenschaften des Raums in den kompositorischen Prozess. Eines der bekanntesten ist das elektroakustische Stück »I am sitting in a room« des amerikanischen Komponisten Alvin Lucier aus dem Jahr 1968. Darin wird – mittels wiederholter Wiedergabe und Aufnahme – das ursprüngliche Material (Stimme) von den Resonanzen des jeweiligen Raums schrittweise verändert.

Jeder Raum lässt uns neue Seiten unserer Stimme entdecken und verlangt, dass wir uns auf ihn einstellen. Wenn wir das tun, anstatt unreflektiert an unserem üblichen Sprechklang festzuhalten und gegen die Akustik des Raums anzukämpfen, dann kann es gelingen, eine besondere, vom Raum geprägte Atmosphäre zu schaffen.

Nach dem Vertrautwerden mit der eigenen Stimme ist daher der nächste Schritt, die Stimme in Räumen mit verschiedenen akustischen Eigenschaften zu erproben und auf die Wirkung des Raums auf die Stimmen der anderen zu horchen.

Die Stimme in der Zeit

Akustische Kommunikation schafft nicht nur einen gemeinsamen Raum, sondern auch gemeinsame Zeit, wie uns Klang generell

Zeitliches sinnfälliger macht als andere Stimuli. In diesem Bereich lassen sich mit Schülern einfache Übungen durchführen, in denen das »Wann«, das »Wie oft« und das »Wie lange« ihrer Lautäußerungen teils vorgegeben ist, teils von ihnen gewählt wird (Mayr 1992). Dies kann, je nach Alter der Beteiligten, entweder mehr die spielerische Seite betonen oder zu einer kollektiven kompositorischen Leistung ausgeformt werden. Heinz Zimmermann (1991) schreibt vom »Gespräch als Vorstufe einer künftigen sozialen Kunst ... einer Kunst, die als Zeitkunst menschliche Beziehungen gestaltet.«

Abschließende Bemerkungen

Es sollte deutlich geworden sein, dass akustische Schulgestaltung nicht so sehr oder nicht nur darin bestehen kann, eine – wie auch immer zu definierende – akustische Optimierung zu erreichen, die es dann zu bewahren gilt. Akustische Schulgestaltung erscheint eher als ein dynamischer Prozess, als ein work in progress, bei dem wir immer wieder neue Strategien für immer wieder neue Probleme erfinden. Probleme, die sich zwar in ihrer quantitativ definierbaren Form ähneln mögen, die sich aber, aus dem Blickwinkel der akustischen Kommunikation, dauernd ändern, da die beteiligten Menschen, ihre Beziehungen zur Umwelt und die Beziehungen untereinander sich ständig ändern.

Literatur

Mayr, A. (1977): Interventi di musicisti nell'ospedale psichiatrico di Volterra. In: AA.VV, La musicoterapia in Italia: problemi e prospettive. Assisi, S. 209–215.

Mayr, A. (1992): die gesprächsrunde – workshopreihe zeit-design. Florenz.

Rowell, L. (1995): Ideologie culturali e la metafisica della musica. In: Mayr, A.; Colimberti, A.; Montagano, G. (Hg.) L'ascolto del tempo – Musiche inudibili e ambiente ritmico. Florenz, S. 59–70.

Schafer, R. M. (1988): Klang und Krach. Frankfurt a. M.

Truax, B. (1998): Models and strategies for acoustic design. In: Karlsson, H.

(Hg.), Papers presented at the Conference »Stockholm, Hey Listen!«. Stockholm, S. 8–16.

Zimmermann, H. (1991): Sprechen, Zuhören, Verstehen in Erkenntnis- und Entscheidungsprozessen. Stuttgart.

Marianne Wiedenmann

Wie kann eine Lehrerin Anzeichen für Hörstörungen bei Kindern erkennen?

Bei den schulärztlichen Schuleingangsüberprüfungen werden trotz Flüsterproben Hörstörungen häufig nicht erkannt, was besonders oft bei Migrantenkindern passiert. Clevere Kinder verstehen, worauf es ankommt, und kompensieren vorhandene Hörschwächen durch besondere Aufmerksamkeit und die anderen Sinnesfunktionen. Darum ist es sinnvoll, dass Regelschul- und speziell Grundschullehrerinnen und -lehrer Kinder sowohl in der Klasse als auch einzeln beobachten lernen. Aufgrund meiner langjährigen Erfahrung an einer Sprachheilschule und auch in der ambulanten Betreuung an vielen Grundschulen möchte ich Beobachtungshilfen geben und auf Risikogruppen aufmerksam machen. Teilleistungen der auditiven Wahrnehmung werden systematisch dargestellt und in Zusammenhang mit bestimmten beobachtbaren Verhaltensweisen gebracht, um Hinweise auf potenzielle Störungen zu gewinnen. Wie sich die Lehrkraft selbst für das Hören sensibilisieren kann, werde ich abschließend an Beispielen erläutern.

Drei Fallbeispiele

Dargestellt werden zunächst drei Fallbeispiele und Beobachtungen von Kindern mit Lernschwierigkeiten, die erst relativ spät mit Hörproblemen in Zusammenhang gebracht wurden. Die Szenarien aus Spiel- und Unterrichtssituationen zeigen, dass es nicht leicht ist, Hörstörungen zu erkennen und ihre Symptomen abzugrenzen von einer Lernbehinderung, Verhaltensstörung oder geistigen Behinderung.

Ein Migrantenkind mit Verhaltensauffälligkeiten

Daniel ist acht Jahre und besucht die erste Klasse. Wegen Erkältungen und allergischem Heuschnupfen ist er häufig nicht in der Schule. Die Hausaufgaben sind oft unvollständig, beim Kopfrechnen kommt er nicht mit, beim Lesen fehlen ihm viele Buchstaben. Daheim kümmert sich seine thailändische Mutter um ihn, die kaum Deutsch spricht. Wenn Daniel wieder da ist, spricht er laut, brüllt quer durch die Klasse und mischt die Klasse auf, weil er sich ungerecht behandelt fühlt. Da beobachtet die Lehrerin einmal bei der freien Arbeit, wie Daniel sich mit dem Ohr auf den Kassettenrekorder legt. Erstmals kommt der Verdacht auf, dass der Junge vielleicht schlecht hört. Nach der Untersuchung beim HNO-Arzt wird vieles verständlicher: Daniel hört mit dem linken Ohr nichts – mit dem rechten Ohr bei Erkältung nur eingeschränkt. Die Lehrerin versteht plötzlich, warum der Junge nicht alle Buchstaben unterscheiden konnte, warum er von den Hausaufgabenerklärungen kurz vor dem Klingeln kaum etwas mitbekam, warum er misstrauisch auf Geflüster reagierte und sich beleidigt fühlte. Jetzt hat Daniel ein Hörgerät, weil er eine Schall-Leitungsschwerhörigkeit hat. Er sitzt jetzt auf einem Platz, von dem aus er mit dem rechten Ohr am meisten mitbekommt. Er stört auch nicht mehr so massiv. Es ist für Fachlehrerinnen eine Hilfe, dass der Hinweis auf die Schwerhörigkeit im

Selbstbildnis von Daniel

Klassenbuch vermerkt ist. In der Sprachfördergruppe hat er sich so gemalt: ohne Ohren und Mund. Im Gegensatz dazu hat sein gefährliches Tier, das Nashorn, gleich zwei Hörner und Riesenohren.

Grundschulversager mit autistischen Zügen

Mit elf Jahren kam David in die dritte Klasse der Sprachheilschule zur Beobachtung. Er galt als Grundschulversager an der Grenze zur geistigen Behinderung mit autistischen Zügen. Er konnte nicht lesen und schreiben – sich aber beim Autoquartett erstaunliche Zahlenangaben über technische Daten merken. Sein Leseversagen wurde der Zweisprachigkeit zugeschrieben, da das Kind einen amerikanischen Vater hatte. David wirkte sehr zurückhaltend und traurig. Einmal erzählte er, dass er sich am liebsten »wegbeamen wollte in den Weltraum«. Im Unterricht äußerte er sich kaum spontan und wenn, dann in einer monotonen Weise mit gleich bleibender Sprechstimmlage – fast roboterhaft. Dabei hatte er immer die Hände irgendwie am Mund. In einer Einzeltherapiestunde entdeckte ich den Schlüssel zur Lösung seines Problems. Ich fragte ihn, was er am Anfang seines Namens hört. Verlegen lächelnd zuckte er mit den Schultern. Eher zufällig fiel sein Blick auf ein Plakat mit Sprechbewegungsfotos zu allen Lauten mit entsprechenden Merkbildern (Daumen) und Buchstaben. Mit Handzeichen wurden die Sprechbewegungen noch gestisch hervorgehoben, zum Beispiel drei Finger auf dem Mund mit geschlossenen Lippen unterstützten die Bildung des Lautes »m« und das »d« wurde durch einen Daumen am Kinn symbolisiert. Diese Sprechbewegungen ahmte David nach und sagte beim »d« ganz erstaunt: »Da komme ich vor – ich muss das spüren!«

Mithilfe des Spiegels kontrollierte er sich und setzte seinen Namen zusammen wie aus einem Lautbaukasten. Nun verstand ich, warum er seine Hände immer am Mund hatte. Er sprach ohne Ton und tastete seine Lippen ab. Das war einerseits eine Geste des Verbergens seiner Schwäche und andererseits seine Selbsthilfe, um die unzureichende Lautunterscheidung zu kompensieren. Ab dieser Zeit war David wie verwandelt. Mit viel Energie und Geduld erschloss er sich auf seine Weise mit dem Sprechbewegungsplakat Wörter, die für ihn wichtig waren. Es waren die Begriffe aus dem Autoquartett, die den Zahlen eine Bedeutung gaben: Höchstgeschwindigkeit oder Hubraum. Für die schwierigen Laute fotografierte ich ihn mit den unterstützenden Gesten. Das half ihm, präziser zu artikulieren und mehr Selbstbewusstsein zu entwickeln bei seinem mühsamen Weg zur Schriftsprache.

Ist Monika lernbehindert, weil sie ähnliche Laute nicht unterscheidet?

Monika wird Ende des 2. Schuljahrs in der Sprachheilschule zum Probeunterricht gemeldet. Im Bericht der Grundschullehrerin steht, dass sie nicht mehr mitkommt beim Lesenlernen und Verhaltensstörungen zeigt. Die Mutter berichtet, dass Monika beim Abschreiben und beim Diktat ständig mit Nachbarn schwätzt, sich nicht meldet und wartet, bis sie drangenommen wird, sondern oft vorgelaufen kommt und nachfragt. Besonders bei Arbeitsanweisungen tanze Monika aus der Reihe, sie fasse die Lehrerin an und wolle ihr immer ins Gesicht sehen. Die Lehrerin reagiere schon gereizt, wenn Monika nur in ihre Nähe kommt. Zu Hause weine Monika schon bei Kleinigkeiten und die Hausaufgaben seien eine Katastrophe für die ganze Familie. Zudem sei sie Bettnässerin geworden.

Bei einer psychologischen Untersuchung mit dem Hamburg-Wechsler-Intelligenztest für Kinder (Tewes et al. 1994) wird ein Intelligenzquotient (IQ) von 71 festgestellt. Im sprachunabhängigen Intelligenztest Columbia Mental Maturity Scale (CMM 1–3) erreichte sie einen IQ von 84, was eher Leistungen von lernbehinderten Kindern entspricht (Schuck et al. 1994).

Monika fiel im Probeunterricht immer wieder durch Probleme beim Hörverstehen auf. Sie verwechselte beispielsweise aufmachen und ausmachen, fünfzig und fünfzehn, richtig und wichtig. Zur weiteren Abklärung meiner Vermutung einer zentralen Verarbeitungsstörung beim Hören machte ich den Bremer Lautdiskriminationstest (BLDT) (Niemeyer). Er besteht aus 66, davon 14 gleichen Wortpaaren, die dem Kind langsam vorgesprochen werden.

Das Kind sagt dann, ob es die Wörter »gleich« oder »verschieden« gehört hat. Monika hatte 23 Fehler, was einem Prozentrang von 2 entspricht, das heißt 98 Prozent ihrer Altersgruppe sind besser.

Das war der Schlüssel zum Verständnis von Monikas Verhaltensproblemen. Sie war zutiefst verunsichert, ob sie etwas richtig gehört hatte, und suchte Vergewisserung durch Blickkontakt und Ablesen vom Mund. Wenn sie unsicher ist, verwendet sie Handzeichen für bestimmte Laute und konzentriert sich dabei besonders auf die Mundbewegung beim Sprechen. Sie spürt dabei den Atem und die Spannung der Lippen. Bei einem systematischen Hörtraining zur Unterscheidung ähnlich klingender Laute lernt Monika, mit ihrer Schwäche umzugehen und dies auch im nichtschulischen Umfeld anzuwenden. Große Erleichterung stellte sich ein, weil die Eltern nun die Ursache der Lernstörung identifizieren konnten. Sie begannen die Not und auch die besondere Anstrengung ihrer Tochter zu würdigen und besser einzuschätzen. Das Schreiben war eine gute Unterstützung, denn Monika konnte sehr gut visuell kompensieren. Dieses Kind hat inzwischen die mittlere Reife erworben und ist in einer Berufsfachschule, wo sie sich als Hotelfachfrau qualifiziert.

Hinweise zur Beobachtung möglicher Störungen

Diese Beobachtungshilfen sind teilweise aus der Testdiagnostik übernommen und so modifiziert, dass sie auch im Schulalltag anwendbar sind. Verdacht auf zeitweise oder grundlegende Störungen beim Hören oder der fehlerhaften Verarbeitung von akustisch richtig Gehörtem besteht,

- wenn Menschen wie Daniel auf Ansprache von hinten nicht reagieren und sich oft verhören,
- wenn jemand häufig nachfragt und den Mund der Sprechenden fixiert,
- wenn einzelne Stimmen aus einer Geräuschkulisse nicht herausgehört werden können,

- wenn Kinder Schallquellen im Klassenraum ohne Blickkontakt nicht akustisch orten können,
- wenn Schüler wie Monika ähnlich klingende Wörter falsch verstehen und schreiben (dreizehn/dreißig),
- wenn sie wie David in Gedichten keine ähnlichen Klänge erkennen,
- wenn sie wie die drei genannten Kinder in Liedern und Sprechversen den Rhythmus nicht klatschen können,
- wenn Kinder nicht ohne Informationsverlust gleichzeitig zuhören und etwas tun können,
- wenn Gefühlsänderungen, die sich in der Stimme ausdrücken, wie Ironie oder Drohungen, nicht ausreichend wahrgenommen werden.

Anzeichen für zentral bedingte Hörverarbeitungsstörungen erkennen

Dies sind besonders schwer zu diagnostizierende, aber immer häufiger auftretende Störungen, für die es einige, aber nicht eindeutige Hinweise gibt, die nie isoliert, sondern nur über einen längeren Zeitraum in verschiedenen Bedingungen und im Zusammenhang bewertet werden können (vgl. Lauer 2001; Wiedenmann 1997 u. 2000).

Das Kind hat nach dem Audiogramm beim HNO-Arzt keinen auffälligen Befund, aber Eltern und Lehrkräfte werden den Verdacht nicht los, dass etwas mit dem Hören nicht stimmt. Dann sollte das Kind unter den folgenden Aspekten genauer beobachtet werden und mit den Ergebnissen zum Pädaudiologen geschickt werden.

- Das Kind spricht undeutlich, nuschelt, vertauscht ähnlich klingende Laute oder lässt welche aus.
- Der Wortschatz erweitert sich nur langsam und man hat den Eindruck, dass das Kind angestrengt, aber vergeblich nach einem bestimmten Wort sucht.
- Es fällt dem Kind schwer, einen Rhythmus nachzuklopfen, kleine Reime, Sprechverse oder Lieder zu behalten.
- Es reagiert unsicher, wenn Geräusche aus verschiedenen Rich-

tungen kommen oder wenn es aus einem Nebenraum gerufen wird.
- Es vergisst Teile von einfachen Anweisungen oder Auftragsketten.
- Es versteht Aufforderungen besser, wenn es einzeln angesprochen wird, als in einer größeren Gruppe mit Nebengeräuschen im Raum.
- Manchmal hält sich das Kind bei Lärm die Ohren zu und wirkt auch sonst geräuschempfindlich. Die Sprachmelodie ist eher monoton.

Da die Gruppe dieser Kinder nach statistischen Erhebungen von Pädaudiologen wächst, ist es wichtig, dass die Lehrkräfte an den Regelschulen auf Anzeichen aufmerksam werden und in Zweifelsfällen die Eltern an Fachleute verweisen. Die besonderen Bedürfnisse dieser Kinder mit dem Unterricht zu verknüpfen ist gerade in der Schuleingangsphase ein wichtiges pädagogisches Anliegen. Unter dem Aspekt Hörförderung wurden von Brand et al. (1987) und Breitenbach (1989) Grundlagen dazu erarbeitet (vgl. auch Nikisch et al. 2001). Auf der Basis der Theorie der sensorischen Integration habe ich die folgende Beobachtungshilfe (vgl. Tab. 2) entwickelt. Sie dient dem Erkennen des Zusammenhangs von Störungsbildern und bestimmten Teilleistungen der auditiven Wahrnehmung.

Tabelle 1: Beobachtungshilfen für potenzielle Störungsbilder bei Teilleistungen des Hörens

1.	Richtungshören durch Schall-Lokalisation	Wenn man gerufen wird, weiß man nicht, woher der Ruf oder ein Signal kommt. Jemand hat Schwierigkeiten, eine Schallquelle zu orten oder einer Person zuzuhören, die sich im Raum bewegt.
2.	Lautunterscheidung, phonematische Differenzierung	Wörter mit ähnlich klingenden Lauten werden verwechselt, wenn Kinder auf Bilder zeigen sollen, zum Beispiel Kanne/Tanne, Nagel/Nadel, wichtig/richtig, 30/13; Kinder schreiben dann auch solche Minimalpaare im Diktat falsch.

3.	Lautanalyse und -synthese	Einzelne Laute können nicht als An-, In- oder Endlaut herausgehört werden. Das Zusammenziehen von Buchstaben zu Wörtern beim Erstlesen und der Aufbau von Wörtern aus Silben fällt schwer.
4.	Figur-Grund-Wahrnehmung	Aus einer Geräuschkulisse können wichtige Signale oder Stimmen schlecht herausgehört werden. Anweisungen in Gruppen werden oft nicht vollständig verstanden. Kinder wirken unsicher und fragen häufig nach.
5.	Wahrnehmungskonstanz	Einfache Reimmuster werden nicht fortgesetzt. Kinder können schwerer bestimmte Laute oder Worte aus einem Zusammenhang heraushören.
6.	Rhythmisch-melodische Differenzierung	Beim Lernen von Gedichten, Liedern und Sprechbewegungsversen fällt das gleichzeitige Klatschen, Bewegen und Sprechen schwer, ebenso wie das Aufgliedern von Sätzen und das Trennen von Wörtern durch Silbenklatschen.
7.	Hör-Gedächtnis-Spanne	Mehrgliedrige Anweisungen und Aufgabenfolgen werden nicht vollständig behalten und ausgeführt. Beim Diktat können sich Kinder nicht alles merken und es fehlen Laute oder Wörter. Kopfrechnen fällt schwer.
8.	Sequenzgedächtnis	Reihenfolgen von Tönen, Wörtern, Reimen oder Geräuschen sind lückenhaft bei der Wiedergabe. Das Kind muss immer wieder ganz von vorn anfangen, wenn es merkt, dass etwas nicht stimmt oder fehlt.
9.	Auditiv-kinästhetische Koordination	Zuhören und Handeln sind nur nacheinander möglich, nicht gleichzeitig, zum Beispiel aufräumen und zuhören, welche Hausaufgaben gemacht werden sollen.
10.	Auditiv-visuelle Koordination	Klänge und Töne können nicht eindeutig Schriftzeichen, Bildern oder Symbolen zugeordnet werden, zum Beispiel bei Noten in Musik oder bei Anlaut-Tabellen. Das ist wie wenn man einem Blinden sagt, der Laut »a« ist rot.

11. Auditiv-semantische Antizipation	Mehrfache Bedeutungen von Wörtern werden nicht erkannt (Teekesselchen); Sprachspielereien und Wortwitz treffen auf Unverständnis, kaum Begriffsbildung und wenig Verständnis bei übertragenen Bedeutungen.
12. Deutung von emotionalen Inhalten in mehrschichtigen sozialen Situationen	Unsicherheit beim Verstehen von Gefühlsäußerungen und emotionalen Inhalten (z. B. Drohung, Ärger, Ironie) in Stimmklang wie beim Telefonieren, denn »der Ton macht die Musik«.

Kinder im Klassenzusammenhang mit arrangierten Übungen beobachten

Manche Arrangements zu Grundformen des Hörens erfordern Partner- oder Gruppensituationen. Derartige Übungen kann man in den Unterricht einbauen, um das Verständnis für große und kleine Menschen mit Hörproblemen zu erweitern. Das kann auch dazu beitragen, sensibler zu werden für die akustischen Lernbedingungen in der Schule und sie zu verbessern. Hier sind einige Übungen für die Klasse dargestellt:

Auf das Hören einstimmen: Wie lang ist eine Minute? Die Kinder schließen die Augen und legen den Kopf auf den Tisch. Wenn sie meinen, dass eine Minute vorbei ist, richten sie sich geräuschlos auf, bis alle so weit sind.

Übungen für das Kurzzeitgedächtnis: Kinder diktieren Telefon- oder Handynummern, fiktive Kontonummern als Ganzes, die Klasse notiert auf Zetteln. Die Ergebnisse werden auf Auslassungen und Verdrehungen überprüft. Es kann mit verschiedenen Sprechweisen beim Diktieren experimentiert werden.

Lautunterscheidung bei Wörtern und Zahlen prüfen: Es geht darum, ähnlich klingende Wörter ohne Blickkontakt zu unterscheiden: Die Kinder legen die Köpfe auf den Tisch und geben Handzeichen, ob sie Wortpaare gleich oder verschieden hören. Oder sie bekommen Kopfrechenaufgaben wie 13 + 40, wer 27 oder 70 herausbekommen hat, ist einem Hörfehler unterlegen. Diese Zahlen inklusive 53 werden auf Karten hochgehalten.

Anweisungsverständnis prüfen: Wer reagiert verzögert, fehlerhaft oder überhaupt nicht auf einfache Anforderungsketten und akustische Signale wie: Schließ die Augen, halte ein Ohr zu und zeige mit den Fingern die Anzahl der Klopfzeichen, Körpergeräusche (stampfen, klatschen, schnipsen, schmatzen, schnalzen, seufzen, gähnen) oder Tierlaute.

Sich mehreren Schallquellen aussetzen (»Hörtunnel«): Zwei Gruppen stehen sich im Spalier gegenüber. Eine Versuchsperson schließt die Augen und geht wie durch einen Tunnel zwischen den Personen durch, die verschiedene Sätze aus einem auseinander geschnittenen Text vorlesen. Die Versuchsperson kann sich wünschen, ob sie laut, leise, pointiert, gedehnt vorgelesen bekommen will oder gesungen mit Crescendo oder in einer Fremdsprache.

Entfernungshören ohne Blickkontakt: Eine zweite Person redet in einem anderen Zimmer oder spricht die erste Person von hinten an. Die soll dann ein Zeichen geben und wiederholen, was sie verstanden hat. Das entspricht oft der Situation von Kindern, die im Klassenraum oder im Pausenhof in eine Aktivität vertieft sind und dann nicht reagieren.

Selektives Hören: Ein Signal wird vorgegeben und soll dann wieder entdeckt werden, wenn ein Tonband läuft. Die Fähigkeit zur Figur-Grund-Wahrnehmung ist Voraussetzung dazu, etwas herauszuhören, beispielsweise die Stimme einer Person von anderen zu unterscheiden oder einen Laut in einem Wort zu identifizieren.

Einzelne Kinder aus Risikogruppen in den Blick nehmen

Wenn man neu in eine Klasse kommt, sieht man Kinder, die Probleme mit dem Sehen haben, nicht aber solche, die grundsätzlich organbedingt, phasenweise oder situationsabhängig schlecht hören. Darum ist es wichtig, dass Lehrkräfte mit Klassenleitung alle Kolleginnen und Kollegen informieren, wenn es Kinder in der Klasse gibt, bei denen Störungen in der Schall-Leitung oder Verarbeitung von Höreindrücken diagnostiziert worden sind. Darüber hinaus möchte ich auf Schülergruppen aufmerksam machen, die erhöhte Risiken haben, weniger vom Unterricht mitzubekommen als andere.

Kinder auf ungünstigen Sitzplätzen

Wie Untersuchungen zur schulischen Raumakustik und Sprachwahrnehmung der Heriot-Watt-Universität in Edinburgh belegen, haben Kinder an schlechten Plätzen schlechte Karten. In schalltoten Winkeln in der Klasse, neben der Tür oder neben lauten Kindern bekommen manche Schüler nicht alles oder Falsches mit. Nach der Studie lag der Konsonantenverlust an einigen Plätzen bei 75 Prozent und mehr (vgl. Kamps u. Oberdörster in diesem Band).

Nach einer Beobachtungsphase der Klasse quasi mit dem Weitwinkelobjektiv, kann man sich selbst Schwerpunkte setzen und sich vornehmen, Kinder aus einer dieser Risikogruppen genauer zu beobachten und sich Notizen zu machen. Es ist zu überlegen, die Kinder in einem gewissen Turnus umzusetzen und mit ihnen zu besprechen, dass man von ungünstigen Plätzen schlechter hört und sich dort mehr anstrengen muss.

Kinder mit phasenweisen Hörbeeinträchtigungen

Die Lehrkraft sollte sich vergewissern, was Kinder mit Erkältungen vom Unterricht mitbekommen haben. Nach Befunden von HNO-Ärzten steigt die Quote der Kinder mit Hörbeeinträchtigungen durch Erkrankungen der Atemwege. Infekte, Entzündungen und Allergien können eine Füllung der Mittelohrräume mit Flüssigkeit (Paukenerguss) bewirken, die zu einer Schallleitungsschwerhörigkeit von etwa 20 dB führt. Hiervon sind 80 bis 90 Prozent aller Kinder während ihrer Schulzeit mindestens einmal betroffen (Luckhaupt 2000).

Kinder mit nichtdeutscher Muttersprache

Hinter unzureichenden Deutschkenntnissen, Artikulationsproblemen und Wortschatzarmut zeigt sich oft das, was als »doppelte Halbsprachigkeit« bezeichnet wird. Das bedeutet, dass Kinder weder in ihrer Muttersprache noch in der Schulsprache ausreichende Strukturen der Syntax aufbauen können. Migrantenkinder müssen erhöhte Aufmerksamkeit aufbringen für die Lautunterschiede zwischen der Unterrichts- und ihrer Muttersprache. Es gibt Interferenzen zwischen der Wahrnehmung der verschiedenen Lautsysteme, zwischen denen die Kinder ständig hin- und her»switchen«. Verlangsamung des Unterrichtstempos mit Gelegenheit zum Nachfragen und ein deutliches Sprachvorbild erleichtern die Hörverarbeitung.

Kinder mit Lese-Rechtschreib-Problemen

Sie haben Schwierigkeiten beim Schriftspracherwerb, lernen mühsam die Laut-Buchstaben-Verbindung und können Phoneme nicht zusammenziehen. In den Spontanschreibungen bildet sich ihre Hörwahrnehmung ab, und das erlaubt Rückschlüsse auf die spezielle Hörverarbeitung. Beim Diktat schreiben sie fehlerhaft, lassen Buchstaben aus oder verdrehen Folgen. Oft zeigen Wortruinen, dass nur der Anlaut und Endlaut wahrgenommen worden sind. Häufig sind es Jungen, die dann mit Verhaltensauffälligkeiten reagieren und gelegentlich damit ihr eigentliches Problem kaschieren. Die Symptome sind sehr vielfältig und verwoben mit vielen Bedingungsfaktoren, von denen eine die Hörverarbeitung sein kann.

Kinder mit Sprachbehinderungen

Störungen in der Sprachentwicklung: Hier ist das Leitsymptom Dysgrammatismus. Die Kinder machen erhebliche Fehler im grammatischen und syntaktischen Bereich, Vorgesprochenes wird nicht fehlerfrei nachgesprochen, Wortstellung im Satz oder Beugung stimmen nicht.

Störungen in der Rede: Hier ist der Redefluss gestört wie beim Stottern oder das Sprechen ist überhastet wie beim Poltern, es ist eine Sprechstörung »mit hastig übereiltem, überstürztem Sprachablauf, impulsübersteigerter Artikulationsmotorik, die nicht synchron mit den langsameren Exspirations- und Phonationsbewegungen geht« (Franke 1978).

Störungen in der Aussprache: Beim Stammeln (Dyslalie) werden Laute weggelassen, fehlgebildet oder durch andere ersetzt. Die Fehlbildungen der Zischlaute sind die häufigste Form von Sprachstörungen. Kinder, die Schwierigkeiten haben, s-Laute herauszuhören und zu artikulieren, können unter Umständen die hohen Frequenzen nicht hören, die für das »s« typisch sind. Das kann ein Hinweis auf eine Störung des Hörens sein.

Kinder mit Schall-Leitungsstörungen mit Hörgerät

Hier ist der Kontakt mit den Eltern besonders wichtig, um situative Probleme mit dem Hörgerät einschätzen zu können. Wenn keine Beratung über eine ambulante Betreuung an der Schule stattfindet, kann man bei der nächsten Hörbehindertenschule oder der Beratungsstelle beim Gesundheitsamt anrufen.

Was kann eine Lehrkraft selbst machen?

Es stellt sich für viele Lehrerinnen und Lehrer die Frage, was sie selbst machen können und ab wann sie externe professionelle Hilfe zu Rate ziehen sollten. Hier werden Beispiele gegeben, wie Lehrkräfte ohne sonderpädagogische Zusatzausbildung ihre speziellen Möglichkeiten im regulären Unterricht erweitern und ausschöpfen können.

Sich selbst für das Hören sensibilisieren

Ein erster Zugang zum Verständnis besteht darin, sich nicht nur aus der Sicht der Lehrerrolle, sondern als Person damit auseinander zu setzen. Eine Möglichkeit liegt in der später erläuterten Simulation im Einzel- oder Gruppenversuch, eine weitere darin, das eigene Modellverhalten zu reflektieren und seine Wirkungen zu erforschen. Ich ließ zum Beispiel den ganzen Vormittag ein Tonband in der Klasse laufen und war sehr erstaunt, wie meine Stimme klang, wie es sich anhörte, wenn ich genervt oder begeistert war, wie sich in der Stimme spiegelte, welche Kinder ich mehr oder weniger leiden konnte, wo ich klare Anweisungen gegeben habe und wo sie mehrdeutig und missverständlich waren, welche Floskeln sich die Schüler ständig anhören müssen und wie laut es eigentlich noch war, als niemand gesprochen hat.

Ein weiterer Zugang zur eigenen Sensibilisierung für das Hören bietet sich über Gespräche mit hörbehinderten Menschen. Informationen aus der Beratung von Hörbehinderten und ihren Angehörigen können hilfreich sein. So gibt es an Schulen für Hörbehinderte Tonbandkassetten zum Ausleihen, die gestörtes Hören nachvollziehbar machen und die zeigen, was und wie viel jemand mit einem Hörgerät von einer Unterhaltung oder einem Konzert noch wahrnehmen kann. Es werden dort Schlüsselsituationen zu bestimmten Aspekten simuliert: Verzerrungs- und Filtereffekte, gestörte Mustererkennung, Teilerkennungen und Prozesse der Wahrnehmungsergänzung.

Simulation des Hörens unter erschwerten Bedingungen

In Selbstversuchen kann man sich mit Einschränkungen des Hörens auseinander setzen, um ein besseres Verständnis und mehr Einfühlung zu gewinnen. Hier sind einige Situationen, die in Workshops mit Studenten und Lehrkräften entwickelt wurden, in die man sich aber auch im Alltag der Schule oder daheim selbst begeben kann – ohne große Arrangements. Manches entspricht der Wahrnehmungssituation von Kindern oder älteren Menschen, die dann sagen: »Ich versteh nur noch Bahnhof!«

Einohriges Hören: Mit Oropax (Wachsstöpsel, in Apotheken erhältlich) im rechten und/oder linken Ohr kann man beispielsweise einkaufen gehen, sich im öffentlichen Verkehr bewegen oder Pausenaufsicht machen. Versuchspersonen berichteten von hoher Anspannung in der Nackengegend und Drehimpulsen in die besser hörende Richtung.

Verrauschtes Hören mit und ohne Blickkontakt: Störgeräusche kann man künstlich erzeugen, indem man Papier am Ohr zusammenknüllt und dann versucht, einer Fernsehsendung zu folgen. Meist werden nur noch Fragmente wahrgenommen, die mehrdeutig interpretierbar sind. Man bemüht sich verstärkt, vom Mund abzulesen. Die Reizbarkeit steigt, wenn der Zusammenhang der Detailinformationen verloren geht. Dazu ein kleines Experiment: Ein Kandidat bekommt ähnliche und gleiche Wortpaare angeboten aus dem DLUT (Deutscher Lautunterscheidungstest, Fried 1980). Mit Gesten soll die Versuchsperson zeigen, ob ein Wortpaar gleich oder verschieden klingt.

Gleichzeitigkeit mehrerer Informationsebenen: Man setzt sich eine Minute zwischen Radio und Fernseher, zwei Radios mit verschiedenen Sendern oder mehrere Kassettenrekorder und schreibt auf, was man behalten kann. Beim Abhören vom Tonband kann man dann vergleichen und eigene Muster des Merkens entdecken wie Schlüsselbegriffe, Satzanfänge oder Fremdwörter. Im Wechsel von Unterrichtsphasen sind Kinder oft in einer vergleichbaren Lage, wenn sie zum Beispiel die Gespräche am Gruppentisch und die Stimme der Lehrkraft gleichzeitig hören.

Schlussbemerkung

Lehrkräfte, Eltern und Erzieher können sich auf die beschriebenen Kindergruppen einstellen, indem sie den Kindern methodische Hilfen geben, ihr eigenes Kommunikationsverhalten reflektieren und die akustische Lernumgebung optimieren. Es geht also nicht nur darum, beim einzelnen Kind anzusetzen, sondern auch die Rahmenbedingungen zu gestalten und durch aktive Zuhörförderung das Schulklima zu verbessern. Von der Verbesserung der Raumakustik – wie mehrfach in diesem Band beschrieben – über die systematische Zuhörförderung (vgl. Huber et al.; Roos in diesem Band und www.ganzohrsein.de) helfen fantasievolle pädagogische Reaktionsmöglichkeiten bei der Verbesserung der Lärm- und Lernbedingungen in den Klassenzimmern. So habe ich beispielsweise einen »Hörkoffer für Lärmdetektive« entwickelt mit Materialien für Projekte zur Sensibilisierung für Lärm in der Schule. Es ist eine mobile Lernwerkstatt zum Thema Hören mit einer Materialsammlung zum entdeckenden Lernen. Die Schülerinnen und Schüler können Lautstärke, Zeit und Entfernung messen und dokumentieren, Geräusche erzeugen und damit experimentieren. Sie lernen erhöhte Aufmerksamkeit nach außen zu richten und gleichzeitig, sich für die eigene Hörwahrnehmung zu sensibilisieren. Lehrkräfte werden durch die Materialien des Koffers unterstützt, Lernsituationen zu differenzieren und handlungsorientiert zu gestalten. Die Gegenstände dienen dem Messen und Experimentieren, der Selbsterfahrung, der differenzierenden Unterrichtsorganisation und der Information. Ziel ist es, die Lernenden auf Wirkungen und Ursachen von Lärm neugierig zu machen und einen Raum zur Diskussion ihrer Vorstellungen und Erlebnisweisen im Schulalltag zu sichern.

Literatur

Brand, I.; Breitenbach, E.; Maisel, V. (1987): Integrationsstörungen – Diagnose und Therapie im Erstunterricht. Würzburg.

Breitenbach, E. (1989): Materialien zur Diagnose und Therapie auditiver Wahrnehmungsstörungen. Würzburg.

Franke, U. (1978): Logopädisches Handlexikon. München.

Fried, L. (1980): Lautunterscheidungstest für Vorschulkinder (LUT/ DLUT). Göttingen.

Lauer, N. (2001): Zentral-auditive Verarbeitungsstörungen im Kindesalter. 2. Aufl. Stuttgart. (Forum Logopädie)

Luckhaupt, H. (2000): Luftinsufflation mittels Nasenballon bei kindlichem Paukenerguss sinnvoll? HNO 48: 2–3.

Niemeyer, W.: Bremer Lautdiskriminationstest (BLDT). Bremen.

Nikisch, A; Heber, D.; Burger-Gartner, J. (2001): Auditive Verarbeitungs- und Wahrnehmungsstörungen bei Schulkindern. Diagnostik und Therapie. Dortmund.

Schuck, K.-D.; Eggert, D.; Raatz, U. (1994): CMM 1–3. Hg. v. Deutschen Institut für Internationale Pädagogogische Forschung. Frankfurt a. M.

Tewes, U.; Schallberger, U.; Rossmann, K. (1994): HAWIK-III. Hamburg.

Wiedenmann, M. (Hg.) (1997): Handbuch Sprachförderung mit allen Sinnen. Frankfurt a. M.

Wiedenmann, M. (2000): Probleme beim Hörverstehen und Folgen für den Schriftspracherwerb. In: Huber, L.; Odersky, E. (Hg.), Zuhören – Lernen – Verstehen. Braunschweig.

Die Autorinnen und Autoren

Volker Bernius ist Redakteur im Bildungsprogramm des Hessischen Rundfunks, Frankfurt/Main.

Robert Bösnecker ist Informatiker bei der Siemens AG in München.

Andres Bosshard ist Klangkünstler in Zürich.

Ludowika Huber, M. A., ist Wissenschaftliche Mitarbeiterin am Lehrstuhl für Grundschulpädagogik und -didaktik an der Ludwig-Maximilians-Universität München.

Christoph Janott ist beschäftigt bei der Sennheiser electronic GmbH & Co. KG.

Dr. Joachim Kahlert ist Professor für Grundschulpädagogik und -didaktik an der Ludwig-Maximilians-Universität München.

Peter Kamps ist beschäftigt bei der Saint-Gobain Ecophon GmbH in Lübeck.

Dr. Maria Klatte, Dipl.-Psych., ist Wissenschaftliche Mitarbeiterin am Institut zur Erforschung von Mensch-Umwelt-Beziehungen der Universität Oldenburg.

Dr. Ing. Manfred Krause ist em. Professor am Institut für Sprache und Kommunikation, Fachgebiet Kommunikationswissenschaft, an der Technischen Universität Berlin.

Prof. Albert Mayr ist Lehrer für elektronische Musik am Konservatorium in Florenz.

Dr. Markus Meis, Dipl.-Psych., ist Wissenschaftlicher Mitarbeiter am Institut zur Erforschung von Mensch-Umwelt-Beziehungen der Universität Oldenburg.

Dr. Eckard Mommertz ist beschäftigt bei Müller BBM VibroAukustik Systeme in Planegg.

Markus Oberdörster ist beschäftigt bei der Saint-Gobain Ecophon GmbH in Lübeck.

Ulrike Roos ist Oberstudienrätin in der »Deutschen Schule Mailand«.

Dr. August Schick ist Professor am Institut zur Erforschung von Mensch-Umwelt-Beziehungen der Universität Oldenburg.

Hartmut Schottke ist Physiker am Referat Luft- und Siedlungshygiene, Landeshygieneinstitut Mecklenburg-Vorpommern in Schwerin.

Dipl.-Ing. Gerhart Tiesler ist Wissenschaftlicher Mitarbeiter am Institut für interdisziplinäre Schulforschung der Universität Bremen.

Dr. Michael Vorländer ist Professor am Institut für Technische Akustik der RWTH Aachen.

Dr. Marianne Wiedenmann, Dipl.-Päd., Lehrtätigkeit am Institut für Pädagogik der Sekundarstufe an der Universität Frankfurt/Main und Sprachheiltherapeutin an einer Sprachheilschule in Frankfurt/Main.

Manfred Spreng, Dr., ist Professor am Institut für Physiologie I, AG Biokybernetik, der Universität Erlangen.

Sprache, Wörter, Schreiben spielend lernen

Petra Küspert /
Wolfgang Schneider

Hören, lauschen, lernen

Sprachspiele für Vorschulkinder

Arbeitsbuch:
3. Auflage 2002.
57 Seiten, kartoniert
ISBN 3-525-45835-5

Arbeitsmaterial:
Box mit ca. 70 Zeichenkarten zur visuellen Untermalung des Trainingsprogramms
ISBN 3-525-45840-1

Buch und Box zusammen
ISBN 3-525-45841-X

Kinder im Vorschulalter haben in der Regel eine gut verständliche Umgangssprache, verfügen über einen ausreichenden Wortschatz und verwenden eine weitgehend korrekte Grammatik. Die Kinder können also problemlos mit ihrer Umgebung kommunizieren. Vielen fällt jedoch schwer, das von ihnen Gesagte in einzelne Wörter, Silben und Laute aufzuteilen. In der Schule sollen sie dann möglichst schnell begreifen, daß Laute von bestimmten Zeichen, den Buchstaben, repräsentiert werden.

Das Trainingsprogramm bietet vielfältige Übungen, durch die Vorschulkinder in spielerischer Weise lernen, die lautliche Struktur der gesprochenen Sprache zu erkennen (= phonologische Bewußtheit). Dadurch wird den Kindern der nachfolgende Schriftspracherwerb in der Schule wesentlich erleichtert.

Das Programm beginnt mit *Lauschspielen* zum Üben des genauen Hin-Hörens, fährt fort mit *Reimübungen* und führt dann die Einheiten *Satz, Wort* und *Silbe* ein. Schließlich werden der *Anlaut* und einzelne *Laute* im Wort bewußtgemacht.

Das Trainingsprogramm umfaßt einen Zeitraum von 20 Wochen und ist in täglichen Sitzungen von 10 Minuten in Kleingruppen mit Vorschulkindern durchzuführen.

V&R
Vandenhoeck
& Ruprecht